Bookey Peek

Meine Farm am Matanje

Bookey Peek

Meine Farm am Matanje

Eine afrikanische Freundschaft

Aus dem Englischen von Charlotte Breuer und Norbert Möllemann

Fotografien von Richard Peek

Droemer

Originaltitel: All The Way Home
Originalverlag: Penguin Books, Südafrika

Die Folie des Schutzumschlags sowie die Einschweißfolie
sind PE-Folien und biologisch abbaubar.
Dieses Buch wurde auf chlor- und säurefreiem Papier gedruckt.

Besuchen Sie uns im Internet:
www.droemer.de

Redaktion: Simone Riedle
Umschlaggestaltung: ZERO Werbeagentur, München
Umschlagabbildungen: Aus dem Privatbesitz der Autorin
Satz: Adobe InDesign im Verlag
Druck und Bindung: GGP Media GmbH, Pößneck
Printed in Germany
ISBN 978-3-426-27401-9

2 4 5 3 1

Für Rich und David

Komm leb mit mir und sei meine Liebste
Und an allen Freuden werden wir kosten,
Hügel und Täler, Wiesen und Auen
Und die schroffen Berge werden erschauern.

Christopher Marlowe

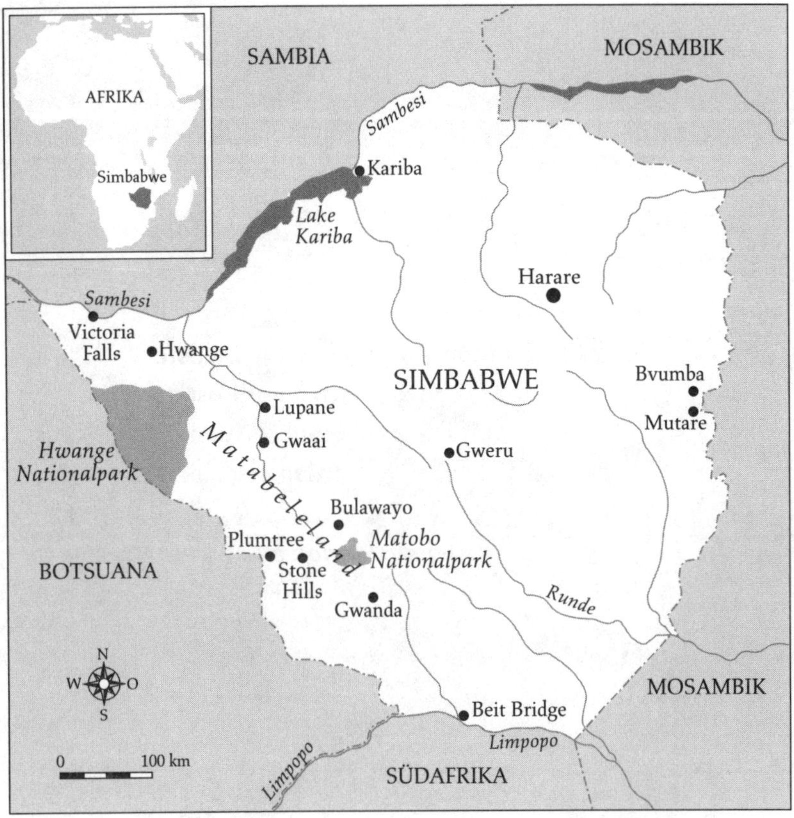

AFRIKA
Simbabwe
SAMBIA
MOSAMBIK
Sambesi
Kariba
Lake
Kariba
Harare
Sambesi
Victoria
Falls
Hwange
SIMBABWE
Bvumba
Mutare
Lupane
Matabeleland
Gwaai
Hwange
Nationalpark
Gweru
Bulawayo
Plumtree
Matobo
Nationalpark
Stone
Hills
BOTSUANA
Gwanda
Runde
N
W
O
S
MOSAMBIK
Beit Bridge
Limpopo
0
100 km
Limpopo
SÜDAFRIKA

Kapitel 1

Wer in aller Welt
schreibt schon über ein Warzenschwein?
Alan Moorhead

Wenn ich heute an jenen stürmischen Tag im Januar 1996 zurückdenke, dann bin ich geneigt, Poombis plötzliches Auftauchen in unserem Leben nicht als glückliche Fügung, sondern als Geschenk Gottes zu bezeichnen. Ein Warzenschwein gehörte ebenso wenig zu den Dingen, die wir eingeplant hatten, wie eine Flutwelle, ein Tornado oder Drillinge. Aber wenn man in einem Wildreservat in Simbabwe lebt und arbeitet, muss man mit Naturkatastrophen rechnen, die gewöhnlich dann eintreten, wenn man sie am wenigsten erwartet.

Ich stand gerade draußen in unserer Freiluftküche und unternahm den halbherzigen Versuch, mich in den Frühjahrsputz zu stürzen, als das Gewitter, das sich schon seit dem frühen Morgen angekündigt hatte, mit apokalyptischer Wucht losbrach. Überall ums Haus herum schossen Blitze aus den Wolken in die Felsen, dicht gefolgt von krachenden Donnerschlägen. Von Süden her hörte ich das Dröhnen des nahenden Regens, der über die Hügel hinwegfegte und den Wildpark überflutete. In solchen Augenblicken hielt ich unsere Entscheidung, am Fuß eines hoch aufragenden Granitfelsens ein strohgedecktes Haus zu bauen, für eine Schnapsidee. Dabei war ein Blitzschlag eine meiner geringeren Befürchtungen. Richard, mein Mann, war am frühen Morgen losgefahren, um ein Pärchen junger Koritrappen, das wir von Hand aufgezogen hatten, in die Aufzuchtstation in Harare zu bringen, und jedes Mal, wenn er sich länger als ein paar Stunden vom Haus entfernte, ereignete sich fast zwangsläufig irgendeine Katastrophe.

Als er das letzte Mal gerade weggefahren war, erhielt ich die Nachricht, dass unser Scout Mapfumo von einer Schlange gebissen worden war – wahrscheinlich von einer Schwarzen Mamba –, und zwar an einer kaum zugänglichen Stelle des Wildreservats. Das Mal davor mussten wir eine kranke Elenantilope erschießen und brauchten anschließend vier Stunden, um sie mitten in der Nacht im strömenden Regen auf die Ladefläche des Pick-ups zu hieven.

Ich wollte gerade vier Gläser Grashüpfer in den Müll schütten, die die Lieblingsspeise unserer kleinen Koris gewesen waren, als mich eine freundliche Stimme zusammenzucken ließ.

»Morgen, Mrs. Peek!«

Von einer bösen Vorahnung erfüllt, drehte ich mich zu unserem Chef-Scout um.

»Hallo, Mafira«, sagte ich wenig begeistert. »Gibt es ein Problem?«

Dass der stämmige Mann mitten in einem Gewitter am Haus auftauchte, konnte nur bedeuten, dass meine Befürchtungen begründet waren. Mafira lehnte sein schlammverkrustetes Fahrrad an die Hauswand.

»Kein Problem«, verkündete er mit einem beruhigenden Lä-

cheln. »Nur Ivy Walls vom Laden. Sie hat ein junges Steinböckchen für uns.«
»Schon wieder ein Waisenkind? Na, da bin ich ja erleichtert«, sagte ich lachend, in der irrigen Annahme, die Gefahr sei abgewendet. »Die letzten beiden sind wir ja gerade losgeworden.«
Wie in weiser Voraussicht packte ich die Grashüpfer zurück in die Tiefkühltruhe.
»Okay, fahren wir. Steig schon mal in den Wagen, Mafira, ich rufe David.«
Unser fünfjähriger Sohn nahm aktiven Anteil an unserem Tierwaisenprojekt und würde von einer neuen Rettungsaktion begeistert sein.
Das kleine Steinböckchen wird uns keine großen Probleme bereiten, dachte ich im Stillen, während wir auf der vier Kilometer langen Schlammpiste zu unserem Eingangstor fuhren. Steinböckchen sind eine Zwergantilopenart, und die Jungtiere lassen sich leicht mit der Flasche aufziehen, wenn man sie früh genug daran gewöhnt. Wir hatten schon einmal zwei Männchen aufgezogen und sie im Alter von einem Jahr erfolgreich in die Freiheit entlassen. Ich hatte die beiden Rabbit und Bunny getauft, was mir inzwischen fast albern vorkommt, aber wie soll man so winzige Kreaturen mit so großen Augen und Ohren sonst nennen? Trotzdem nahm ich mir vor, dem neuen Kalb einen würdigeren Namen zu geben.
Unser kleiner Supermarkt, die »Pop-In Superette«, hockt verdrießlich unter einem rostigen Wellblechdach zwischen den Eisenbahngleisen und der Straße, die von Bulawayo zur Grenze von Botsuana führt. Wir hielten neben vier vor einen leeren Karren gespannten Eseln, die mit hängenden Köpfen dastanden, während der Regen von ihren langen Ohren

tropfte. Ebenso wie der Laden hatten die Tiere schon bessere Zeiten erlebt.

Im Laden entdeckte ich Ivy Walls, die gerade mehrere Kisten einheimisches Bier auf den Tresen vor sich stapelte, aber es war unmöglich, durch das Gedränge schwitzender Körper zu ihr zu gelangen.

Das Stimmengewirr und das Prasseln des Regens auf dem Blechdach übertönten meine Rufe, doch schließlich sah sie mich hinter ihren durstigen Stammkunden auf und ab hüpfen und zeigte in Richtung ihres Hauses, das knapp fünfhundert Meter entfernt an der Straße lag.

»Kannst du einen Moment warten?«, rief sie über die Menge hinweg. »Ich lasse es von jemand holen.«

Ich flüchtete mich neben einen Stapel Säcke mit Maismehl und machte mich darauf gefasst, hier eine ganze Weile ausharren zu müssen.

Wie üblich in afrikanischen Läden auf dem Land waren die Regale mit Waren aller Art vollgestopft. Das ist notwendig, da sie ein riesiges Einzugsgebiet versorgen und die Leute bei den großen Entfernungen keine Möglichkeit haben, häufig einkaufen zu fahren. Kleider, Süßigkeiten, Brot, Bleichcremes, Decken, getrocknete Mopane-Raupen, Rasierklingen und Speiseöl waren entlang den Wänden gestapelt, totes Viehzeug aller Art hing an diversen Haken, und Ziegen und Hühner (zum Selbereinfangen) liefen einfach frei umher. Um meine Füße herum pickten Hühner Körner vom Boden, und eins zupfte an den Ledertroddeln an einem meiner Schuhe. Ohne nach unten zu sehen, hob ich den Fuß, um das lästige Huhn abzuschütteln, woraufhin es ein empörtes Kreischen von sich gab, das ganz und gar nicht nach Federvieh klang. Als ich verwundert nachschaute, starrte mich ein winziges Warzenschwein empört an. Diesen Blick werde ich nie im

Leben vergessen. Es war unsere allererste Begegnung, und schon hatte ich die Gefühle der jungen Dame verletzt.

»Wie gefällt dir mein Schwein?«, rief Ivy. »Sie heißt Suza.«

»Schöner Name«, rief ich zurück, was beweist, dass mein Versuch, Sindebele, die Sprache der Matabele, zu lernen, selbst nach zehn Jahren keinen Erfolg gezeigt hat. Ich hielt Suza für eine Version von Susan, und erst später, als Mafira die Augen verdrehte und Richard losprustete, als er nach Hause kam, dämmerte mir, dass ich mich irrte. Ein Blick ins Wörterbuch klärte mich auf, dass Suza »Wind lassen« bedeutet. Ein reichlich derber Name, der zudem völlig unangebracht ist. Warzenschweine furzen nicht häufiger als jede andere mir bekannte Tierart und bedeutend seltener als die meisten menschlichen Wesen mittleren Alters, die zu meinem Bekanntenkreis zählen.

Ich fürchte, mir war eines völlig entgangen, was jedem, der mit dem »Modus Operandi« von Schweinen vertraut ist, sofort klar gewesen wäre: Bei dieser ersten Begegnung handelte es sich keinesfalls um einen Zufall. Es war ein Hinterhalt gewesen, geplant und durchgeführt von einer meisterhaften Strategin, die mit sicherem Gespür mein weiches Herz erkannt hatte.

Die Menge vor dem Laden teilte sich, und ein junger Lagerarbeiter kam mit der kleinen Antilope auf dem Arm herein. Ich sah sofort, dass das Tier halb verhungert war. Als ich das Kalb vorsichtig entgegennahm, drückten sich meine Finger in die weichen Stellen zwischen seinen Rippen. Sein Kopf hing schlaff zur Seite, so dass ich ihn mit einer Hand halten musste, und die normalerweise schwarz glänzenden Augen waren stumpf und trüb und halb geschlossen. Eilig brachte ich die kleine Antilope zum Auto und legte sie auf Mafiras Schoß. Dann ging ich zum Laden zurück, um mit Ivy zu sprechen,

die mir auf die Veranda hinaus gefolgt war, einen Blechteller und einen Löffel in der Hand.
»*Cerelac*, Babynahrung«, erklärte sie. »Suzas Leib- und Magenspeise. Das Ferkel ist viel pflegeleichter als die kleine Antilope. Seit einer Woche versuche ich schon, das kleine Kalb mit dem Fläschchen zu füttern, aber es hat kaum einen Schluck getrunken.«
»Wo kommt Suza denn her?«, fragte ich.
»Jemand von Hensons Farm hat mir zwei Frischlinge gebracht«, erwiderte sie. »Die Mutter wurde von Hunden totgebissen.«
»Und wo ist der andere?«
»Ist vor ein paar Wochen an einer Lungenentzündung eingegangen. Aber Suza geht es prächtig. Pass auf.«
Ivy schlug mit dem Löffel gegen den Blechteller, woraufhin das kleine Warzenschwein aus dem Laden geflitzt kam, ohne dabei mit einem der zahllosen schwarzen Beine zu kollidieren. Als Ivy den Teller auf den Boden stellte, stürzte sich das Schweinchen mit einem Ingrimm auf sein Futter, der selbst einem gefräßigen Hai alle Ehre gemacht hätte.
Ivy grinste. »Der reinste Clown, unsere kleine Suza – und eine echte Partybiene. Du hättest sie mal vergangenen Samstagabend erleben sollen …«
Ich hatte genug gehört. Ich erklärte Ivy, dass ich es für unfair hielt, ein Wildtier unter solch vollkommen unnatürlichen Bedingungen zu halten, und dass Suza unter diesen Umständen garantiert nicht lange überleben würde. Sie würde sich entweder an Abfall aus dem Laden vergiften oder von einem Auto überfahren werden oder gar als Sonntagsbraten enden. Zweifellos wäre Suza bei uns wesentlich besser aufgehoben, fuhr ich in einem beinahe flehenden Tonfall fort. Wir würden sie aufziehen und später in die freie Natur entlassen, wo sie

hingehörte. Gott, man hätte meinen können, ich wollte dieses Warzenschwein tatsächlich haben.
»Nein«, entgegnete Ivy kurz und bündig. »Suza bleibt bei mir.«
»Denk doch mal nach«, beschwor ich sie. »Wenn dir wirklich etwas an ihr liegt, solltest du tun, was für sie das Beste ist.«
Ivy überlegte, und ich spürte, dass sie schwach wurde. Schließlich musterte sie mich eindringlich.
»Also, ich habe sie gekauft«, sagte sie langsam. »Wenn du sie also wirklich haben willst, musst du für sie bezahlen.«
Und so kam es, dass die erste schriftliche Erwähnung unseres Schweinchens aus einem Eintrag in Ivys Rechnungsbuch besteht: »Lebensmittel $ 100«, zahlbar innerhalb von 30 Tagen. Kein Umtausch, keine Rückgabe – sie gehörte mir, oder wie ich bald feststellen sollte, ich gehörte ihr. Ich klemmte mir mein strampelndes »Lebensmittel« unter den Arm und trug Suza zur Verblüffung von Mafira und David zum Wagen. Da der Platz auf Mafiras Schoß bereits von der kleinen Antilope belegt war, setzte ich Suza auf den Boden zwischen seine Füße, wo sie erwartungsgemäß auf dem gesamten Heimweg quiekte wie am Spieß.
Auf der Farm angekommen, ließen David und ich Mafira mit dem Frischling im Wagen und eilten mit der Antilope ins Haus. Ich fürchtete, wenn sie nichts zu sich nahm, würde sie höchstens noch einen Tag überleben. Aber zunächst einmal mussten wir sie an einen ruhigen Ort schaffen, wo sie vor den anderen Tieren in Sicherheit war. Wenn Neuzugänge nervös und schwierig im Umgang sind, bringen wir sie meist in der Gästetoilette unter, weil der Raum klein und ziemlich dunkel ist. David holte eine Decke, und wir legten das Kalb in eine Ecke und schlossen die Tür.
Wie immer verfolgte Nandi, unsere junge schwarze Labra-

dorhündin, jede meiner Bewegungen mit größter Aufmerksamkeit. Die erste Begegnung zwischen ihr und dem Warzenschwein würde unter sorgfältiger Beobachtung stattfinden müssen, damit sich Suza nicht erschreckte, falls die Begrüßung allzu stürmisch ausfiel. Kurzerhand schloss ich die Hündin im Schlafzimmer ein. Ach ja, die Igel. Sie waren bei einem Steppenbrand verletzt worden und wohnten vorübergehend in einer Kiste in unserem Büro. Ich stellte die Kiste auf den Schreibtisch, rollte den Teppich auf und räumte alles außer Reichweite, das entfernt essbar aussah.
Ansonsten waren keine weiteren Vorbereitungen nötig, denn obwohl unser Haus von außen ziemlich imposant wirkt, gibt es im Innern keinerlei Luxus. Wenn uns Freunde aus der Stadt zum ersten Mal besuchten, kann ich jedes Mal die Enttäuschung in ihren Augen sehen, wenn sie vergeblich nach dekorativ arrangierten Körben oder kunstvoll bedruckten Stoffüberwürfen auf den Sitzmöbeln Ausschau halten.
»Ah«, meinte eine Bekannte neulich, nachdem sie den Hundekorb, die mit Nachschlagewerken vollgestopften Regale und die uralte Sitzgarnitur betrachtet hatte, »hier wohnt ihr also.« Ich glaube allerdings, dass sie uns falsch verstanden hat, denn wir fühlen uns gerade deshalb so wohl in unserem Heim, weil es so ganz anders ist als ein gewöhnliches Haus. Die Buschhörnchen zum Beispiel betrachten unsere verklinkerten Wände und unser strohgedecktes Dach als einen Ort, der hervorragend geeignet ist, um eine Familie zu gründen. Da unser Haus mehr Fenster als Wände hat, ist es sehr hell und luftig und gibt uns das Gefühl, Teil des wildromantischen Panoramas zu sein, das uns umgibt. Von jedem Fenster aus fällt unser Blick auf Bäume und weite, grasbewachsene Täler, in denen sich *Kopjes* türmen, die vom Wind zerfurchten, für die Matobo Hills typischen Felsen.

Nun hatten wir also ein Warzenschwein. Aber wenn wir ihm beibringen konnten, sich an gewisse Regeln zu halten, würde es sich bestimmt gut in die Familie einfügen.
Mafira brachte Suza in die Garage und radelte dann in den Regen hinaus. Offenbar war er froh, sich nicht weiter um das Tier kümmern zu müssen. Dann übernahm David.
»Ich gehe in die Gästetoilette«, sagte ich ihm. »Du bleibst hier und passt auf, dass Suza nichts frisst. Lass Nandi nicht aus dem Gästezimmer und nimm die Igel nicht aus ihrer Kiste. Und lass das Schwein keinen Moment aus den Augen!«
Mein Sohn lief hinter Suza her, die ins Büro trottete. Ich suchte eine Flasche und einen kleinen Sauger und sterilisierte beides. Dann zog ich das Steinböckchen auf meinen Schoß, und zwar so, dass sein Kopf von mir abgewandt war, genau wie ich es mit den anderen beiden gemacht hatte. Wenn man sie mit dem Rücken an sich drückt, können sie sich nicht so leicht freistrampeln, und man hat beide Hände frei. Doch zum Strampeln war das Kalb viel zu schwach. Unser einziger Kampf bestand darin, sein Maul seitlich zu öffnen und den Sauger hineinzuschieben. Nach einer halben Stunde waren meine Oberschenkel warm und nass, und das Tier hatte nicht einen Tropfen getrunken. Es brachte mich beinahe zur Verzweiflung, dass es einfach nicht saugen wollte oder konnte, und ich befürchtete, dass es schon keinen Lebenswillen mehr hatte. Das Tragische war, dass dieses Kalb wahrscheinlich gar kein Waisenkind war. Wie viele andere Antilopenarten verstecken die weiblichen Steinböckchen ihre neugeborenen Jungen im Gebüsch, während sie äsen. Die Duftdrüsen der durch ihr gelbbraunes Fell getarnten Kälber sind während dieser gefährlichen Zeit noch nicht entwickelt, und sie verharren völlig reglos, bis ihre Mutter zurückkehrt. Reglos, farblos, geruchlos: Die Kombination ist ein äußerst effektiver

Schutz, bis jemand kommt und die Tiere »rettet« – und sie damit meist aus wohlmeinender Unwissenheit zum Tod verurteilt.

Hilflos betrachtete ich das kleine Kalb in meinen Armen. Ich würde es *Inqina* nennen, beschloss ich (oder Nina, was für unsere englischen Zungen leichter auszusprechen war), das Sindebele-Wort für Steinböckchen. Irgendwie schien mir das wichtig; mit einem Namen würde ich dem Tier eine Identität geben und zugleich meine Überzeugung bekräftigen, dass es überleben würde.

»Mama!«, schrie mein Sohn. »Komm schnell.«

In der Erwartung, Suza in Nandis Fängen vorzufinden, stürzte ich aus der Toilette. Aber unserem Neuankömmling ging es prächtig, was man allerdings nicht von Lora, unserer alten blonden Labradorhündin behaupten konnte, die sich hinter dem Sofa verkrochen hatte.

»Suza hält Lora für ihre Mutter«, rief David aufgeregt. »Guck mal!«

Tatsächlich hing Suza an einer von Loras nutzlosen Zitzen und saugte, was das Zeug hielt. Als das nichts fruchtete, grunzte sie ärgerlich und begann, Loras Bauch mit rhythmischen Kopfstößen zu bearbeiten, wahrscheinlich in der Hoffnung, dadurch den Milchfluss auszulösen. Lora jaulte. David brüllte. Ich schnappte mir die Hündin und sperrte sie ins Schlafzimmer.

Bald stellten wir fest, dass das Schweinchen immer genau herausfand, wer sich belästigen ließ und wer nicht. Nandi kam nicht in Frage, denn sie schlug sofort zurück, und zwar manchmal ziemlich heftig. Doch die gutmütige, zurückhaltende Lora war ein leichtes Opfer. Suza war eine ausgezeichnete Taktikerin, die ihre Ziele mit List und Tücke erreichte. Sobald Lora schlief, schlich sich Suza im Zickzackkurs an, so dass es aussah, als handelte es sich um eine ganz zufällige Begegnung. Meist knabberte sie zuerst ganz vorsichtig an einem von Loras Ohren, als wolle sie mit zärtlicher Körperpflege beginnen. Doch dann biss sie plötzlich fest zu, woraufhin Lora laut aufjaulte und ins Schlafzimmer floh. Und wenn diese Taktik nicht zum Erfolg führte, gab es auch noch andere Möglichkeiten: Es war wirklich erstaunlich, dass Lora immer genau an der Stelle im Haus lag, für die das Schwein sich gerade ganz besonders interessierte. Mit Sauggeräuschen, wie man sie von der Düse eines Autostaubsaugers kennt, schob Suza ihre gummiartige lange Schnauze unter Loras Bauch und hebelte die Hündin mit Hilfe ihrer Nackenmuskeln, die im Lauf der Monate immer kräftiger wurden, und ihres steinharten Schädels einfach vom Boden. Lora ergriff regelmäßig die Flucht, und es dauerte nicht lange, bis sie sich allein beim Anblick des Warzenschweins im Schlafzimmer in Sicherheit brachte.

Ich setzte das Schweinchen auf Davids Schoß. »Halt es fest«, trug ich ihm auf, »bis ich etwas zu fressen gefunden habe. Suza ist bestimmt hungrig.«

Nach wenigen Tagen stellte sich heraus, dass Hunger bei Suza ein Dauerzustand war. Ständig war sie auf der Suche nach irgendetwas Fressbarem und stets darauf bedacht, so viel wie möglich in kürzester Zeit zu verschlingen. Im Laufe der ersten Erkundungstouren durchs Haus fraß sie einen großen roten Knopf, einen kleinen blauen Knopf, vier Steine, zwei Tok-Tokkie-Käfer (die unterm Schreibtisch auf dem Rücken lagen und von ihr laut schmatzend verspeist wurden) und fünfundzwanzig tiefgefrorene Grashüpfer, und bekam prompt die Quittung dafür.

Ich füllte eine Schüssel mit Cerelac, und Suza machte sich mit Heißhunger darüber her. Dann ging ich zurück in die Gäste-

toilette, um erneut den Kampf mit der störrischen Nina aufzunehmen.
»Mama!«, ertönte es kaum zehn Minuten später. Innerlich fluchend öffnete ich die Tür.
»Was ist denn jetzt schon wieder?«
»Suza zittert. Was soll ich tun?«
Es regnete immer noch, und mit seiner spärlichen Behaarung war dem Frischling wahrscheinlich ziemlich kalt. In der freien Natur würde es sich zusammen mit seinen Geschwistern in eine verlassene Erdferkelhöhle verkriechen, wo es warm und kuschelig war.
»Wickle sie in eine Decke und nimm sie mit in dein Zimmer. Ich komme gleich und sehe nach ihr.«
»Au ja, das mach ich!«, rief mein Sohn begeistert.
Ich widmete mich wieder der kleinen Antilope und schaffte es tatsächlich, ihr drei Milliliter warme Milch einzuflößen. Immerhin ein Anfang.
David hatte das Warzenschwein in ein weiches Baumwolllaken gehüllt, so dass nur noch seine schwarze Schnauze herauslugte. Mit ernster, verantwortungsvoller Miene hielt er Suza in den Armen. Hätte noch ein Esel am Fußende des Betts gestanden, wäre es eine Szene gewesen wie aus einem Krippenspiel.
»Schsch«, flüsterte David, als ich mich näherte. »Mach sie nicht wach.«
Suza atmete tief und regelmäßig und rührte sich nicht. Erleichtert ließ ich die beiden allein.
Die paar Minuten Ruhe gaben mir die unwillkommene Gelegenheit, mir über die Zufallsbegegnung mit dem Warzenschwein Gedanken zu machen.
Bereits nach wenigen Stunden stand fest, dass Suza, die da so friedlich in den Armen meines fünfjährigen Sohnes schlum-

merte, einen durchsetzungsfähigen Charakter besaß und weder zu Kompromissen bereit war noch zu Diplomatie neigte. Sie sich als ausgewachsenes Tier von siebzig Kilogramm vorzustellen war beängstigend.

Eigentlich war es ganz simpel. Ich würde mich einfach durchsetzen und von Anfang an dafür sorgen müssen, dass Suza wusste, wer die Chefin war. Für ein harmonisches Zusammenleben mit einem Haustier ist es äußerst wichtig, gleich zu Beginn die Rangordnung festzulegen. Die Theorie war mir bekannt, aber aufgrund meiner jahrelangen Erfahrung mit allen möglichen Tieren war mir klar, dass sie nicht funktionieren würde. Mit Ausnahme der Igel und einiger Mäuse hatte bisher noch jedes Tier mein gespielt herrisches Auftreten durchschaut und sich verhalten, wie es ihm beliebte. Ich war sogar zu dem Schluss gekommen, dass mir das gefiel. Welches Recht hatten wir, erklärte ich gern interessierten Besuchern, denen es durchaus passieren konnte, dass sie von einem unserer Pferde getreten oder von einem unserer übermütigen Labradors zu Boden geworfen wurden, Tieren Vorschriften zu machen?

Doch ich spürte, dass das Warzenschwein eine größere Herausforderung darstellen würde. Der einzige Ratschlag, den Ivy mir mit auf den Weg gegeben hatte, bestand darin, Suza niemals, auch nicht für kurze Zeit, allein zu lassen. Sie würde also fortan zur Familie gehören. Wie mein Mann bemerkte, als er am Abend nach Hause kam, hätten wir genauso gut einen jugendlichen Kriminellen adoptieren können – nur dass in unserem Fall die offiziellen Adoptionspapiere lediglich den lapidaren Text enthielten: »Lebensmittel $ 100«. Es gab kein Zurück.

Kapitel 2

… mit einem Schwein, das beim Anblick eines Mahls
in Verzückung gerät, kann man nicht diskutieren.
Peter Mayle

Wer zum ersten Mal von Bulawayo nach Stone Hills fährt, kann leicht enttäuscht werden. Man könnte sogar auf die Idee kommen, auf den falschen Weg geraten zu sein, denn die Fahrt geht durch eine hügelige, aber ansonsten zumeist gesichtslose Gegend. Erst wenn man die Mangwe Road erreicht und die vier Kilometer lange, von Schlaglöchern übersäte Strecke überlebt hat, vorbei an Ansammlungen von runden Lehmhütten und Kühen, die auf den staubigen Hügeln grasen, erschließt sich einem die Schönheit dieser Landschaft.

Beinahe unvermittelt steht man schließlich vor unserem Tor, über dem ein Schild die Farm auf Englisch und Sindebele als Naturreservat ausweist und um entsprechendes Verhalten bittet. Ein Wildhüter in einem dunkelgrünen Overall und mit einem khakifarbenen Hut auf dem Kopf tritt aus einer strohgedeckten Hütte, um die Besucher zu begrüßen, und angesichts der Stille und der majestätischen Ruhe der Kopjes sind Hütten, Kühe und Schlaglöcher schnell vergessen. Weiter geht es durch ein langes, grasbewachsenes Tal bis zu einem dunklen See am Fuß des Dibe, einer riesigen felsigen Erhebung, wo sich Bäume dicht aneinanderdrängen und Kudus im schattigen Dickicht grasen. Von hier aus folgt man dem Lauf des Mathole River, bis der Weg eine scharfe Kurve macht, steil ansteigt und über einen schmalen Pass führt. Auf den von der Sonne gewärmten Felsen dösen Dassies, die aussehen wie überdimensionale Meerschweinchen. Die Rotbauchschmätzer, deren Brustgefieder dieselbe leuchtend rostrote Farbe hat wie die Flechten auf dem Gestein, lassen ihre Rufe ertönen. Oben auf dem Pass, verborgen hinter einer Reihe von Bäumen, steht unser Haus, und man fährt durch einen Tunnel aus ineinander verwobenen Ästen bis zu den Stufen unserer Lodge.

Die Hütten, die Rich an den Hängen des Dibe errichtet hatte, waren nach kurzer Zeit so verwittert, dass sie sich perfekt in die Landschaft fügten und von Weitem kaum noch zu erkennen waren. Und es gab Zeiten, vor allem gegen Ende der Hochsaison, da wünschten wir uns sehnlichst, sie wären tatsächlich nicht da.

Wie wir uns hatten einbilden können, dass wir auf angenehme, entspannte Weise an dreihundertfünfundsechzig Tagen im Jahr und bis zu zwölf Stunden am Tag mit allen möglichen Urlaubern zurechtkommen würden, ist mir bis heute ein Rätsel. Besonders ermüdend war es, ewig dieselben stereotypen Fragen beantworten zu müssen wie: »Wie lange haben Sie gebraucht, um die Lodge zu errichten?« oder »Wo soll David denn mal zur Schule gehen?« oder »Wo kommt Ihr Name eigentlich her?« (Ich wünschte, ich wüsste es …)

Als ich einmal zufällig am Abendbrottisch ein Gespräch zwischen Rich und einer Besucherin mitbekam, wurde mir klar, dass die Zeit gekommen war, einen Verwalter einzustellen.

»Was für ein phantastischer Ort«, rief die Frau aus. »Hier haben Sie sich wirklich einen Traum verwirklicht.«
Rich schüttelte den Kopf. »O nein«, sagte er, »da irren Sie sich gewaltig. Es ist ein absoluter Albtraum.«
Die Verwalter kamen und gingen. Die derzeitige Amtsinhaberin war Ursula, eine große, schlanke Frau mit krausem Haar, durchdringenden blauen Augen und einem Temperament wie eine Handgranate. Heimlich nannten wir sie »Urknall« oder »Urbeben«, wenn vor lauter Jähzorn ihre Nasenflügel bebten. Leuten gegenüber, die sie mochte, war sie absolut charmant, aber gegenüber denjenigen, die sie nicht ausstehen konnte, benahm sie sich wie eine Furie. Im Prinzip war sie also perfekt geeignet für den Job, und hinzu kam, dass sie ein natürliches Talent im Umgang mit Tieren und Kindern besaß.
Als Rich an jenem Abend nach Hause gekommen war und sich von dem Schock erholt hatte, ein Warzenschwein in seinem Wohnzimmer vorzufinden, hatten wir beschlossen, es umzutaufen, um es von dem Namen Suza zu befreien. Richard und ich hatten es Lady Marigold nennen wollen, weil uns seine Stupsnase an eine Adelige erinnerte, die kürzlich unsere Lodge besucht hatte. Doch David hatte auf den Namen Poombi bestanden. Dann hatten wir uns gemeinsam die sture Nina vorgeknöpft und ihr mit sanfter Gewalt tropfenweise Milch eingeflößt, bis ihr nichts anderes übrig geblieben war als zu schlucken. Später übernahm Ursula, und als Nina nach zwei Tagen endlich anfing zu saugen, wussten wir, dass sie es geschafft hatte. Sie blieb noch zwei weitere Wochen in der Gästetoilette, dann gesellten wir sie zu den beiden Buschböcken in dem großen Gehege an unserem Haus.
Zwei Wochen nachdem Poombi bei uns eingezogen war, wollten wir auf die Seychellen fahren. Wir hatten es so einge-

richtet, dass die beiden Koris bis dahin flügge sein würden, und Alistair, unseren Freund und Berater in allen Lebenslagen, gebeten, sich während unserer Abwesenheit um das Haus und die Tiere zu kümmern. Da in der Jobbeschreibung weder ein Warzenschwein noch ein Steinböckchen erwähnt war, nahmen wir uns vor, Poombi ein paar Manieren beizubringen, bevor wir sie in die Obhut des nichts ahnenden Alistair übergaben.

Die ersten paar Nächte hatten wir sie noch verwöhnt, doch dann gewöhnten wir ihr an, in unserer im Freien gelegenen Küche zu schlafen. Um sie an ihren Schlafplatz zu locken, stellten wir eine Schüssel mit Milch in die hinterste Ecke der Küche, und zwar so, dass Poombis Schwanz zur Tür zeigen würde, während sie trank. Augenblicklich ließ sie sich auf die Knie fallen und tauchte ihre Schnauze so tief in die Milch, dass sie Bläschen produzierte wie ein Tiefseetaucher. Während sie beschäftigt war, schlichen wir zur Tür und versuchten, sie zu schließen, ohne dass Poombi es bemerkte, was jedoch wegen der Geschwindigkeit, mit der sie trank, selten funktionierte. Jedes Mal, wenn wir gerade durch die Tür schlüpfen wollten, spürten wir prompt ihre Nase in den Kniekehlen, so dass wir gezwungen waren, sie zurückzubugsieren und die Tür zuzuschlagen, ohne sie einzuklemmen, was gar nicht so einfach war. Poombi machte das Ganze noch schlimmer, indem sie ein schrilles, opernreifes Kreischen von sich gab – opernreif deshalb, weil sie es schaffte, denselben Ton mindestens fünf Minuten lang zu halten, ohne ein einziges Mal Luft zu holen.

Bis zu diesem Zeitpunkt hatte ich mich noch nie mit der Sprache der Warzenschweine beschäftigt. Ich war davon ausgegangen, dass sie ihre Meinung wie andere Schweine mit einem gelegentlichen Grunzen oder Kreischen kundtun würden.

Poombi jedoch war von regelrecht schwatzhafter Natur und verfügte über ein vielfältiges Repertoire an Ausdrucksmöglichkeiten, das vom leisen, vertrauensseligen Quieken bis hin zu einem tiefen, aus dem Bauch kommenden ärgerlichen Knurren reichte. Mit leisen Seufzern und zufriedenem Grunzen reagierte Poombi auf die stundenlangen Massagen und die Streicheleinheiten, die ihr ihrer Ansicht nach selbstverständlich zustanden.

In jenen ersten Tagen bestand ich darauf, dass sie freien Zugang zum Haus haben sollte. Na ja, um ehrlich zu sein, bestand Poombi darauf, und ich konnte wenig dagegen ausrichten.

»Du bist verrückt«, bemerkte Rich, während er zusah, wie ich eine riesige gelbe Pfütze im Wohnzimmer mit Zeitungspapier aufwischte. »Irgendwann wird sie hier das Kommando übernehmen und uns rausekeln. Ich kann mir schon lebhaft vorstellen, wie das im Winter wird – kein Teppich weit und breit, der Boden übersäht mit nassem Zeitungspapier, die Familie in Decken gehüllt, während das Schwein das Kaminfeuer mit Beschlag belegt.«

»Sei nicht albern, Liebling. Schweine sind bekanntermaßen äußerst reinliche Tiere. Es ist nur eine Frage der Erziehung.«

»Erziehung?« Rich schnaubte verächtlich. »Vielleicht etwas in der Art wie ›böses Schweinchen!‹ und ein Klaps auf den Hintern mit einer zusammengerollten Zeitung?«

Im gleichen Augenblick hörte ich ein lautes Schmatzen zu meinen Füßen, bückte mich und rettete einen armamputierten Plastiksuperman aus Poombis Maul, was sie mit einem wütenden Kreischen quittierte.

»Na ja, vielleicht nicht ganz so autoritär«, erwiderte ich. »Es gibt bestimmt andere Möglichkeiten. Schweine sind sehr intelligente Tiere.«

Mein Mann hob die Brauen und verzog sich entnervt ins Büro.
Ich trat ans Bücherregal und nahm ein Buch mit dem Titel *Der Rottweiler* heraus, das mir vielversprechend erschien. In einem Kapitel mit der Überschrift »So wird mein Hund stubenrein« las ich: »Hunde verfügen über einen natürlichen Instinkt, ihren Schlafplatz sauber zu halten, und suchen sich nach Möglichkeit einen anderen Ort, um sich zu erleichtern.«
Ich stellte tatsächlich fest, dass Poombi ihren Schlafplatz sauber hielt, nur leider bezog sich ihr Bedürfnis nach Reinlichkeit nicht auf unser Haus. Zwar stehen die Türen zum Garten und Vorgarten den ganzen Sommer über offen, aber Poombi brauchte offenbar eine gewisse Privatsphäre, um ihr Geschäft zu erledigen, vor allem, wenn sie merkte, dass ich versuchte, sie eines Besseren zu belehren. Sie gewöhnte es sich an, sich in Davids Zimmer unterm Bett zu verkriechen, von wo sie sich keinen Millimeter weit mehr verrücken ließ. Ich ließ nichts unversucht. Ein herrisches »Nein!« kam leider nicht in Frage, weil Rich es hätte hören können. Aber jede Art von »bestimmter, liebevoller Erziehung« wurde einfach ignoriert, und wenn ich sie lobte, nachdem sie in den Garten gepinkelt hatte, weil sie es nicht mehr rechtzeitig ins Haus geschafft hatte, schaute sie mich nur verdutzt an.
Eines Morgens, als wir gerade im Bett frühstückten, hörten wir plötzlich ein leises Rauschen. Rich beugte sich über die Bettkante.
»Es ist das verfluchte Schwein!«, schrie er. »Ich hab dir gleich gesagt, dass es so kommen würde. Poombi macht einfach, was sie will!«
Poombi hatte sich vernünftigerweise unser Schlafzimmer für ihre morgendliche fünfminütige Blasenentleerung ausge-

sucht. Das hatte drei Vorteile: Sie konnte uns während der Verrichtung ihres Geschäfts sehen, das Tablett mit dem Tee inspizieren und gleichzeitig die spritzhemmende, saugfähige Eigenschaft des Teppichs genießen.

Kurze Zeit später, als Rich sich abends im Wohnzimmer aufs Sofa fallen ließ, ertönte ein schmatzendes Geräusch. Das Sofa war Poombis Lieblingsschlafplatz, und offenbar war es ihr schwergefallen, ihr gemütliches Bett auch nur für wenige Minuten zu verlassen. Es war doch viel bequemer, einfach in die Ritze zwischen den Kissen zu pinkeln, was den zusätzlichen Vorteil bot, dass niemand hörte, was sich abspielte.

Ich gab mich geschlagen, nachdem ich noch einmal in meinem Buch nachgeschlagen und gelesen hatte, dass man mit der Erziehung zur Stubenreinheit frühestens im Alter von drei Monaten beginnen sollte. Poombi wurde nach draußen verbannt, und sie ließ keinen Zweifel daran, wie tief wir damit ihre Gefühle verletzt hatten. Stundenlang stand sie vor der Terrassentür, die Schnauze gegen die Scheibe gedrückt, beobachtete jede unsere Bewegungen und schrie wie am Spieß. Schließlich zog ich die Vorhänge zu.

Aber Poombi war nicht allein verantwortlich für unsere Einkerkerung. Auch der Vordereingang war durch einen Zaun abgesperrt, und zwar wegen der beiden Buschböcke Mary und Nyami. Mary hatte vor vier Jahren bei einer Wildumsiedlungsaktion ihre Mutter verloren, und Nyami war, als er erst vier Tage alt war, von einer Bekannten am Sambesi vor einem hungrigen Fischer gerettet worden. Sie nannte ihn *Nyamazana* (Tier), weil der Fischer ihn so getauft hatte. Drei Monate lang lebte er zusammen mit vier Hunden und ein paar Dassies bei unserer Bekannten, aber als er heranwuchs und immer abenteuerlustiger wurde, begann sie zu befürchten, dass er über kurz oder lang in irgendeinem Kochtopf

landen würde. Wir waren begeistert, endlich einen passenden Kameraden für Mary gefunden zu haben, nachdem wir sie über die Jahre mit allen möglichen Eindringlingen geplagt hatten.
Die beiden Buschböcke waren ein hübsches Paar, auch wenn Nyami uns anfangs einige Probleme bereitete. Mary war noch nie im Haus gewesen und wagte sich höchstens bis auf den Rasen vor der Veranda vor, weshalb wir die Schiebetür immer offen lassen konnten. Aber Nyami war äußerst geschickt im Treppensteigen, und als wir ihm die Tür vor der Nase verschlossen, sprang er kurzerhand durchs Schlafzimmerfenster. Um ihn aus dem Haus zu verscheuchen, mussten wir zuerst die beiden Hunde einsperren und dann langsam und vorsichtig durchs Haus schleichen und versuchen, ihn nach draußen zu bugsieren, ohne ihn in Panik zu versetzen.
Also schlossen wir die Schiebetüren und verrammelten die Fenster. Besucher wurden mit einer Liste von Anweisungen begrüßt:
»Halten Sie die Schlafzimmerfenster geschlossen. Wenn Sie unbedingt frische Luft brauchen, öffnen Sie die Fenster nur einen Spaltbreit.«
»Vorsicht vor dem Warzenschwein. Wenn Sie durch die Hintertür ins Haus kommen, achten Sie darauf, dass Poombi Sie nicht beobachtet.«
»Wenn Sie unbedingt auf der Veranda sitzen wollen, vergessen Sie nicht, die Schiebetür hinter sich zu schließen.«
Zwangsläufig war der eine oder andere Gast unachtsam, was jedes Mal zu aufgeregtem Geschrei führte.
»Schaff das Schwein aus dem Haus! Wer hat die Tür offen gelassen, Herrgott noch mal?«
Unter derart stressigen Bedingungen blieben unsere Gäste meist nur ein, zwei Tage. Ich konnte es ihnen nicht verübeln.

Als wir von den Seychellen zurückkehrten, hatte sich eine Menge geändert. Wir fanden Alistair auf der Veranda vor dem Haus vor, neben ihm Poombi, die mit geschlossenen Augen auf dem Rücken lag, die Beine in die Luft gestreckt, und sich genüsslich den Bauch kraulen ließ. Sie war nicht länger der unsichere Neuling, sondern eine junge Dame, die sich in ihrer Umgebung pudelwohl fühlte. Und die Umgebung hatte sich ebenfalls verändert, denn Poombi hatte meine halbherzigen Versuche, einen Garten anzulegen, mit der Verachtung gestraft, die sie verdienten. Von den wenigen Blumen, die ich gepflanzt hatte, waren nur noch kurze Stängel übrig, und der Rasen war dabei, sich in eine Mondlandschaft zu verwandeln – ein Zustand, von dem er sich nie wieder erholen sollte.

Poombi hatte alles unter Kontrolle. Alistair streichelte sie auf Befehl, Lora wagte sich nicht mehr aus dem Schlafzimmer heraus und Nandi, froh über eine Gefährtin, spielte unaufhörlich mit ihr. Weit davon entfernt, sich irgendetwas entgehen zu lassen, begleitete Poombi uns auf Abendspaziergängen mit den Hunden, sehr zum Verdruss der armen alten Lora, die nicht gerade davon begeistert war, sich von einem steinharten Schädel vorwärts schubsen zu lassen. Wenn unser Warzenschwein unterwegs der Tatendrang packte, betrachtete es den Weg als seine private Bühne und vollführte Sprünge wie ein junges Wildpferd, ein kompliziertes Manöver, das darin bestand, sich zuerst mit allen vier Beinen in den Boden zu stemmen und dann wie wild im Kreis herumzuspringen. Da konnte Nandi selbst in ihren ausgelassensten Momenten nicht mithalten.

Während unserer Abwesenheit hatten Alistair und Ursula angefangen, die Wildblumen der Gegend zu sammeln und zu katalogisieren, ein Unterfangen, das ich zusammen mit Ursula fortführte und das überraschend große Geschwindigkeit und Geschicklichkeit erforderte. Jedes Mal, wenn wir uns bückten, um eine neue Blume zu pflücken, wurde die Blüte von einem Hund zertreten, der aufgeregt zwischen uns sprang, dicht gefolgt von einem Warzenschwein, das, wenn es nicht mit Gewalt aufgehalten wurde, die ganze Pflanze auffraß.

Es gab kaum etwas, das Poombis Aufmerksamkeit entging. Warzenschweine haben zwar keine besonders guten Augen, aber dieser Mangel wird durch ihren extrem ausgeprägten Geruchssinn mehr als wettgemacht. Wenn es Poombi hin und wieder gelang, ins Haus zu schlüpfen, verriet sie sich meist durch ein tiefes, sonores Schnüffeln auf der Suche nach etwas Fressbarem. Und falls wir dieses Geräusch ausnahmsweise doch überhörten, wussten wir spätestens, wenn eine Keramikschüssel laut krachend auf dem Boden zerschellte, dass Poombi wieder einmal mit der Tischdecke zwischen den Zähnen unterwegs war.

Dank seiner kurzen Beine und seiner langen Schnauze braucht ein Warzenschwein sich nie zu bücken, um zu fressen. Gegraben wird mit der Nase, einem glänzenden, schwarzen Knubbel am Ende der Schnauze, die so effektiv ist wie eine Baggerschaufel. Im Sommer, wenn es viel regnet und das Leben leicht ist, verbringt ein Warzenschwein die meiste Zeit auf den Beinen und reißt Grashalme mit den Zähnen ab, doch im Winter sind nahrhafte Wurzeln und Pilze nur im Boden zu finden, unerreichbar für alle, die über keine spezielle Ausrüstung verfügen.

Wenn Paviane von den Buschmännern »die auf den Fersen hocken« genannt werden, dann müssten Warzenschweine »die auf Knien gehen« heißen. Tausende von Jahren der evolutionären Auslese haben dafür gesorgt, dass Warzenschweine sogar schon als Föten über die harte, schützende Hornhaut an den Knien verfügen. Auf den Knien (anatomisch korrekt eigentlich Handwurzelgelenken) und mit Hilfe ihrer extrem kräftigen Nackenmuskulatur und des harten Schädels können sie sogar den härtesten Boden umgraben.

Bis zum Alter von eineinhalb Jahren zeigte unser Warzenschwein keinerlei Anzeichen eines Freiheitsdrangs. Im Gegenteil, Poombi konnte es nicht ausstehen, auch nur für kürzeste Zeit allein gelassen zu werden, genau wie Ivy es mir prophezeit hatte. Abends, wenn sie allein schlafen sollte, ließ sie sich, nachdem sie ihren Fressnapf geleert hatte, nur mit einem Schluck warmer Milch beruhigen, und vor allem im Winter schlüpfte sie anschließend unter zwei dicke Wolldecken in ihrer Schlafkiste. Diese Decken mussten jedoch immer wieder ersetzt werden, weil Poombi sie so lange hin und her zerrte und rupfte, bis sie nur noch aus Fetzen bestanden, und häufig stand sie morgens vor der Tür, die Überreste einer Decke wie einen mexikanischen Poncho übergezogen.

Nachdem wir beschlossen hatten, sie nicht mehr ins Haus zu lassen, verbrachte sie die Tage im Garten. Aber auch dort war sie niemals allein. Wenn sie sich im Garten hinter dem Haus aufhielt, den wir »Das Fleischfresser-Restaurant« nannten, gesellte Nandi sich stets zu ihr, und die beiden spielten stundenlang Tauziehen mit einem alten Schuh oder einem Kohlstrunk. Aber selbst ein Labrador ist einem Warzenschwein nicht gewachsen. Während Nandi an einem Ende des Streitobjekts wie wild herumzerrte, stand Poombi mit geschlossenen Augen seelenruhig da und hielt das andere Ende zwischen ihren kräftigen Backenzähnen. Das konnte minutenlang dauern, bis Nandi schließlich die Nerven verlor und in wütendes Gebell ausbrach. Dann kostete es Poombi nur noch einen kleinen Ruck mit dem Kopf, um die Beute in ihren Besitz zu bringen. Manchmal versuchte Nandi, sich mit einem

Schuh davonzustehlen, während Poombi am anderen Ende des Gartens mit Fressen beschäftigt war, aber auch das war völlig aussichtslos. Sofort fixierte das Warzenschwein den Hund mit einem durchdringenden Blick, um gleich darauf lässig loszutraben.

Ein verärgertes Warzenschwein verfügt über verschiedene Waffen, die es zum Einsatz bringen kann. Der breite Kopf mit dem granitharten Schädel und die gummiartige Nase dienen dazu, den Gegner durch Knüffe und Stöße aus dem Gleichgewicht zu bringen. Das reicht dem Schwein meist aus, um sein Missfallen zum Ausdruck zu bringen. Nur in äußerster Wut setzt es seine unteren Hauer als Hieb- und Stichwaffen ein. Bei ausgewachsenen Tieren sind diese Furcht erregenden Hauer wesentlich länger und sogar schärfer als die Reißzähne eines Löwen, weil sie durch die oberen Zähne ständig geschliffen werden.

Das Einzige, worüber Poombi und Nandi ernsthaft aneinandergerieten, waren Knochen – was bei einem Hund kaum verwunderlich ist, bei einem Schwein jedoch auf Geschmacksverirrung schließen lässt. Aber Knochen enthalten Kalzium und Phosphat, und Poombi schien sie besonders zu mögen, weil sie ihr das Zahnen erleichterten. Auch Stachelschweine, Buschschweine, Giraffen und viele andere Tiere kauen regelmäßig Knochen. Selbst bei diesen heftigeren Auseinandersetzungen mit Nandi war Poombi jedoch stets ein Muster an Zurückhaltung. Auf den wütend knurrenden Hund vor ihrer Nase reagierte sie allenfalls mit einem kurzen, kräftigen Stoß, der den Streit unweigerlich zu ihren Gunsten entschied.

Um ihr einen Tapetenwechsel zu gönnen, brachten wir Poombi nachmittags nach vorne ins »Vegetarier-Restaurant«, wo sie sich über Essensreste und Köstlichkeiten aus dem Gemüsegarten hermachen konnte. Buschböcke sind eine der wählerischsten und anspruchsvollsten Antilopenarten, und die Empörung war ihnen regelrecht anzusehen, wenn sie beim Äsen von einem gefräßigen Warzenschwein gestört wurden.

Am schwierigsten war es, Poombi vom hinteren in den vorderen Garten zu schaffen, denn der einzige Weg führte durchs Haus. Wenn der Umzug nicht schnell genug vonstatten ging, blieb Poombi genug Zeit, um einen Umweg zu machen und aufs Sofa zu springen, von wo sie, wenn sie es sich dort erst einmal bequem gemacht hatte, fast nicht mehr fortzubewegen war. Die ganze Prozedur war überhaupt nur zu zweit zu bewältigen. Während einer die Tür aufhielt, lief der andere mit einer Möhre oder einer anderen Delikatesse voraus, dicht gefolgt von Poombi. Dabei kam es auf die exakt richtige Distanz an: Entfernte man sich zu weit von Poombi, verlor sie das Interesse, kam man zu dicht an sie heran, riss sie einem den Leckerbissen aus der Hand und stürmte damit aufs Sofa, wo sie ganz plötzlich zur Salzsäule erstarrte und im Halbdunkel des Wohnzimmers kaum noch zu sehen war. Einmal schob sie zur Verbesserung ihrer Tarnung den Kopf unter ein Sofakissen, was so gut funktionierte, dass wir sie erst bemerkten, als sich einer von uns auf sie setzte.

Nur ein einziges Mal ist es mir gelungen, das Warzenschwein auszutricksen. Während Poombi es sich auf dem Sofa gemütlich machte und mich mit ihren kleinen, boshaften Augen anstarrte, tat ich so, als ginge ich ins Büro. Kaum war ich aus ihrem Blickfeld verschwunden, ließ ich mich auf die Knie fallen, kroch hinters Sofa und stieß ein bedrohliches Leopardenknurren aus.

Es muss eine gute Imitation gewesen sein, denn Poombi schoss mit einem entsetzten Quieken vom Sofa und stürmte so panisch aus dem Haus, dass die Antilopen verängstigt aus-

einanderstoben. Aber natürlich hat dieser Trick nie wieder funktioniert.
Als David im Alter von acht Jahren in die Schule kam, hatte er nur selten menschliche Spielkameraden gehabt – aber die Tiere machten den Mangel wett. Mit Nandi spielte er Welpe, mit Poombi spielte er Ferkel – so intensiv, dass wir ihn davon abhalten mussten, ihre Fressgewohnheiten allzu sehr zu imitieren. Die beiden wälzten sich im Garten gemeinsam im Schlamm und jagten sich mit wachsender Begeisterung gegenseitig durch die künstliche Erdferkelhöhle neben unserer Hintertür. Wenn Poombi auf Zerstörungstour durch unseren Garten kurvte, hängte David sich an ihren Schwanz und trompetete: »Vorsicht, Rasenmäher!« Im Gegensatz zu allen anderen Familienmitgliedern ließ er sich von ihr in keiner Weise beeindrucken, während sie, die größte Meisterin in der Kunst der Manipulation, ihm dafür Respekt zollte und ihn stets mit Zuneigung und Nachsicht behandelte.
Dass es Nandi nicht fair fand, wenn das Warzenschwein mal wieder unsere ganze Aufmerksamkeit forderte, konnte ich an ihren hängenden Ohren und ihrem vorwurfsvollen Blick ablesen. Und es stimmte. Nandi war zuerst da gewesen, aber alle Regeln, an die sie sich halten musste, schienen für den herrschsüchtigen Neuankömmling, der auf dem Sofa auf Davids Schoß saß und geräuschvoll an seinen Fingern nuckelte, nicht zu gelten.
Als wir Poombi schließlich aus dem Haus verbannten, war noch Sommer, aber Ende Mai fing der Winter an, die Jahreszeit, die ein Warzenschwein am wenigsten schätzt. Weil ich wusste, dass Poombi sich tagsüber in der Nähe des Hauses aufhalten wollte, bastelte ich ihr auf der hinteren Veranda aus einem großen Pappkarton und einer Decke ein gemütliches Bett.

»Hier kannst du es dir gut gehen lassen, mein kleiner Schatz«, sagte ich zu Poombi, während ich sie schön warm zudeckte. Minuten später ertönte hinter dem Haus ein erbärmliches Quieken. Vor der Verandatür stand ein Schwein mit Gänsehaut, kaum einen Meter entfernt von seinem neuen Bett – in dem es sich ein kleiner Junge bequem gemacht hatte, dessen roter Schopf unter der Decke hervorlugte.

»Raus da!«

»Aber Mama«, quengelte David. »Ich hab nur ein Bett. Warum kriegt Poombi zwei?«

Ich nahm das zitternde Schweinchen auf den Arm und setzte es wieder in seine Kiste.

»Weil sie sehr krank werden und sogar sterben könnte, wenn sie der Kälte ausgesetzt wird.«

Davids Augen weiteten sich vor Entsetzen. »Du meinst, wie ihr Bruder?«

»Genau. Bei dir ist das kein Problem, weil du dich warm anziehen kannst, und Nandi hat ein dichtes Fell, aber sieh dir Poombi bloß an, die paar Haare, die sie hat, können sie nicht gegen die Kälte schützen.«

»Und wie würde sie sich in der freien Natur warm halten?«, wollte er wissen.

»In der freien Natur würde sie in einer Höhle leben, wahrscheinlich in einer verlassenen Erdferkelhöhle, und sie und ihre Geschwister würden sich aneinanderkuscheln und gegenseitig warm halten.«

David schwieg eine Weile, dann breitete sich auf seinem sommersprossigen Gesicht ein Grinsen aus.

»Ich hab eine Idee«, sagte er. »Wir bauen ihr eine Höhle, und dann können Poombi und Nandi und ich dort schlafen und uns gegenseitig warm halten.«

Was ein Erdferkel in zwei Stunden geschafft hätte, kostete

unseren Gärtner zwei Tage harte Arbeit, die zusätzlich durch David erschwert wurde, der so tat, als ob er einen Tunnel nach Australien graben wollte, um seine Großeltern zu besuchen, und ihm ständig im Weg stand (und seinen Unterricht bei mir schwänzte). Ich konnte es ihm nachfühlen. Wenn ich auch nur die geringste Chance auf Erfolg gesehen hätte, ich hätte genauso inbrünstig gegraben wie er.

Ein bisschen lustloses Scharren und ein gelegentliches aufmunterndes Schlagen mit dem Schwanz war alles, was Nandi zu der Buddelaktion beitrug. Poombi dagegen ließ es sich nicht nehmen, einen ersten kritischen Rundgang zu machen, sobald der Gärtner und sein junger Assistent eine Pause einlegten.

Die Inspektion führte Poombi mit derart gebieterischer Gebärde und so königlicher Haltung durch, dass wir Zuschauer uns das Grinsen kaum verkneifen konnten. Mit der Zeit lernten wir, dass jedes halbwegs interessante Loch dieselbe Auswirkung auf sie hatte und die Überprüfung jedes Mal in zwei Phasen ablief: Zuerst kroch sie vorwärts in die Öffnung, wobei sie mit Füßen und Schnauze noch ein bisschen in der Höhle herumbuddelte, und dann noch einmal rückwärts, wobei sie sich mit dem Hintern voran in die Öffnung schob, bis nur noch ihre Schnauze zu sehen war. Auf diese Weise übte sie wohl ihr Verhalten für die Zukunft, denn in der freien Natur flitzen die Ferkel bei drohender Gefahr schnurstracks in die Familienhöhle, gefolgt von ihrer Mutter, die sich in letzter Minute umdreht, um jedem potenziellen Feind ihr gesamtes Waffenarsenal zu demonstrieren.

Als die Höhle fertig war, feierten Poombi, Nandi und David das Ereignis mit einem ausgelassenen Spiel, krochen in die Höhle hinein und wieder heraus und scheuchten einander in einer wilden Jagd kreuz und quer durch den Garten. Aber schon am nächsten Tag nahm das Warzenschwein seine alten Gewohnheiten wieder auf.

»Meinst du, Poombi gefällt ihre neue Höhle nicht?«, fragte David enttäuscht.

»Bestimmt gefällt sie ihr«, versicherte ich ihm. »Lass ihr einfach ein paar Tage Zeit, dann wird sich ihr natürlicher Instinkt durchsetzen.«

Wie immer hatte ich das Schwein unterschätzt. Erstens wusste Poombi ganz genau, dass es sich um eine künstliche Höhle handelte, und zweitens – welches Schwein, das halbwegs bei Trost war, würde freiwillig eine private Luxussuite aus Kiefernholz gegen ein schnödes Erdloch eintauschen? David fand heraus, dass er sich ziemlich erfolgreich in der Höhle verstecken konnte, wenn er sich für die Schule fertig machen sollte, aber ansonsten blieb »Poombis Palast« in der hinteren Ecke des Gartens weitgehend unbeachtet – ein Denkmal menschlichen Unverstandes und schweinischer Klugheit.

Rundschreiben an Reiseveranstalter und ehemalige Besucher
Bekanntmachung aus besonderem Anlass

Mit großer Freude geben wir hiermit bekannt, dass unsere Farm Zuwachs bekommen hat. Seit zwei Monaten sorgt Lady Marigold Wentwyth-Hogge, genannt »Poombi«, für Unterhaltung. Mit Charme und Kontaktfreudigkeit bringt sie selbst unsere zugeknöpftesten Gäste zum Lachen. Sie entstammt einer einheimischen Familie von begeisterten Gärtnern, und dort, wo sie sich frei entfalten konnte, hat sie das Farmgelände bereits von Grund auf umgestaltet. Im Bereich der Gastronomie experimentiert sie mit völlig neuen Gerichten und ungewöhnlichen Zusammenstellungen. Ganz im Einklang mit unserer umweltfreundlichen Einstellung zeigt sie ein ausgeprägtes Interesse für die einheimische Flora und ist eine Spezialistin auf dem Gebiet der Entomologie, besonders was die Spezies Coleoptera, d. h. Käfer angeht. Am liebsten sammelt sie lebende Exemplare, aber auch von einem toten wendet sie sich nicht naserümpfend ab, falls es sich als besonders schmackhaft erweist. Zu Beginn ihres Aufenthalts nahm sie an jeder Mahlzeit teil, aber aufgrund ihrer neuerdings fragwürdigen Tischmanieren und ihrer Angewohnheit, nach Belieben auf den Teppich zu pinkeln, mussten wir sie leider in den Garten verbannen …

Kapitel 3

Wir beuten das Land aus, weil wir es als
Gebrauchsgegenstand betrachten, der uns gehört.
Wenn wir anfangen, das Land als Teil einer Gemeinschaft
zu betrachten, zu der wir gehören, werden wir vielleicht
lernen, es mit Liebe und Respekt zu behandeln.
Aldo Leopold

Für mich begann alles im Februar 1989, als wir uns in der Vorhalle des Internationalen Flughafens von Harare begegneten, jeder einen vollbeladenen Gepäckwagen vor sich herschiebend.

Im ersten Augenblick hatte ich in dem Mann im blauen Blazer mit dem sorgfältig gestutzten Bart gar nicht meinen normalerweise ziemlich zerzausten, in Khaki gekleideten Ehemann erkannt.

»Ich hab ein Stück Land gefunden«, begrüßte er mich mit einem triumphierenden Lächeln.

»Ich glaub's nicht! Wo denn?«

»Nordwestlich von Matobo. Ich hab es noch nicht gesehen, aber James Perry ist rausgefahren, und er meint, es sei ideal für ein Wildreservat.« Rich kritzelte eine Telefonnummer auf einen Zettel. »Hier, ruf ihn doch an, sobald du nach Hause kommst, er wird es dir zeigen. Er ist ein netter Kerl ... ein alter Freund von mir aus Parks-Zeiten.«

Ich kam gerade von einem Besuch bei meinen Eltern in Australien zurück und hatte einen anstrengenden Flug hinter mir, aber all das war plötzlich vergessen. Wir umarmten uns über unser Gepäck hinweg, dann verschwand Rich, der eine sechswöchige Geschäftsreise in die USA antrat, durch die Passkontrolle.

Für Abschiedsschmerz blieb mir keine Zeit. Ein Dieb hatte unseren Mangel an Aufmerksamkeit ausgenutzt und meine Handtasche von meinem Wagen stibitzt, aber dank der Wachsamkeit eines der Sicherheitsleute bekam ich sie eine Viertelstunde später zurück. Er hatte den Gauner auf der Herrentoilette dabei erwischt, wie er gerade drei gestohlene Handtaschen auf ihren Inhalt überprüfte.

Ich war überglücklich, denn es sah so aus, als würden wir endlich unsere eigene Farm bekommen, von der wir so lange geträumt hatten. Ich schob mich durch die Masse australischer Touristen und nahm den Flug nach Hause, zurück nach Bulawayo.

Um Punkt sechs Uhr am darauf folgenden Montag klingelte es an der Tür. Ich öffnete in Erwartung eines Mannes mit haarigen braun gebrannten Beinen, bekleidet mit Boxershorts und abgetretenen Schnürschuhen, der üblichen Aufmachung für alle, die auch nur entfernt mit dem Busch zu tun haben. Stattdessen stand ein sorgfältig gekleideter Herr vor mir und streckte mir seine Hand entgegen.

»Mrs. P-p-peek?«, fragte er feierlich. »Ich bin James P-p-perry. Ich hoffe, ich bin nicht zu früh?«

Ich riss meinen Blick von den makellosen Bügelfalten und den blitzblank gewienerten braunen Schuhen los.

»Nein, nein, ganz und gar nicht. Ich bin spät dran. Kommen Sie doch rein.«
Entsetzen breitete sich auf Perrys Gesicht aus. »Äh, nein, danke«, sagte er hastig. »Ich warte im W-w-wagen.«
Schnell rannte ich in die Küche, stopfte hastig etwas Brot und ein paar Äpfel in eine Plastiktüte und verriegelte die Haustür.
Ich war ziemlich verwirrt. Der Mann, der an meiner Tür geklingelt hatte, wirkte eher wie ein verklemmter Steuereintreiber und hatte nichts gemein mit den exzentrischen Naturburschen, die zum Kreis von Richs »Freunden aus den Zeiten bei Parks« gehörten. Wahrscheinlich war James Perry in der Verwaltung beschäftigt gewesen, einer von den Schreibtischkriegern in der Zentrale, die die Regeln bestimmten und sich vom wirklichen Leben fernhielten.
Wir saßen schweigend nebeneinander im Auto. Nach einer Viertelstunde hatten wir die Stadt hinter uns gelassen und fuhren auf die Grenze nach Botsuana zu. Als wir gerade einen Lastwagen überholt hatten, schoss vor uns ein Vogel quer über die Straße. James bremste scharf, der Wagen geriet ins Schleudern, und plötzlich standen wir auf dem Seitenstreifen. Der Lastwagen fuhr laut hupend an uns vorbei, und sein Fahrer rief uns irgendetwas Unverständliches zu.
James schenkte ihm keine Beachtung, sondern schnappte sich ein Fernglas, sprang aus dem Auto und begann, die Bäume am Straßenrand abzusuchen.
»Kuckuck«, murmelte er vor sich hin. »Das muss ein Kuckuck gewesen sein.« Ziemlich aufgeregt sah er mich an. »Haben Sie ihn gesehen?«
»Nein, nicht so richtig. Er ist so schnell geflogen …«
»D-d-d-dann ist Ihnen also sein Schwanz nicht aufgefallen?«

Ich schüttelte den Kopf, woraufhin James enttäuscht schnaubte und sich wieder in den Wagen setzte. Einer makellos sauberen Leinentasche entnahm er ein Vogelbuch und blätterte darin.

»Dachte ich's mir«, sagte er schließlich. »Der Afrikanerkuckuck hat gestreifte Unterschwanzfedern, der europäische gepunktete. Daran kann man die beiden Arten unterscheiden. Verflixt.«

Mit einem Mal fühlte ich mich wesentlich wohler. Trotz der schnieken Aufmachung war James Perry offenbar genauso verrückt wie alle anderen. Und das Stottern war inzwischen auch so gut wie verschwunden.

In guten Jahren setzt der Regen im Matabeleland erst spät ein, also im Februar oder März, füllt den Grundwasserspiegel auf und stärkt die Vegetation für die kommenden sieben oder acht trockenen Monate. Auch dieses war eins jener glücklichen Jahre. Nebelschwaden umhüllten leuchtend grüne Kopjes, als wir etwa eine Stunde später in Stone Hills eintrafen.

Inzwischen fuhr James ganz langsam und bremste ab und zu, um mich auf einen mit goldgelben Blüten übersäten Mukwa-Baum aufmerksam zu machen, auf eine Spitzmaus, die sich auf einem Stein sonnte, oder auf das tiefe Violett der winzigen *Veld*-Veilchen, die am Wegrand wuchsen. Ebenso wie Rich war er ein geborener Naturliebhaber.

Wir hielten vor einem golden schimmernden Spinnennetz von der Größe eines Wagenrads, das zwischen zwei Bäumen quer über den Weg gespannt war.

»Nephila«, sagte James und zeigte auf die Spinne. »Da in der Mitte hängt sie kopfüber.«

Wir gingen auf das Netz zu und betrachteten fasziniert seine achtbeinige, leuchtend gelb-schwarz gemusterte Besitzerin.

»Und daneben sitzt das kleine Männchen«, sagte ich. »Ich

schätze, es hat nicht viel Zweck, den starken Max zu markieren, wenn die Gattin tausendmal größer und schwerer ist.«
James starrte mich an, als wären mir plötzlich zwei zusätzliche Beine gewachsen. »Sagen Sie bloß, Sie interessieren sich für Spinnen?«
»Leidenschaftlich«, versicherte ich ihm.
Bis zu diesem Augenblick hatte ich ihn nicht ein einziges Mal lächeln sehen, aber jetzt strahlte er übers ganze Gesicht.
»Nicht zu fassen«, sagte er kopfschüttelnd. »Eine Frau, die auf Spinnen steht. Das ist ja großartig.«
Der Weg schlängelte sich durch ein hügeliges Waldgebiet, wo das Laub an den Bäumen smaragd-, oliv- und apfelgrün leuchtete und die Luft nach Erde duftete. Schließlich ließen wir den Wald hinter uns, und vor uns lag eine weite, mit Gras bewachsene Steppe, die sich sanft abfallend zu einer Hügelkette erstreckte, und darüber hinaus bis zur nächsten, die am Horizont sichtbar war.
Wir hielten an einem Bach am Fuß des Dibe, dem hoch aufragenden Kopje, auf dem wir später unser Haus bauen sollten. James tippte mir auf die Schulter und zeigte mit vor Aufregung leuchtenden Augen nach oben.
»Da«, sagte er. »Ein Pärchen Kaffernadler.«
Ich richtete mein Fernglas auf die beiden majestätischen Vögel, deren Silhouette sich gegen den bleichen Morgenhimmel abhob.
»Brüten die schon?«
»Noch nicht. In ein, zwei Monaten fangen sie mit dem Nestbau an, und im Mai oder Juni beginnt dann die Brutzeit. Diese Vögel sind monogam, sie bleiben ihr Leben lang zusammen.«
»Und wie ist es mit Nistplätzen?«, fragte ich. »Glauben Sie, es könnte auf der Farm welche geben?«

»Mit Sicherheit. Im nordöstlichen Teil des Gebiets habe ich ein paar steile Felshänge gesehen, die wären perfekt geeignet.«
Unser eigenes sesshaftes Adlerpärchen? Seit wir in Stone Hills angekommen waren, schien sich die Wirklichkeit in einen Traum aufgelöst zu haben – einen Traum, geboren aus einer tiefen Sehnsucht nach der freien Natur, die meinen Mann und mich von Kindheit an beseelt hatte. Als kleines Mädchen hatte ich mir einen Gorilla erträumt, den nur ich sehen konnte und mit dem ich tief im Dschungel lebte, während Rich mit seinem Hund Taffy auf einem Phantasieberg in einem fernen, gefährlichen Land gelebt hatte. Im Alter von achtzehn Jahren hatten Rich und mein Bruder David sich ihre Jugendträume erfüllt und sich beim »Department of Wildlife Management« für einen Job als Wildhüter in den Naturparks beworben, ein Posten, den damals viele junge Männer anstrebten, doch nur wenige bekamen. Ich kam als Kandidatin nicht in Frage. Erstens war ich zu ungeschickt, um ein Zelt aufzubauen, ganz zu schweigen von den zahllosen anderen Problemen, die all denen zustoßen, die mit zwei linken Händen auf die Welt gekommen sind. Aber schlimmer noch: Ich war ein Mädchen, ein Handicap, das mir höchstens einen Job als Tippse in irgendeinem Büro der Verwaltung bei Parks eingetragen hätte.
In den sechziger Jahren absolvierten in Rhodesien, wie das Land damals noch hieß, nur sehr wenige junge Frauen ein Universitätsstudium. Damals erwartete man von uns, dass wir Sekretärinnen, Krankenschwestern oder Lehrerinnen wurden, und was Abenteuer anging, waren falsche Wimpern und ein Paar hochhackige Schuhe das höchste der Gefühle.
Und so ließ ich nach Abschluss der Schule einschließlich falscher Wimpern alles hinter mir und reiste die nächsten

zehn Jahre durch die Welt, immer auf der Suche nach dem Ort, den ich nun endlich, im Herzen meines Heimatlandes, gefunden hatte.
Ich lehnte mich im Beifahrersitz zurück, schloss die Augen und spürte, wie die Stille mich umhüllte wie ein warmes Kleid.
»James, egal, was es kostet, hier muss ich leben«, murmelte ich. »Es kommt mir beinahe so vor, als hätte dieser Ort die ganze Zeit auf mich gewartet.«
»Ja, das Gefühl kenne ich gut. Man fühlt sich spontan mit einem Ort verbunden, und dann möchte man ihn nie wieder verlassen.«
Einer der beiden Adler breitete seine Schwingen aus und ließ sich vom Wind davontragen. James nahm sein Fernglas und beobachtete ihn ein paar Sekunden lang.
»Das war das Schlimmste an der Arbeit in Parks. Man war monatelang allein an irgendeinem einsamen Ort, hatte sich eingearbeitet, war zufrieden mit sich und der Welt, und wenn man schließlich das Gefühl hatte, dorthin zu gehören, kam irgendein Fuzzi in der Verwaltung auf die Idee, einen woandershin zu schicken. Es war zum Verzweifeln.«
Das konnte ich gut verstehen. Ich wusste, wie schnell Rich und ich einen Ort als unser ureigenes Territorium begriffen, erst recht, wenn irgendein anderer Geländewagen an einer Stelle auftauchte, von der wir glaubten, wir hätten sie für uns allein. Vor allem ausländische Parkbesucher müssen die finsteren Blicke, mit denen wir sie bedachten, als äußerst feindselig empfunden haben, aber wie hätten wir ihnen erklären sollen, dass das Beobachten wilder Tiere in ihrer natürlichen Umgebung nur in völliger Stille und Abgeschiedenheit seinen Zauber entfaltet?
»Sagen Sie mal, James, wohnt irgendjemand in Stone Hills?«

»Nein, Sie haben Glück. Die Farm wird nicht illegal bewohnt, und die Eltern des Eigentümers sind schon vor über zwanzig Jahren weggezogen. Seitdem wird das Land als Weideland an die Nachbarn verpachtet.«

»Gott sei Dank.«

Ich ließ meinen Blick über die Kopjes schweifen, die wie Schiffe auf einem Ozean aus Gras wirkten, jedes beladen mit einer Fracht aus Leben. Und ich wusste, dass dieser verwunschene Ort mehr Geheimnisse barg, als wir bis ans Ende unseres Lebens würden entdecken können.

Am Fuß des ersten Hügels, den wir erklommen, bückte James sich und hob einen Zweig auf.

»Klippspringer«, sagte er, während er mir die klebrige, schwarze Substanz am Ende des Zweigs zeigte. »Sie markieren ihr Territorium, indem sie ein Sekret aus einer Drüse unterhalb ihrer Augen an Zweige kleben. Der Geruch soll Eindringlinge fernhalten.«

In den Büschen über uns raschelte es, und gleich darauf flitzten zwei »Klippies«, gefolgt von einem Jungen, auf Hufspitzen an einem steilen Felsen hinauf.

Auf dem Weg nach oben pflückte ich einen kleinen Frühlingszweig ab und steckte ihn in meine Tasche.

»Wozu haben Sie das gemacht?«, fragte James.

Ich erklärte ihm, dass es sich um einen Baum handelte, den ich nicht kannte, und dass ich ein paar Blätter brauchte, um ihn zu identifizieren. Er runzelte die Stirn. »Unnötig. Wenn Sie ein Baumbestimmungsbuch mitgebracht hätten, dann hätten Sie den Baum nicht zu beschädigen brauchen.«

Damals sagte ich nichts dazu, aber es schien mir ein bisschen extrem. Ich konnte kaum großen Schaden anrichten, dachte ich mir, wenn ich in einem 2600 Hektar großen Gebiet, das hauptsächlich aus Wald bestand, ein paar Blätter mitnahm.

Aber als wir dann auf dem Land lebten, als dessen selbsternannte Hüter wir uns verstanden, empfanden wir genauso. Bewege dich mit Umsicht, denn der Skorpion unter dem Stein verdient denselben Respekt wie der Spießbock, der sein neugeborenes Kalb im hohen Gras versteckt. Vor Dürre oder natürlichen Fressfeinden konnten wir unsere Tiere nicht schützen, aber wir konnten sie weitgehend vor menschlichen Übergriffen bewahren. Das hofften wir zumindest.

In jenem Jahr machte der Streit um Grundstücksverkäufe, in Simbabwe stets ein hochemotionales Thema, Schlagzeilen. Für die »Wiederansiedlung von Kleinbauern« sollten große Landstriche bewirtschafteten Farmlandes verstaatlicht werden. Zu diesem Zweck wurde der »Land Acquisition Act« erlassen, der einige böse Überraschungen enthielt. Zwar sollten enteignete Farmer entschädigt werden, aber um diese Verpflichtung zu umgehen, konnte die Regierung kurzerhand die Verfassung ändern.

Von nun an war der Erwerb von Land nicht mehr nur ein Geschäft zwischen Käufer und Verkäufer. Die Regierung behielt sich ein »Ablehnungsrecht« vor, und die zuständigen Politiker ließen sich viel Zeit mit ihrer Entscheidung. Also mussten wir zwei Monate ängstlich abwarten, bis wir endlich Nachricht erhielten: Unser Verkäufer hatte ein Gutachten erhalten, in dem die Regierung bescheinigte, dass sie »zurzeit kein Interesse« an dem Land habe, und Stone Hills gehörte uns – vorerst. Denn die Worte auf dem Gutachten würden uns immer begleiten, als wären sie in die Granitfelsen auf dem Dibe Hill gemeißelt. Ich glaube, das war der Zeitpunkt, an dem wir anfingen, von Tag zu Tag, oder höchstens von Monat zu Monat zu leben. Wir lieben die Dinge, von denen wir wissen, dass wir sie irgendwann verlieren werden, mit ganz besonderer Hingabe, wir haben gelernt, den Augenblick zu schätzen, und wir feiern jedes Jahr, das wir erleben durften, und beten, dass Stone Hills in Vergessenheit geraten möge.

»Salibonani!« Ein kleines, staubbedecktes Kind, das mit einem Stöckchen eine Herde rehäugiger Brahmin-Rinder vor sich hertrieb, grüßte uns wenige Stunden später über den Zaun hinweg.
»Yebo!«, rief James freundlich zurück. Dann wandte er sich mir mit ernster Miene zu. »Erwarten Sie nicht von allen Nachbarn, dass Sie denselben Respekt vor der Natur haben wie wir.«
»Warum nicht?«
»Weil das hier traditionell Weideland ist, und für die meisten Farmer sind Raubtiere, die ihr Vieh reißen, nichts anderes als Ungeziefer. Sie haben keine Hemmungen, Leoparden, Geparden, Schakale und Hyänen zu erschießen oder zu vergiften.«
»Und was ist mit Antilopen? Die stellen doch sicherlich keine Bedrohung dar.«
»Unter Umständen doch. Gnus zum Beispiel sind oft mit *Snotsiekte*, einem bösartigen Katarrhalfieber, infiziert, und die ist für Rinder ansteckend. Und Antilopen fressen den Kühen das Gras weg, was in einer solchen Gegend, wo der Boden ziemlich karg ist, ein großes Problem ist.«
Dieses riesige Gebiet namens Bulilima-Mangwe hatte schon lange als Weideland gedient. Jahrelang war es die Hochburg von Mzilikazi, dem Kriegerkönig der Matabele gewesen, der dort nicht nur seine Elitesoldaten stationiert, sondern auch seine riesigen Viehherden hatte weiden lassen.
Aber jetzt begannen sogar die Traditionalisten, ihre Haltung gegenüber der Natur zu überdenken. Nachdem Kenia in den siebziger Jahren die Jagd verboten hatte, richteten sich alle

Augen auf Rhodesien. Auf Privatgelände und in von der Regierung konzessionierten Gebieten wurden Großwildjagden organisiert, und das Swahili-Wort »Safari« bürgerte sich bei uns ein. Der Buschkrieg schien die Kunden nicht abzuschrecken. Dann, als der Konflikt 1980 mit der Unabhängigkeitserklärung beigelegt wurde, kamen auch wieder Touristen in das neue Simbabwe, die nicht an der Jagd interessiert waren, sondern die Natur und das Land erleben wollten. Touristen-Lodges in den Nationalparks, die während der zwölf Kriegsjahre halb verfallen waren, wurden wieder hergerichtet. Überall im Land entstanden private Safari-Lodges.

»Letzten Endes geht es natürlich wie immer nur um Geld«, sagte James. »Seit man damit Profit machen kann, haben viele alteingesessene Viehbesitzer angefangen, die Wildtiere mit anderen Augen zu sehen. Heutzutage gibt es vor allem im südöstlichen Lowveld riesige private Ländereien, in denen Vieh und Wildtiere friedlich nebeneinander leben.«

»Und wie sieht es hier in der Gegend aus?«, fragte ich. »Hat sich hier auch etwas geändert?«

»Ja, aber es geht nur sehr langsam voran. Es gibt ein paar Leute, die ihr Glück mit einem Wildpark versuchen, aber das ist ein ganz neues Konzept, und es wird noch eine Weile dauern, bis es sich durchsetzt.«

Wenn wir also unser Land und unsere Tiere schützen wollten, würden wir das gesamte Gelände einzäunen müssen. Anfangs erschien uns das eine undurchführbare Aufgabe, aber zwei Jahre, nachdem wir Stone Hills gekauft hatten, war das Werk vollendet: dreiundzwanzig Kilometer Stahlzaun von zwei Metern Höhe und mit zwanzig parallel gespannten Drahtseilen.

Als James und ich einen weiteren Kopje erklommen, stießen wir auf halber Höhe auf einige in rotem Ocker gehaltene steinzeitliche Felsmalereien, die eine Gruppe von Jägern darstellten. Und wenige Stunden später, als wir einem Flusslauf folgten, entdeckte ich zwei Exemplare der in Simbabwe seltenen Bäume *Erythrophysa transvaalensis* oder *Verdoorn*. Ich nahm mir vor, mit Rich hierher zu fahren, sobald er von seiner USA-Reise zurückkehrte, um ihm meine beiden Entdeckungen zu zeigen.

Damals ahnte ich noch nicht, wie geheimnisvoll dieses Land wirklich ist. Die Steinzeitmalereien habe ich nie wieder gefunden, und nach den beiden Bäumen habe ich vier Jahre lang gesucht.

Den ganzen Tag über wanderten wir durch die Vleis, Feuchtgebiete, in denen das Gras so hoch wuchs, dass es unsere Köpfe überragte, an gewundenen, von Felsteichen unterbrochenen Bächen entlang, und kletterten bis auf die Spitze der Castle Kopjes, die aus riesigen, wild aufeinandergetürmten Felsbrocken bestehen. Es war das Jahr 1989, aber wir hätten uns auch in einer zweihundert Jahre zurückliegenden Epoche oder sogar in der Steinzeit befinden können.

Am Abend nahm ich ein ausgiebiges Bad und ließ immer wieder die Musik des Films »Jenseits von Afrika« laufen. Endlich würden wir »eine Farm in Afrika« haben, und zwar nicht nur irgendeine, sondern eine, die auf einem überwältigend schönen Stück Land gelegen war.

Aber in Afrika hat alles Positive auch eine negative Seite. Es stellte sich heraus, dass die Schönheit von Matobo nur oberflächlich war.

»Ich kann es nicht fassen, welche Vielfalt an Bäumen es hier gibt«, sagte ich zu James, während wir unter einem Feigenbaum am Ufer des Matanje River unser Mittagessen zu uns nahmen. »Alles wirkt so üppig und fruchtbar. Was meinten Sie heute Morgen, als Sie sagten, das Land sei karg?«

»Das hat mit dem Boden zu tun, der hauptsächlich aus zersetztem Granit besteht, und der enthält nur wenige Nährstoffe und Minerale wie Kalzium und Phosphat.«
James nahm eine Handvoll Sand und ließ ihn durch seine Finger rieseln.
»Diese Art Boden kann Feuchtigkeit nicht lange halten, und dazu kommt, dass es nur selten und unregelmäßig regnet. Es gibt also nur eine kurze, sehr intensive Wachstumsperiode. Sie werden feststellen, dass es im Winter hier ganz anders aussieht.«
James sollte Recht behalten. Das Land erwacht eine Woche nach dem ersten Novemberregen zu neuem Leben. Die Feuchtgebiete sind sumpfig und bedeckt von einem dicken Grasteppich, und in guten Jahren führen alle Flüsse Wasser, das in den Limpopo und schließlich in den Indischen Ozean fließt. Wo vorher kahle Bäume standen, entstehen kühle, schattige Wälder von leuchtendem Grün, in denen es nach dem dampfenden Mulch aus verrottendem Laub duftet. Pünktlich werfen die Impalas und die Gnus ihre Kälber, und während die Mütter sich an dem frischen Gras fett fressen, springen die Jungen um sie herum und jagen einander mit rasender Geschwindigkeit. Aber bereits Ende März ist der Zauber wieder vorbei. Extreme Hitzewellen saugen die Feuchtigkeit zurück in den Himmel und hinterlassen nur die blassen Spuren des Wasserstands auf den Felsen rund um den Stausee. Alles Grün verblasst zu Gelb, und im April verlieren viele Bäume ihr Laub. Bis Ende Juli ist alles Weiche verschwunden, die herbe, schroffe Schönheit der Kopjes kommt wieder zum Vorschein und erinnert uns daran, dass die Dürregebiete von Botsuana nur etwa hundertfünfzig Kilometer westlich von uns liegen.
Mit der Zeit wurde uns immer deutlicher bewusst, dass der

Schlüssel zum Verständnis dieser kurzlebigen sommerlichen Pracht des Matobo im Boden liegt. Das Land mag robust und rau wirken, aber in Wirklichkeit ist es äußerst empfindlich und anfällig. Auf unserem Spaziergang entdeckten James und ich überall Spuren von Misswirtschaft. Flussufer waren von den Hufen grasender Rinder zertrampelt und dann immer weiter ausgewaschen worden, so dass sich tiefe Furchen ins Land gefressen hatten.

»Stone Hills ist ein klassisches Beispiel für Misswirtschaft«, erklärte mir James. »2600 Hektar mögen eine Menge Land sein, aber diese Art von Land verkraftet nur eine Kuh pro acht Hektar. Da man von dreihundert Kühen nicht leben kann, wurde das Gebiet jahrelang mit zu vielen Rindern überstrapaziert. Und das ist das Ergebnis.«

Wir legten weite Strecken über harten, ausgetrockneten Boden zurück. Nachdem das schützende Gras abgeweidet war, hatten Wind und Regen die fruchtbare Erdschicht abgetragen und in die Flüsse gefegt. Und wir sahen kaum Wildtiere. Wir wussten, dass in den Hügeln eine Menge Klippspringer lebten, dass in der Savanne Riedböcke, Ducker, Steinböckchen und Kudus grasten und dass es einige Rappenantilopen gab, aber viele Tiere waren der Jagd zum Opfer gefallen. Wenn wir aus dieser heruntergekommenen Viehranch einen Wildtierpark machen wollten, dann würden wir den Bestand wieder aufstocken und uns dabei auf einheimische Tierarten konzentrieren müssen, die sich leicht an die Bedingungen anpassen konnten.

Wir würden also das Gebiet einzäunen, den Wildtierbestand aufstocken, den Boden wieder urbar machen, uns ein Haus bauen und eine Safari-Lounge einrichten müssen, um das Ganze zu finanzieren. Im Norden, in der Nähe der Ruine eines Hauses gab es im Matanje River eine kleine Staumauer, und Viehzäune teilten das Land in vier Koppeln auf. Das war alles. Vor uns lag eine gewaltige Aufgabe, aber wir hatten uns in Stone Hills verliebt. Und ich hatte den richtigen Mann für diesen Job.

Rich stammt aus einer Familie, die seit drei Generationen in Simbabwe lebt, er ist auf einer Farm im Mashonaland aufgewachsen und wurde von einem Vater erzogen, der eine Abneigung gegen endlose Maisfelder hat und einheimische Bäume vorzieht. Dick Peek war ein passionierter Pferde- und Rinderzüchter, während sein Sohn eine Leidenschaft für Wildtiere entwickelte, die er von frühester Kindheit an beobachtete, studierte, jagte, aß, zeichnete, malte und schließlich in dem verzweifelten Versuch, sie möglichst lange um sich zu haben, ausstopfte. Und schon damals widmete er sich allen Aufgaben mit einer Energie und Entschlossenheit, die jeden normalen Menschen innerhalb von vierundzwanzig Stunden umgebracht hätte. Bis auf Hausaufgaben. »Sie sollten lieber nicht noch mehr Geld für seine Schulausbildung verschwenden«, riet der Schuldirektor Richs Eltern, nachdem er zum dritten Mal durch die Abschlussprüfung gefallen war.

Im Alter von achtzehn Jahren tat Rich das einzig Richtige und nahm einen Job beim »Department of National Parks and Wildlife Management« an. Nach fünf Jahren bei »Parks«, in denen er an allen möglichen Orten im Land im Einsatz gewesen war, belegte er an der Universität einen Kurs in Ökologie, der als Fortbildungsmöglichkeit für Wildhüter angeboten wurde. Am Ende des Kurses legte Rich eine Abschlussarbeit über die Gemeinsamkeiten zwischen zwei Frankolin-Arten (eine südafrikanische Vogelart) vor. Seine Rechtschreibung war zwar eine Katastrophe, aber er konnte hervorragend zeichnen, und seine Arbeit war tadellos aufgebaut und gründlichst recherchiert. Daraufhin wurde ihm ein dreijähriges naturwissenschaftliches Studium angeboten. Er machte sein Diplom in Zoologie und Botanik als einer der Besten und kehrte als wissenschaftlicher Mitarbeiter zu Parks zurück, wo er sich endlich mit den Dingen beschäftigen konnte, die ihn interessierten, anstatt Wege anzulegen und Toilettenhäuschen zu bauen.

In seiner neuen Eigenschaft als Wissenschaftler wurde er als Erstes in den Gonarezhou-Naturpark (»Ort der Elefanten«) im Südosten versetzt, einen der größten und am wenigsten entwickelten Nationalparks des Landes, wohin er zusammen mit seiner ersten Frau Meg und seinen kleinen Kindern Nicki und Nigel zog. Gona liegt an der Grenze zu Mosambik, eine kaum besiedelte Gegend, die 1976, auf dem Höhepunkt des Buschkriegs, für regierungsfeindliche Terroristen (wie sie damals genannt wurden) eine ideale Möglichkeit bot, nach Rhodesien einzudringen. Über das gesamte Gebiet war eine Ausgangssperre verhängt worden, und wenn Rich einen Ausflug in den Park unternehmen wollte, brauchte er zuerst eine Genehmigung der Armee, damit er nicht Gefahr lief, in ein Gefecht zu geraten.

Einmal, als er sich mit drei Mitarbeitern auf dem Rückweg von einem Erkundungsgang entlang des trockenen Betts des Lundi befand, hörten sie ein Militärflugzeug, das sich in geringer Höhe näherte. Das war eigentlich nichts Beunruhigendes, denn Rich hatte von der Armee grünes Licht für seine Patrouille bekommen, und es kam häufig vor, dass die Piloten auf dem Heimweg sehr niedrig flogen und ihm sogar zuwinkten. Dieses Flugzeug schrammte fast über die Baumwipfel, und als es hinter ihnen eine Schleife flog, drehte Rich sich um und winkte dem Piloten zu. Das war sein Glück. Eine Gruppe von etwa vierzig Terroristen war beim Überqueren der Grenze beobachtet worden, und der Pilot hatte Order, die Eindringlinge aus der Luft aufzuspüren. Rich und seine Leute befanden sich zwar nicht gerade an der Stelle, wo die Terroristen vermutet wurden, aber da der Pilot nicht darüber informiert worden war, dass sich irgendjemand mit offizieller Erlaubnis in dieser Gegend aufhielt, war er drauf und dran zu schießen – genau in dem Augenblick, als Rich sich umdrehte, einen Arm hob und sich damit zu erkennen gab.

Später bekam Rich einen Posten als Kurator für die Säugetierabteilung im Naturkundemuseum von Simbabwe, wo er sich auf Fledermäuse, Hyänen und Flusspferde spezialisierte. Dort erhielt er eines Tages einen Anruf von einem Tierpräparator. Der Mann hatte vor, nach Südafrika umzusiedeln und suchte einen Mitarbeiter, der daran interessiert war, später in sein Geschäft einzusteigen – und das sollte natürlich nicht irgendjemand sein, sondern jemand mit künstlerischem Talent und fundierten Kenntnissen der afrikanischen Fauna, von der Anatomie bis zum Verhalten der Tiere. Als Rich 1981 seinen neuen Job in der Tierpräparatorenwerkstatt annahm, kriselte es in seiner Ehe schon seit einigen Jahren. Ich trat 1984 nach einem fünfjährigen Australien-Aufenthalt in die Firma ein, wo ich mit der Aufgabe betraut wurde, den ungeheuren Papierkrieg zu bewältigen.

Man kann über die Jagd geteilter Meinung sein. Ich für meinen Teil kann ihr jedenfalls nichts abgewinnen. Ich gehöre eher zu den Leuten, die Spinnen aus der Badewanne retten, weshalb es mir anfangs sehr schwer fiel, meine Gefühle mit dem Alltag in einer Tierpräparatorenwerkstatt in Einklang zu bringen. Aber die Jagd macht Wildtiere zu einem wichtigen Wirtschaftsfaktor, ganz besonders in Afrika, und das ist leider das überzeugendste Argument für ihre Erhaltung.

Wer wollte von einem hungrigen Eingeborenen verlangen, dass er tatenlos zusieht, wie ein Elefant sein Maisfeld zer-

trampelt, oder von einem Viehzüchter, dass er die Löwen bewundert, die regelmäßig seine Herden dezimieren? Aber wenn man diesen Leuten einen guten Grund gibt, die Wildtiere auf ihrem Land zu schützen, dann werden sie es tun.
Deshalb wurde das »Campfire-Projekt« in Simbabwe ins Leben gerufen, das sowohl der einheimischen Bevölkerung als auch den Wildtieren zugute kommt. Früher wurde ein Elefant, der Maisfelder zertrampelte, als Problem eingestuft und von Nationalpark-Angestellten abgeschossen, die das Leder und das Elfenbein mitnahmen und den Leuten aus dem Dorf das Fleisch überließen. Dort, wo Campfire erfolgreich funktioniert, wird derselbe Elefant von einem ausländischen Kunden abgeschossen, der im Besitz eines Jagdscheins und in Begleitung eines professionellen Jägers ist. Die Dorfgemeinde erhält die gesamte Trophäengebühr (zurzeit etwa 10 000 US-Dollar) – und darf das Fleisch ebenfalls behalten.
Das Geschäft mit Tierpräparaten wurde von ausländischen Jägern getragen, vor allem Amerikanern, die nicht nur für Safaris erkleckliche Summen bezahlten, sondern auch für das Privileg, sich ihre Trophäen zu Hause an die Wand hängen zu können. Wir kauften Stone Hills im September 1989 und verwandelten die ehemalige Viehranch in einen sicheren Ort, wo heute Tausende von Wildtieren von Menschen weitgehend ungestört leben und sich fortpflanzen. Und es waren die Tierpräparation und die Jäger, die uns ungewollt dazu verholfen haben.

Kapitel 4

Der Weg, der ins Land meiner Träume führt,
ist lang und gewunden.
Stoddard King

März 1967: Optimistisch, wie sie ist, machte meine Mutter den ersten Schritt.

»Ich habe gehört, dass ein sehr netter junger Mann für ein paar Monate die Aufsicht im Nationalpark übernommen hat«, sagte sie eines Tages. »Wir sollten ihn mal zum Essen einladen.«

Ich hatte nichts dagegen. Der Neue konnte meinen älteren Bruder David und dessen Freund Robin kennen lernen, beide ebenfalls Wildhüter, die übers Wochenende nach Hause gekommen waren.

Seit 1960 lebten wir in Leopard Rock, einem Landhotel, das von italienischen Kriegsgefangenen in den Eastern Highlands errichtet worden war. Um uns zu besuchen, waren David und Robin von ihrem abgelegenen Buschposten im Sambesi-Tal an der Grenze zu Sambia in einem alten Landrover fünfhundert Kilometer gefahren. Ihre Reise hatte sie bis ans Ende der Straßc geführt, die sich durch die Wälder in den Bvumba-Bergen windet, an deren Fuß sich die Grenze zu Mosambik

oder Portugiesisch-Ostafrika, wie es damals noch hieß, entlangzieht.
Schon als Kind hatte ich eine Leidenschaft für alles Afrikanische entwickelt. Als ich sieben war, zogen wir in ein nagelneues großes Haus mit vier Schlafzimmern, zwei Bädern und glänzendem Parkett am Stadtrand von Salisbury (heute Harare). Damals war mein Lieblingsbuch *African Safari*, aus dem ich viel über den afrikanischen Busch lernte. Jeden Morgen vor dem Anziehen schlug ich feierlich meine Schuhe gegen die Wand, um Skorpione oder Reptilien zu verscheuchen, die während der Nacht dort Unterschlupf gesucht haben mochten. Diese Angewohnheit, die ich bis heute nicht abgelegt habe, erinnert mich immer an zu Hause. Ebenfalls im Alter von sieben Jahren bekam ich mein schönstes Kompliment, als ein Klempner, der ins Haus kam, mich als »mageren kleinen Kerl« bezeichnete. Zehn Jahre später war ich kaum weniger knochig, und auch sonst hatte sich nicht viel geändert. Auf meinem Pult in der Schule stapelten sich Prospekte von Naturparks. An der Wand über meinem Bett hing mein Lieblingsbild aus dem Sambesi-Tal, ein Foto von einem Elefanten, der zwischen zwei Ilala-Palmen steht, den Rüssel hochgereckt, um die Schoten einer Weißholzakazie abzupflücken.

Wir empfingen Richard Peek zum Aperitif in der Bar, unter dem glasigen Blick eines ausgestopften Leopardenkopfs. Das Barleben tat ihm nicht gut (dem Leoparden, meine ich), doch obwohl sein Fell vom Qualm stumpf geworden war und seine Zähne sich vom Nikotin gelb verfärbt hatten, war sein Gesichtsausdruck so nobel wie eh und je – wie man es nicht anders erwarten würde von einer Katze, die einmal einer Königin begegnet war. 1953 hatten Königin Elizabeth und

Prinzessin Margaret Leopard Park einen Besuch abgestattet, und ihre Unterschriften prangten auf der Holzwand unter dem Leopardenkopf. Margaret, die gerade dazu genötigt worden war, ihre Liebesaffäre mit Group Captain Peter Townsend zu beenden, wirkte während des ganzen Aufenthalts deprimiert und in sich gekehrt.

Von jenem Abend habe ich kaum Erinnerungen an Richard Peek: Ein »netter junger Mann«, der für drei Monate die Verantwortung für den Bvumba-Park übernehmen würde. Als Achtzehnjähriger hatte er kaum Chancen, von einem jungen Mädchen wahrgenommen zu werden, das sich gerade in James Bond verknallt hatte. Wahrscheinlich ist mir seine Größe aufgefallen – fast einsfünfundachtzig –, das glatte, schwarze Haar, das ihm in die Stirn fiel, und womöglich auch das Leuchten in seinen braunen Augen. Er wirkte ziemlich schüchtern. Allerdings erinnere ich mich noch sehr deutlich daran, dass mir das breite Armband aus Elefantenhaar um sein Handgelenk und seine schmalen Hände mit den langen, schlanken Fingern auffielen – die Hände eines Chirurgen oder Künstlers.

Als er sich am Abend verabschiedete, war meine Mutter offenbar der Meinung, ein bisschen nachhelfen zu müssen. »Sie beide könnten vielleicht mal zusammen ausreiten«, bemerkte sie. »Bookey ist ganz verrückt nach Pferden.«

Richard war begeistert. Gleich am nächsten Tag kam er die Einfahrt zu unserem Hotel heraufgeknattert, und die nächsten drei Monate war das Dröhnen seines alten Motorrads ein vertrautes Geräusch. (Viele Jahre später erfuhr ich, dass die Kiste so einen Lärm machte, weil Rich die Schalldämpfer von den Auspuffrohren entfernt hatte, wahrscheinlich, um seine wilde Männlichkeit zu unterstreichen, die sonst womöglich nicht wahrgenommen worden wäre.) Wenn wir nicht ausritten, durchstreiften wir den Wald auf der Suche nach exotischen Vögeln oder kletterten auf den seltsam geformten Berg Chinakwaremba, der sich hinter unserem Hotel erhob, ließen uns die Haare vom Wind zerzausen und blickten auf Afrika hinunter, das sich verlockend vor uns ausbreitete.

Der Name Chinakwaremba bedeutet »Ort der müden Füße«. Früher gab es ein Dorf auf dem Berg, in das sich einmal ein erschöpfter Fremder verirrte, der auf der Suche nach einem Unterschlupf für die Nacht war. Leider hatte er Pech, weil die Dorfbewohner betrunken waren und nichts Besseres zu tun hatten, als ihn zu beschimpfen. »Verschwinde, alter Mann«, riefen sie, »wir können dir nichts geben!« Langsam entfernte sich der Mann, schwer auf seinen Wanderstab gestützt. Als er außer Blickweite war, kam eine Frau hinter ihm hergelaufen, die sich für das Verhalten ihrer Leute schämte und ihm Wasser und etwas zu essen brachte. »Ich bin nicht der, der ich zu sein scheine«, sagte der Alte zu ihr. »Ich bin ein mächtiger Ahnengeist, und in meinem Zorn habe ich beschlossen, euer Dorf zu zerstören.« Da die zechenden Dorfbewohner nicht auf die Warnungen der Frau hören wollten, stieg sie schließlich zum Fuß des Bergs hinunter und wartete ab. Bei Sonnenuntergang sah sie die Gestalt des alten Mannes oben auf dem Berg stehen, und als er seinen Stock über den Kopf hob, fuhr ein gewaltiger Blitz in den Boden unter seinen Füßen. Im selben Augenblick brach der Berg in der Mitte auseinander, die eine Hälfte stürzte in riesigen Gesteinsbrocken ins Tal und riss das Dorf mit sich ins Verderben. Die Einheimischen sagen, dass man nachts immer noch die Schreie der Todgeweihten hören kann.

Auf diesem Berg träumten Richard und ich unsere gemeinsamen Träume und waren davon überzeugt, dass sie in Erfüllung gehen würden. Meine Träume waren natürlich kaum mehr als romantische Einbildungen. Ich beneidete Rich von ganzem Herzen um seine Ausbildung bei Parks und seine ersten Erfahrungen im Busch, mit Feldbett und Lagerfeuer und Löwen, die nachts an den Ufern des Sambesi brüllten. Wie alle jungen Ranger liebte Richard die Jagd und war ganz begeistert vom Gewicht und Geruch schwerer Waffen, aber das war nur ein Teil seiner Leidenschaft. Kein Gespräch konnte so fesselnd sein, dass er es nicht unterbrach, um sein Fernglas in die Hand zu nehmen, um einen Vogel zu beobachten oder ein seltenes Insekt zu betrachten. Nach einigen Wochen fühlte ich mich ihm vertraut genug, um ihn im Park zu besuchen. Als ich eintraf, war er gerade dabei, eine naturgetreue Tuschezeichnung von dem zahmen Buschbock anzufertigen, der im Gehege hinter dem Wächterhaus gehalten wurde. Was seine Hände anging, hatte ich also richtig getippt.

Mein Vater war ein ehemaliger Offizier der British Army. 1950 war er für drei Jahre nach Australien versetzt worden, um Vorträge über Kriegsführung zu halten – eine willkommene Gelegenheit, dem trübsinnigen, entbehrungsreichen Nachkriegsengland zu entkommen. Aber als wir zurückkehrten, hatte sich kaum etwas geändert, und meinen Eltern fiel es schwer, sich wieder in England einzugewöhnen. Zwei Jahre später trat mein Vater aus der Army aus und begann widerwillig, im Familienbetrieb zu arbeiten, einem Autohandel in Watford. Teil des Problems war offenbar meine Mutter gewesen, eine schöne, eigenwillige Dänin, die sich mit ihrer Rolle als einfache Soldatengattin nicht hatte abfinden wollen. Als mein Vater nach dem Ende des Krieges für ein paar Wochen nach Kopenhagen gefahren war, um sich von den Strapazen zu erholen, hatte ein Freund ihm einen Zettel mit ihrer Telefonnummer zugesteckt. Er lud Margrethe Diderik-sen zu einem opulenten Abendessen im Hotel Angleterre ein, und mit Unterstützung eines Wörterbuchs und großer Mengen Champagner waren sie vier Stunden später verlobt. Das Wörterbuch war unentbehrlich, da meine Mutter nur drei Dinge auf Englisch beherrschte: »cigarettes«, »chewing gum« und »thank you«. Sie behauptet bis heute, sie hätte meinen Vater nur geheiratet, weil er ihr vorgeflunkert habe, er sei ein englischer Lord.

Eines Tages traf mein Vater einen alten Freund, der eine Farm in Rhodesien besaß. »Einen schöneren Ort auf der Welt gibt es nicht, alter Junge«, sagte er. »Kommt uns mal besuchen. Wir zeigen euch das Land.«

Er brauchte meine Eltern nicht lange zu überreden. Drei Tage später flogen sie in einer Dakota nach Salisbury und blieben zwei Wochen. Nach ihrer Rückkehr hängte mein Vater, der es leid war, jeden Tag nach Watford zu fahren, kurzentschlossen seinen ungeliebten Job an den Nagel. Wenige Wochen darauf verabschiedeten wir uns von meinem Bruder, der noch bis zum Ende des Schuljahres im Internat bleiben musste, dann brachte uns der ehemalige Bursche meines Vaters zum Hafen von Southampton, wo wir an Bord der »City of Exeter« gingen. Zwölf Tage später fuhren wir auf den Tafelberg und das Kap der guten Hoffnung zu.

Entlang der Landstraße, die nach Salisbury führte, blühten weiße, rosa- und malvenfarbene Blumen. Ich streckte den Kopf aus dem Fenster und atmete die staubige Luft Afrikas ein.

In den ersten Jahren war das Leben wunderbar. Während die anderen Leute bei unserer Ankunft in Pullovern und Mützen herumliefen, bekam meine Mutter in ihren tief ausgeschnittenen Sommerkleidern eine goldene Sonnenbräune. Wir bezogen ein Haus in den Highlands, ein Haus, das so neu war, dass meine Eltern gebeten wurden, der Straße, die zu ihm führte, einen Namen zu geben. Sie entschieden sich für Denham Close, nach dem Golfclub in Buckinghamshire, dem sie angehört hatten. Meine Eltern stürzten sich mit Begeisterung in das hektische gesellschaftliche Leben Salisburys. Es gab Lunchpartys, auf denen Gin Tonic in Kristallgläsern gereicht wurde, und Dinnerpartys, auf denen Kellner in frisch gestärkten weißen Uniformen und mit einem roten Fes auf dem Kopf an den Tischen edle französische Weine einschenkten. Wir hatten einen eigenen Swimmingpool, der sich himmelblau von der roten Erde in unserem neuen Garten abhob, und zwei Angestellte, einen für das Haus und einen für die Küche. Manche Leute riefen ihre Diener »Boy«, aber in unserem Haus war das nicht üblich. Ich glaube, meine Mutter mit ihren skandinavischen Ansichten wurde als gefährlich liberal angesehen.

Damals strömten eine Menge Einwanderer ins Land, »Chooms«, wie sie von denen genannt wurden, die schon länger in Rhodesien lebten und alles andere als erfreut waren über die Invasion. In den fünfziger Jahren war Rhodesien der Star unter den britischen Kolonien. Auf den Farmen im Hochland wurde zu Zeiten, als das Rauchen noch nicht verpönt war, der beste Tabak der Welt angebaut. Im Jahr 1890 hatten Goldfunde die ersten Pioniere nach Norden über den Limpopo gelockt, was dazu geführt hatte, dass Rhodesien als einzige britische Kolonie ausschließlich wegen seines mineralischen Reichtums besetzt wurde. Auch die Industrie entwickelte sich rasant: Das riesige Wasserkraftwerk von Kariba befand sich im Bau, und kreuz und quer durchs Land wurden neue Straßen angelegt. Und hier trat mein Vater auf den Plan.

Noch bevor wir aus England aufgebrochen waren, hatten zwei rhodesische »Geschäftsleute« ihn überredet, sein Geld in den Straßenbau zu investieren. Mein Vater konnte es kaum erwarten, endlich nach Afrika zu kommen und sich als Pionier zu betätigen. Aber die britische Armee hatte ihre Offiziere nur ausgebildet, den Feind an den Küsten zu bekämpfen, und nicht, auf die Haie zu achten, die unter der Wasseroberfläche lauern. Nach eineinhalb Jahren war mein Vater pleite, und mit den Partys am Swimmingpool war es aus. Um nicht nach England zurückkehren zu müssen, mieteten wir ein kleines Häuschen. Mein Vater versuchte sich als Versicherungsvertreter, aber obwohl er die Ausbildung mit Bestnoten abschloss, verkaufte er nicht eine einzige Police. Dann probierte er es als Verkäufer von Autoersatzteilen und später als Autohändler, aber auch auf diesem Gebiet hatte er keinen Erfolg.

Also buchten wir eine Schiffspassage nach England. Zwei Wochen vor unserer Abreise kam meine Mutter, die jeden Mann faszinierte, der ihr je begegnete, jedoch ins Gespräch mit einem gewissen Leslie Seymour-Smith. Leslie war unglaublich groß und auf mich als damals Neunjährige wirkte er extrem Furcht erregend. Sein Haar war dicht und ebenso eisgrau wie seine Augenbrauen, und er trug seine schwarz geränderte Brille tief auf der Nase. Er wollte alles über diese charmante junge Dänin und ihre Familie erfahren.

»Und was macht Ihr Mann?«, fragte er mit dröhnender Stimme. (Er sprach immer mit dröhnender Stimme.)

Meine Mutter erzählte ihm von unseren Missgeschicken und ließ durchblicken, dass mein Vater früher Offizier bei der British Army gewesen war. Eine ganze Weile musterte Leslie sie schweigend über seine Brille hinweg.

»British Army, sieh mal einer an!«, sagte er. »Das ist ja ein

Ding. Glauben Sie, er könnte daran interessiert sein, die Leitung meines Hotels zu übernehmen?«

Ein französisches Château auf einem Berg mitten in Afrika mag einem lächerlich erscheinen, aber es funktioniert. Wirklich. Vielen Leuten, zum Beispiel mir, wird speiübel auf der Fahrt über den etwa dreißig Kilometer langen, gewundenen, von tiefen Furchen durchzogenen Weg von der kleinen Stadt Bvumba den Berg hinauf. Aber schließlich umrundet man die letzte Kurve, und dann raubt der Anblick einem jedes Mal den Atem, egal, wie oft man schon hier gewesen ist.

Der Chinakwaremba erhob sich majestätisch vor einem, und an seinem Fuß, eingerahmt von dichtem Wald, thronte das Hotel Leopard Rock – so stolz und eindrucksvoll, wie man es von einem Schloss erwartet. Manchmal waren seine drei hohen, beige gemaserten Türme, die mit Ziegeln gedeckten Dächer und die von Efeu umrankten hölzernen Fenster von Nebel eingehüllt. Das Hotel zu erblicken war, als würde man ein Märchenbuch aufschlagen – es wirkte prächtig, überraschend und absolut geheimnisvoll.

»Aber das ist nicht wirklich *Afrika*«, beklagten sich manche Besucher, als wären Hitze und Staub und Gnuherden die wichtigsten Merkmale für die Zugehörigkeit zum afrikanischen Kontinent. Solche Bemerkungen machten mich jedes Mal wütend. Wohin gehörten denn die Diadem-Meerkatzen, diese furchtlosen Akrobaten der Baumwipfel? Und die Langschopf-Turahos, die auf leuchtend roten Schwingen auf der Suche nach Beeren durchs Geäst glitten? War unser Leopard etwa kein richtiger Leopard, bloß weil er an den fruchtbaren Hängen eines Bergs Dassies jagte, anstatt in der Steppe der Serengeti Impalas zu reißen? Natürlich nicht, erklärte ich trotzig. Das hier war kein gemütliches Fleckchen in Devon, umgeben von saftigen Wiesen, auf denen fette Milchkühe

grasten. In den Bvumba-Bergen konnte man durchaus unangenehme Überraschungen erleben.
Bevor mein Vater das Hotel übernahm, hatte es eine Reihe von Vorgängern gegeben, die alle nicht lange geblieben waren. Einige waren an der Hotelbar untergegangen, die fast den ganzen Tag geöffnet war, andere hatten sich ein geruhsames Leben erhofft und sich sehr schnell aus dem Staub gemacht, als sie feststellen mussten, wie anstrengend es sein kann, mit Publikum umzugehen. Dann war Major Eric Scammell einmarschiert, aufrecht, mit stechendem Blick und erpicht darauf, das Kommando zu übernehmen. Die Angestellten waren entsetzt. Über Nacht wurden Speisekammern und Vorratsräume verriegelt. Es wurden regelmäßige Inventuren eingeführt, vor allem in der Bar, und der leutselige Barkeeper Joshua zwirbelte nervös seinen gewaltigen Schnurrbart, als der mit Geld gefüllte Schuhkarton, der unterm Tresen stand, durch eine Registrierkasse ersetzt wurde, die sich beim Öffnen jedes Mal mit einem lauten, wichtigtuerischen »Ting!« meldete und oben kleine Bons ausspuckte. Von nun an, verkündete der neue Hotelleiter, sollte jeder für seine Drinks bezahlen, einschließlich der Angestellten.
»Hey, immer mit der Ruhe«, meinte Leslie, aber mein Vater ließ sich nicht bremsen.
Die größte Herausforderung war die Küche, ein schmuddeliges, düsteres Verlies, wo Zuze, der Kriegerkoch, mit seinen Messern hantierte, als wären es Speere. Immer wieder ertönte Gekreische und Gefluche aus dem Dunkel, wenn mal wieder jemand auf eine der wilden Katzen trat, die die Küche bevölkerten. Als es über dreißig waren, gingen mir die Namen aus.
Trotzdem aßen wir gut, sogar ausgezeichnet. Am Tisch Nummer eins, am hinteren Ende des Speisesaals sowie in prak-

tischer Nähe zur Küche und vor einem niedrigen Fenster, das eine schnelle Flucht ermöglichte, speisten wir nicht selten schottischen geräucherten Lachs oder frische Garnelen und tranken dazu vorzüglichen französischen Wein. Namen wie »Chateaux Neuf du Pape« oder »Nuits Saint George« erinnern mich heute noch unweigerlich an jene köstlichen Mahlzeiten meiner Kindheit.

Auch die Gäste konnten sich nicht beklagen. Obwohl die Gerichte auf der Speisekarte sich eigentlich nicht änderten, wurden sie auf besondere Weise aufgewertet. Mit einem Federstrich wurde aus Hähncheneintopf »Chicken à la King«, was eine Woche zuvor noch Seehecht geheißen hatte, präsentierte sich nun als »Poisson Réchauffé«. (Als ich ihn darauf hinwies, dass Letzteres nichts weiter bedeutete als »aufgewärmter Fisch«, verwandelte sich das Gericht auf wundersame Weise in »Sole Meunière« mit Krabbensoße und Petersilienkartoffeln.) Die dünne, ölige Brühe, erst bekannt als Tagessuppe, dann als »Consommé Julienne«, wurde wahrscheinlich sogar durch eine neue Zutat verbessert. Zuze ließ den Suppentopf stets auf kleiner Flamme stehen, fügte hin und wieder Gemüsewasser hinzu oder auch einen Knochen, aber wenn auf dem Herd kein Platz mehr war, wurde der Topf mit der Suppe in eine dunkle Ecke auf den Boden verbannt. Als ich einmal in die Küche ging, um mir einen Nachschlag Eiscreme zu holen, hörte ich aus der Ecke ein lautes Blubbern und Gurgeln. Im nächsten Augenblick erschien Simba, der riesige Jagdhund meines Bruders, mit triefenden Lefzen und triumphierendem Blick, zwischen den Zähnen die Überreste eines Brathähnchens.

»Verfluchter Mist«, sagte der Koch lakonisch. »Das macht er immer wieder.«

Meine Vorliebe für Tiere und vor allem mein Interesse an Schlangen hatte mich leider unter meinen Freunden ein bisschen zu einer Außenseiterin gemacht. »Ich kann mir jetzt schon vorstellen, wie du mal wirst, wenn du alt bist«, bemerkte meine Freundin Jenny Barnard düster. »Eine alte Jungfer in einem Tweedkostüm und flachen braunen Tretern, umringt von einem Rudel verdammter Hunde. Das ist doch nicht normal.«

Nun, meine wachsende Freundschaft mit Richard Peek belehrte sie eines Besseren. *Er* fand mich überhaupt nicht merkwürdig, weil sich *seine* Interessen nämlich genau mit den meinen deckten. Richard Peek mochte sogar Pferde und klassische Musik, etwas, was nicht viele achtzehnjährige Jungs bereitwillig zugeben würden. Ich wäre vor Schreck tot umgefallen, wenn irgendjemand mir gesagt hätte, dass sich hinter seiner ernsten, redlichen Fassade sehr fleischliche Begierden verbargen. In der Absicht, mich zu beeindrucken, nutzte er eines Abends die Ankunft einiger französischer Gäste im Hotel, um mir einen gewagten Trick vorzuführen. Diese Fremden waren ein lustiges Völkchen, und es machte überhaupt nichts, dass sie kaum ein Wort Englisch sprachen, denn das gab mir Gelegenheit, meine noch äußerst geringen französischen Sprachkenntnisse zu üben – mit der Unterstützung von Rich, der immer eloquenter wurde, je später der Abend wurde. Auf den Regalen des Sportraums, wo wir gegen die Franzosen Darts und Pingpong spielten, reihten sich die leeren Bierflaschen, und nach dem Abendessen griffen wir im Billardzimmer nach den Queues, wo jeder, dem es gelang, einen Ball zu treffen, einen Punkt einheimste. Viel später dann, nachdem uns der Gesprächsstoff ausgegangen war, beschloss Richard, seinen Partytrick vorzuführen.

Er stellte sein Glas ab und zog etwas aus seiner Jackentasche.

»Voilà!«, sagte er triumphierend und hielt eine braune National-Parks-Socke hoch, die oben zugeknotet war.
»Was 'ab isch wohl 'ier in meinem Strumpf versteckt?«, fragte er eine der jungen Frauen, die mit den Schultern zuckte.
Mich beschlich das ungute Gefühl, dass ich seine Frage würde beantworten können. »Rich, ich glaube nicht …«, setzte ich an, aber es war zu spät. Er hatte den Knoten bereits gelöst und versuchte, etwas aus der Socke zu ziehen, was, dem Gezappel nach zu urteilen, ziemlich gereizt war. Im nächsten Augenblick brachte er eine junge Trugnatter zum Vorschein, die er auf wundersame Weise hinterm Kopf zu fassen bekommen hatte. Das Maul der Schlange war weit aufgerissen, und sie starrte die fünf Franzosen, die sich in eine Ecke des Zimmers gedrängt hatten, mit ihren großen schwarzen Augen an. Die Franzosen waren starr vor Entsetzen. Rich kicherte.
»Also, diese kleine Schlange«, erklärte er, »hat ihre Giftzähne hinter den Augen. Wenn sie mich beißt, werde ich bluten und bluten, bis ich blau anlaufe. Und dann werde ich sterben.«
Mit seiner freien Hand nahm er ein Streichholz aus einer Schachtel und schob damit die Giftzähne der Schlange nach vorne. Wie zu erwarten, zischte die Schlange wütend und wand ihren Schwanz um Richs Hand. Irgendjemand schrie. Rich erschrak und ließ die Schlange fallen, die sofort über den Billardtisch hinweg in Richtung Umrandung schoss. Ich lief los, um sie umzudirigieren, während Rich, der inzwischen heftig schwitzte, vergeblich versuchte, sie von hinten zu erwischen.
Wir rannten mindestens dreimal um den Billardtisch herum, bis die Schlange plötzlich in einem der Löcher verschwand und durch das Netz auf den Boden fiel. Rich schnappte sich einen Queue. Offenbar war er ganz plötzlich nüchtern geworden. Den Blick auf seine Beute geheftet und so langsam

wie ein Chamäleon auf der Jagd nach einer Fliege, pirschte er sich an. Der Queue war nur noch wenige Zentimeter von der Schlange entfernt, als sie hochschoss, und mit einer blitzschnellen Bewegung hatte Rich sie im Nacken gepackt.
Nachdem die Schlange wieder in der verknoteten Socke verstaut war, stopfte Richard, der ziemlich außer Atem war, sie zurück in seine Tasche und drehte sich grinsend zu mir um.
»Den Franzosen hab ich einen gehörigen Schrecken eingejagt, was?«, sagte er.
Das hatte er allerdings, und mir ebenfalls. Meiner Meinung nach war das der reine Wahnsinn gewesen. Richard Peek und die Schlange fuhren nach Hause, und ich ging zu Bett.

Im März waren Richards drei Monate im Nationalpark um. Im November würde ich die Schule abschließen, und anschließend stand für mich ebenso wie für viele meiner Mitschülerinnen am Marymount College in Umtali ein Auslandsaufenthalt an. Das brauchten wir Sprösslinge aus behüteten Verhältnissen einfach, »um unseren Horizont zu erweitern«, wie unsere Eltern sich ausdrückten.
Zum Glück waren die Zeiten der Schweizer Mädchenpensionate und Debütantinnenbälle endgültig vorbei. Uns erwartete eher eine vierzehntägige Schiffspassage mit allabendlichen Besäufnissen und ein halbes Jahr in einem winzigen Apartment im Londoner Stadtteil Earl's Court.
Der arme Rich. Sensibel wie eine Bauernhofhenne hatte ich bis zum letzten Tag nichts davon mitbekommen, wie er sich vor mir produzierte und um meine Gunst bemühte. Kurz nach seiner Rückkehr aus dem Urlaub hatte Jeff Montgomery das Problem auf den Punkt gebracht.
»Du bist doch in die kleine Scammell verknallt, stimmt's?«, fragte er.

Rich errötete.
»Wenn du die rumkriegen willst, musst du schon ein bisschen direkter rangehen. Wenn ihr das nächste Mal zusammen ausreitet, gibst du ihrem Pferd am besten einen ordentlichen Klaps, und sobald es völlig außer Kontrolle gerät, galoppierst du hin und packst es an den Zügeln. Sie wird dir so dankbar sein, dass sie sich nicht wehrt, wenn du sie zu Boden wirfst und küsst. Ganz einfach.«
Und dabei hatten wir noch nicht einmal Händchen gehalten! Überzeugt, dass ich von ihm nichts zu befürchten hatte, schlug ich meinem Freund Richard Peek in einem Augenblick des Übermuts vor, mich ins Ausland zu begleiten. Aber offenbar stand die Erfüllung fleischlicher Gelüste auf seiner Prioritätenliste nicht an erster Stelle.
»Unmöglich«, sagte er, erstaunt über mein Ansinnen. »Stell dir bloß vor, was ich verpassen würde, wenn ich meinen Job bei Parks aufgäbe!«
Wie Recht er hatte.

Kapitel 5

The guests are met, the feast is set
may'st hear the merry din.
S. T. Coleridge

Als wir uns endlich an einem der unteren Hänge des Dibe Hill eine Stelle für unser Haus ausgesucht hatten, sprang Richard von Felsbrocken zu Felsbrocken, um mir zu zeigen, wo alles hinkommen würde.

»Das Esszimmer«, rief er, und zeigte mit einer ausladenden Handbewegung auf eine von Nesseln und Gestrüpp zugewucherte Mulde.

»Da, eine Etage tiefer«, sagte er, sprang über die Nesseln und landete auf den nächsten Felsen, »richten wir uns das Wohnzimmer ein mit einem zentralen Treppenhaus, das ins Zwischengeschoss führt.«

Obwohl die Prophezeiungen aus dem Mund meines wahnsinnigen Ehemanns kamen, der zu allem fähig war, glaubte ich kein Wort davon. Und selbst wenn das alles eines Tages wahr werden sollte, dann würde es Jahre dauern.

»Könnten wir uns nicht einfach ein paar Hütten oben auf dem Hügel bauen?«, fragte ich flehentlich, während ich mir vorstellte, wie ich barfuß, ein Fernglas in den Händen,

einigen ebenso verwilderten Gästen einen schwarzäugigen Bülbül zeigte.
Keiner hörte auf mich. Zwei Jahre später war das Haus fertig, eine von Granitfelsen umgebene Luxuslodge mit vierzehn Betten, die von verschiedenen Kommentatoren als »großartig ausgestattet«, »luxuriös und dennoch in Harmonie mit der Umgebung« und »eine der luxuriösesten Safari-Lodges des Landes« beschrieben wurde. Aber das größte Lob stand in der Zeitschrift *Getaway*: »Richard, Bookey und ihre Mitarbeiter sind offenbar entschlossen, eine Lodge der Spitzenklasse zu führen. Die strohgedeckten Hütten aus Stein und Holz sind von eindrucksvoller Größe und dennoch gemütlich, die Küche ist opulent, ohne protzig zu sein, die Atmosphäre ist lässig und zugleich würdevoll.«
Wow. Der Autor beschrieb mich als »auf faszinierende Weise charmant«, was mich eigentlich nicht wunderte, jedoch einige meiner Freunde verblüffte.
Wenn wir allerdings unter uns waren (was in jenen ersten Jahren nicht häufig vorkam), nannten wir das Haus »die verfluchte Lodge« – was nicht an unseren Gästen lag, wie ich betonen möchte, sondern an dem endlosen Behördenkram und den ständigen Problemen mit den Angestellten.
Anfangs hatten wir keinen Koch, was für die meisten Farmersfrauen, die ich kannte, kein nennenswertes Problem dargestellt hätte. Diese Frauen hätten entweder eigenhändig täglich ein viergängiges Menü gezaubert und nebenbei die Blumen kunstvoll in Vasen arrangiert, oder sie hätten einfach ein paar Einheimische zu Köchen ausgebildet, weil sie natürlich Wert darauf gelegt hätten, dass alles nach ihren Wünschen lief.
Ich suchte verzweifelt nach jemandem, der auf keinen Fall alles so machte wie ich. Rich und ich hatten jahrelang von

Spaghetti und Shepherd's Pie gelebt, zubereitet von unserem Gärtner. Was gute Küche anging, waren wir beide ausgemachte Banausen.

Zu mir braucht bloß jemand zu sagen: »Das Rezept muss ich dir unbedingt geben. Es ist ganz einfach. Du brauchst nur zwei Tassen Mehl, zwei Eier ...« – und ich schlafe auf der Stelle ein.

Rich hatte es geschafft, seine Luxus-Lodge zwischen den Felsen zu errichten, aber ich konnte schlecht jeden Tag ein anderes Hackfleischgericht zubereiten und dann erwarten, dass *Getaway* meine Küche als »opulent« bezeichnete.

Außerdem hatte ich schon immer Probleme mit dem Lesen von Rezepten, vor allem solchen mit Fachbegriffen wie »schmoren«, »pochieren« oder »sautieren«, die ich jedes Mal im Wörterbuch nachschlagen musste, während das Fleisch im Ofen verbrannte.

In den Monaten vor der großen Eröffnung lag ich nächtelang schlaflos mit zusammengebissenen Zähnen im Bett, verfolgt von Schreckensbildern, in denen ich an einen riesigen Gasherd gekettet war, auf dem das Abendessen in Flammen stand. Das einzig Tröstliche an diesen Szenarien war die Gewissheit, dass ich auf diese Weise gleich die ganze Lodge abfackeln würde.

Aber trotz aller Zweifel und Befürchtungen musste ich zugeben, dass die Lodge hinreißend schön war. Mit der für ihn typischen Umsicht war es Richard gelungen, ein Haus mit Wohn-/Esszimmer, Küche, Vorratsräumen und Bad sowie sieben Hütten an einem bewaldeten Berghang zu errichten, ohne den Bäumen wesentlichen Schaden zuzufügen.

Frisch mit Stroh gedeckte Dächer hoben sich golden gegen den grünen Hintergrund des Dibe ab, und an den Mauern aus Granitblöcken schimmerten bunte Flechten. Zehn kräftige

Männer hatten keuchend unsere beiden Esstische aus massivem Teakholz die Stufen hinaufgeschleppt, die vor siebzig Jahren einmal als Eisenbahnschwellen gedient hatten. Alle unsere Möbel waren aus diesen ehemaligen Eisenbahnschwellen gefertigt, und wir waren sehr stolz darauf, dass kein einziger lebender Baum für unseren Komfort hatte gefällt werden müssen.

Man hätte meinen können, dass all der Lärm und die Unruhe, die so eine Baustelle mit sich bringt, sämtliche Wildtiere von Dibe Hill vertrieben hätte. Aber das war keineswegs der Fall. Den rot gefiederten Staren gefiel das Ambiente, und sie begannen, unter den Dachsparren zu nisten, noch während die Dachdecker bei der Arbeit waren. In der Nähe der Hütte Nummer eins nistete ein Miombonektarvogel in einem Baum und behinderte die Arbeiten. Als es den Dachdeckern zu bunt wurde, das Nest immer wieder aus dem Weg schieben zu müssen, banden sie es entnervt an einem Ast fest, doch der unerschütterliche kleine Vogel ließ sich nicht beirren.

Einmal hätten uns beinahe sämtliche Bauarbeiter verlassen. »Irgendetwas versucht, nachts unsere Hütten abzureißen«, sagten sie. »Das ist *thakathi* (Hexerei)!«

Und es war keine Einbildung. Einigen der Holzhütten war so übel mitgespielt worden, dass sie regelrecht windschief standen. Aber wer konnte schon so verzweifelt sein, dass er bei den Bauarbeitern schlafen wollte?

Als ein zitternder Maurer während einer nächtlichen Attacke aus dem Fenster spähte, wurde das Abrisskommando schließlich identifiziert – es war ein Rudel Buschschweine, die die Reste vom Abendessen in der Hütte rochen und sich daran gütlich tun wollten.

Die große Eröffnung war für April 1993 geplant, und im Februar hatte ich einen genialen Einfall. Ich bat alle Frauen,

die mit ihren kleinen Kindern an unserer wöchentlichen Spielgruppe teilnahmen, beim nächsten Mal ein paar von ihren Lieblingsgerichten mitzubringen. Einige davon waren so gut, dass ich sie später immer wieder zubereitete, zum Beispiel warmen Hähnchensalat, der von den Gästen stets hoch gelobt wurde. Das Küchenpersonal war allerdings weniger begeistert, und als ich einmal mitbekam, wie Rupert, einer unserer Auszubildenden, an einem vollbesetzten Tisch stöhnte: »O nein, nicht schon wieder Chicken Surprise«, wusste ich, dass es an der Zeit war, das Gericht durch Bœuf Bourguignon mit grünem Salat zu ersetzen.
Und dann, im Mai 1993, schickte der liebe Gott uns zwei echte Köche, die wie sonnengebräunte Engel in der Lodge erschienen. Seitdem habe ich die Kochtöpfe nie wieder berührt.

Stellen Sie sich einen Mann mit zornig zusammengezogenen Brauen, gefährlich funkelnden Augen und grimmig vorgerecktem Kinn vor. Stellen Sie sich vor, Sie sitzen mit neun Personen an einem Tisch, und der Mann hat es auf Sie abgesehen. Sie versuchen verzweifelt, seinem Blick auszuweichen, aber es hat keinen Zweck, er kommt auf Sie zu. Sie erstarren vor Schreck, als er sich vorbeugt und Ihnen »Bestellung!« ins Ohr brüllt. Demütig antworten Sie: »Spiegeleier mit Schinken, Würstchen und Tomaten. Wenn es Ihnen nicht zu viele Umstände macht.« – Das war Obadiah, unser Oberkellner, einer der amüsantesten Menschen, die man sich vorstellen kann.
Ich erinnere mich noch an den Tag, an dem Monika, eins unserer Zimmermädchen, ihn mir vorstellte. Nachdem ich sein Gesicht gesehen hatte, flitzte ich hinter ihr her in die Küche.

»Monika!«, rief ich entgeistert. »Den Mann kann ich unmöglich einstellen. Der sieht ja aus wie ein Serienkiller.«
»Nein, nein«, erwiderte sie lachend. »Er ist mein Onkel, und er ist ein guter, liebenswürdiger Mann. Sie werden schon sehen.«
Als ich Obadiah erklärte, dass ich ihm den Job geben würde, breitete sich ein strahlendes Lächeln auf seinem Gesicht aus, das ihn völlig veränderte. Anfangs stellten wir ihn als Putzmann ein, und dann, nachdem unerwartet jemand gekündigt hatte, als Kellner.
Obadiahs Problem war, dass er ständig einen ausgesprochenen Übereifer an den Tag legte, eine Angewohnheit, die ich nur zu gut nachvollziehen konnte. Leider setzte er sich damit permanent selbst unter Stress, und die zornig zusammengezogenen Brauen waren lediglich Ausdruck seiner Konzentration.
Eines Abends, nachdem die Gäste sich gerade in Erwartung eines vorzüglichen Abendessens an den Tischen eingefunden hatten, stürmte Obadiah ins Speisezimmer und starrte wütend auf die Anrichte. »Der verdammte Zucker ist alle«, knurrte er, verschwand wieder in der Küche und schlug die Tür hinter sich zu. Einen Augenblick lang herrschte betretenes Schweigen.

In unserer Lodge sahen wir die Besucher kommen und gehen. Doch wir stellten immer wieder fest, dass die Engländer bei weitem die unkompliziertesten Gäste waren. Egal, was man ihnen zumutete, sie entschuldigten sich sogar noch. Eine nette Familie verbrachte mitten im Winter eine Woche bei uns, als die Temperaturen kaum über fünfzehn Grad stiegen und das Feuer in unserem Kamin ständig brannte. An ihrem letzten Tag unterhielten sie sich leise an ihrem Tisch, und ich

meinte, das Wort »Wasser« zu hören. Also erkundigte ich mich, ob alles in Ordnung sei.
»Ja, ja, selbstverständlich, es war einfach *super«,* sagte der Vater und fügte dann, nachdem seine Frau ihm einen viel sagenden Blick zugeworfen hatte, hinzu: »Na ja, eine Kleinigkeit vielleicht. Verzeihen Sie, dass ich es erwähne, aber könnte es sein, dass Ihr Warmwassersystem nicht ganz in Ordnung ist?«
Es stellte sich heraus, dass sie die ganze Woche kein warmes Wasser gehabt hatten – sieben Tage lang kalte Duschen, und sie hatten sich mit keiner Silbe beschwert.
Doch es gab auch Ausnahmen.
Unsere beiden Krokodile tauften wir eines Tages Marvin und Mary-Jo, nach einem kanadischen Paar, das uns besonders auf die Nerven gegangen war. Am Weihnachtsabend hatten die beiden darauf bestanden, dass die Kellner während des Abendessens mit am Tisch sitzen sollten. Wir wiesen sie zwar darauf hin, dass wir an diesem Abend ausnahmslos alle bedienen müssten, trotzdem erhielten wir von ihrer Reiseagentur einen Beschwerdebrief, weil wir angeblich unser Personal diskriminierten.
Leider kann ich Rich nicht immer unter Kontrolle halten, der so laut spricht, als wäre er halb taub.
Einmal standen wir gerade mit dem Rücken zu den Tischen an der Anrichte und füllten die Teller für die Gäste.
»Das ist für die dumme Ziege links von mir«, knurrte er und klatschte ein Stück zähes Fleisch auf einen Teller. »Daran wird sie eine Weile zu kauen haben.«
Als ich die Teller rumreichte, kam ich mir vor wie Sybil in »Fawlty Towers«.
»Bon appétit!«, flötete ich mit einem strahlenden Lächeln, während ich ängstlich im Gesicht der dummen Ziege nach

Anzeichen dafür suchte, dass sie Richs Bemerkung mitbekommen hatte. Die ganze Situation war mir ziemlich unangenehm.
Dann, eines Abends, standen wir an der Bar und warteten auf unsere einzigen Gäste, die wie üblich zu spät zum Abendessen erschienen.
»Wahrscheinlich vögeln die gerade«, bemerkte Rich missmutig und schenkte sich noch einen Whisky ein.
»Keineswegs«, rief eine freundliche Stimme von der Empore. »Wir wollten gerade runterkommen!«

Rechts von der Lodge und den sieben Hütten mit den römischen Bädern (wir wussten auch nicht genau, was ein römisches Bad sein sollte, aber im Prospekt klang es gut) lag die Hütte der Parkführer. Es war das erste Haus, das wir auf der Farm errichtet hatten, der nächste Schritt nach unserem Zelt unter dem Marula-Baum. Bis die Lodge und unser Haus fertig waren, verbrachten wir unsere Zeit zur Hälfte in dieser Hütte und zur Hälfte in unserem Haus in Bulawayo, und seitdem die Lodge den Betrieb aufgenommen hatte, wohnten dort jeweils unsere Chefkellnerin und ein oder zwei Parkführer. Ursprünglich hatte die Hütte aus je einer Rundhütte auf beiden Seiten und einem Wohn-/Esszimmer in der Mitte bestanden, doch das sollte sich auf dramatische Weise ändern.
An einem Nachmittag im Sommer 1994 saßen Nell, unsere Chefkellnerin, und ich gerade in unserem Haus am Computer und plagten uns mit der Monatsabrechnung herum. Es lag Regen in der Luft, wir spürten es deutlich an der windstillen Schwüle, doch bis auf ein paar dicke Wolken im Norden war der Himmel blau und klar. Wir rechneten überhaupt nicht mit dem enormen Blitz, der wie aus dem Nichts aus dem

Himmel zuckte und anscheinend ganz in unserer Nähe einschlug.

»O nein!«, entfuhr es Nell, als das vertraute »Ping!« ertönte. »Ade, Telefon – ade, Computer!«

Es war schon so oft passiert. Offenbar zog der Granit Blitze unweigerlich an. Manchmal schlugen sie so häufig ein, dass es mir so vorkam, als würde gerade der Dibe eine besondere Anziehungskraft auf Blitze ausüben. Vielleicht hatten irgendwelche Ahnengeister den Berg mit einem Fluch belegt. Aber ich muss gestehen, dass ich es eigentlich ganz angenehm fand, wenn das Telefon ausfiel. Abgesehen von der Funkverbindung zu unserem Büro in der Stadt war das unsere einzige Verbindung mit der gefährlichen Außenwelt.

Seit wir auf die Farm gezogen waren, hatten wir jeder Art von Nachrichten abgeschworen. In unserem Haus gab es weder Zeitungen noch Radio oder Fernsehen. Wenn wir wissen wollten, was sich in der Welt abspielte, fragten wir Mafira, der sich jeden Morgen auf seinem kleinen Radio die Nachrichten anhörte. Und wenn sich irgendetwas wirklich Interessantes ereignete, erfuhren wir das sowieso von unseren Gästen.

Während Nell und ich vor dem schwarzen Computerbildschirm saßen, sahen wir, wie einer unserer Gärtner die Einfahrt hinunterrannte. Wenige Augenblicke später kam er wieder zurückgerannt.

»Was ist los, Big Fight?«, rief ich durchs Fenster.

»*Umlilo!*«, schrie er, ohne innezuhalten. »*Umlilo!*«

Wir hörten noch mehr Fußgetrappel, dann tauchte Rich auf, die beiden jungen Parkführer im Schlepptau. Wir liefen hinter ihnen her.

»Was für ein Feuer?«, fragte ich die drei. »Wo brennt es denn?«

»In unserer Hütte«, rief Mark mir über die Schulter hinweg zu. »Rich ist auf dem Weg dorthin, und wir sollen Feuerlöscher holen.«
Wir eilten in vier verschiedene Richtungen davon und trafen uns wenige Minuten später wieder auf dem Weg zur Hütte. Aber weiter kamen wir nicht. Wir hörten Rich rufen: »Beeilt euch!«, aber der dicke, schwarze Rauch raubte uns den Atem und zwang uns, den Rückweg anzutreten.
Wir mussten es weiter oben versuchen, aber bis wir eine Stelle gefunden hatten, wo der Rauch weniger dicht war, war es bereits zu spät. Kaum hatten wir die Hügelkuppe erreicht, kam Rich zu uns zurückgelaufen, und im nächsten Augenblick schlugen auch schon die Flammen hoch. Voller Entsetzen mussten wir zusehen, wie das strohgedeckte Dach von den Flammen verschlungen wurde. Die Vorstellung, die ganze Lodge abzufackeln, kam mir mit einem Mal gar nicht mehr so verlockend vor.
»Was ist mit deiner Hand passiert?«, fragte ich.
Rich betrachtete verblüfft seine verbrannte Handfläche.
»Ich hab's noch nicht mal gemerkt«, sagte er. »Als ich die Tür aufgedrückt hab, ist meine Hand am Lack kleben geblieben. Nachdem ich Luft reingelassen hatte, ist das Feuer erst richtig ausgebrochen. Die Feuerlöscher hätten überhaupt nichts genützt.«
Da das Feuer in der Mitte der Hütte brannte, aber die Schlafzimmer noch nicht erreicht hatte, schlugen ein paar Freiwillige (unter ihnen der beherzte Obadiah) die Fenster ein und kletterten hinein. Kurz darauf kamen alle möglichen Sachen durch die Fenster geflogen. Für jemanden, der einem heimlichen Laster frönte, hätte das ziemlich peinlich werden können, aber bis auf fünfundzwanzig geschmolzene Tafeln Schokolade hatte Nell offenbar nichts zu verbergen. Der Himmel

weiß, was die Männer im Zimmer der Parkführer aus dem Fenster geworfen haben. Inzwischen hatten die Flammen die Schlafzimmer erreicht, und die Balken begannen zusammenzubrechen. Ich konnte es nicht ertragen, mir das noch länger mit anzusehen.

Das einzig Gute an dem Feuer war, dass wir kurz darauf ein sehr effektives Brandbekämpfungssystem einbauten und regelmäßig Übungen abhielten, die bei unseren Angestellten ziemlich beliebt waren. Die langen weißen Schläuche, an denen man den Wasserstrahl so hart einstellen kann, dass er denjenigen, der davon getroffen wird, durch die Luft schleudert, werden seitdem immer wieder zweckentfremdet. Einmal zum Beispiel kamen sie im Kampf gegen einen gereizten Elenantilopenbullen zum Einsatz, der unsere Gäste auf dem Weg in ihre Hütten terrorisierte.

An jenem Tag kehrten unsere drei Gäste um fünf Uhr von einem sehr angenehmen Ausflug in den Park zurück. Wir begrüßten sie völlig erschöpft und von Kopf bis Fuß rußgeschwärzt an der Treppe zu unserem Haus. Aber Rich hatte bestimmt: »The show must go on!« und beschlossen, dass wir die Katastrophe herunterspielen würden, um die Urlauber nicht zu verschrecken. Das war ziemlich enttäuschend, denn eigentlich fühlten wir uns alle wie Helden.

»Ach, herrje«, sagte einer der Gäste, nachdem wir ihnen in knappen Worten von dem Brand berichtet hatten. »Was für ein Pech. Können wir trotzdem noch eine Fahrt durch den Wildpark machen?«

Also raffte Mark sich mühsam auf und kletterte tapfer in den Toyota, während wir anderen das Abendessen vorbereiteten. Gegen halb neun wurde die Lodge von einer Explosion erschüttert, die die Scheiben in den Fenstern klirren ließ. Unsere drei Gäste sprangen entsetzt auf.

»Keine Sorge«, sagte Rich nonchalant, »das war nur eine Gasflasche, die wir nicht rechtzeitig aus der Küche entfernt haben.«
Als wir am nächsten Tag den Schaden begutachteten, stellten wir fest, dass die Gasflasche, die explodiert war, ein Loch in die Wand gerissen, eine Blechkiste samt Inhalt zerfetzt, den Kühlschrank zu einem undefinierbaren Etwas zerbeult und einen Teil des Herdes durch die Überreste des Dachs in die Einfahrt geschleudert hatte.
»Ach, du meine Güte«, sagte die Ehefrau des einen Gasts. »Eine halbe Stunde vorher haben wir noch durch dieses Fenster gelugt.«
Anscheinend hatten wir sie endlich mit etwas beeindruckt.
Wegen des Brandes also sieht die Hütte jetzt anders aus. Als sie wieder aufgebaut wurde, ließen wir in den Wohnbereich eine Trennwand ohne Tür einziehen.
Der Grund dafür war, dass jede Frau, die als Chefkellnerin bei uns anfing, von den jungen Parkführern belästigt wurde. Und ich hatte jedes Mal unter diesem Theater zu leiden, weil ich mir immer wieder die Klagen über nächtliche Anrufe und Streitereien anhören und die primitiven Liebesbriefe lesen musste.
Rupert, unser erster Auszubildender, der gerade die Schule abgeschlossen hatte, dachte sich etwas ganz Besonderes aus. Er hatte traurige braune Augen und war so schüchtern, dass er die Gäste kaum ansehen, geschweige denn mit ihnen reden konnte. Aber weil er seinen jugendlichen Frust irgendwo loswerden musste, gewöhnte er sich an, Nell auf ihren abendlichen Spaziergängen aufzulauern. Er versteckte sich im hohen Gras, wartete, bis Nell in seine Nähe kam, und sprang dann knurrend und fauchend auf, so dass sie schreiend zurück in die Hütte rannte.

Ein anderer junger Parkführer entwickelte ein außerordentliches Geschick darin, nachts in die Lodge einzubrechen und sich in der Bar an den alkoholischen Getränken zu bedienen, um seinen Liebeskummer zu ertränken. Einmal fand Rich ihn morgens um zehn schlafend in seinem Zimmer – umgeben von leeren Bierflaschen.

Der Junge hatte uns schon eine Menge Ärger gemacht, und zu sehen, wie er in dem schmuddeligen Bett seinen Rausch ausschlief, war zu viel für Rich. Laut brüllend hob er das Bett an und warf es um, so dass der Langschläfer, in seine Laken gewickelt, auf dem Boden landete. Das leere Bett fiel zurück und traf Rich an den Schienbeinen, was ihn noch mehr in Rage versetzte. Wutschnaubend sammelte er sämtliche Habseligkeiten des Jungen ein und warf sie auf die Ladefläche des Pick-ups, der vor der Tür stand.

»Einsteigen!«, brüllte er. Dann fuhr er den entgeisterten jungen Mann bis zur Straße, wo er ihn auf seinen Sachen hockend zurückließ.

Brendon hingegen war ein professioneller Herzensbrecher mit einem Engelsgesicht, der ständig damit beschäftigt war, die Kunst des Rauchringeblasens zu perfektionieren – wobei uns nicht immer klar war, was für ein dubioses Zeug er mal wieder schmauchte.

Brendon war derjenige, den wir zu Hilfe riefen, als die Amerikaner zu Besuch waren.

Sie kamen ziemlich spät und im strömenden Regen an, und Ursula führte sie gleich in Zimmer Nummer sechs. Sie versuchte, das mit Solarzellen betriebene Licht einzuschalten, aber wie so häufig waren die Batterien fast leer.

»Tut mir leid«, sagte sie mit einem freundlichen Lächeln. »Ich gebe Ihnen ein anderes Doppelzimmer, das genauso schön ist.«

Die Frau erwiderte Ursulas Lächeln nicht. »Ich will kein anderes Zimmer«, erklärte sie.
Ursula bleckte erneut die Zähne, eine Reaktion, deren Bedeutung im Dunkeln wahrscheinlich schwer zu deuten war, und führte die beiden schließlich in Zimmer Nummer zwei, eine durchaus akzeptable Alternative, vor allem, da in diesem Zimmer das Licht funktionierte.
»Nein«, sagte die Amerikanerin. »Ich will in Nummer sechs bleiben. Sehen Sie gefälligst zu, dass Sie das Licht reparieren.«
Wir hatten an dem Abend eigentlich frei, aber als wir hörten, wie das Gartentor zugeschlagen wurde, wussten wir, dass wir wieder im Dienst waren. Mit einer Taschenlampe bewaffnet eilten wir durch den strömenden Regen zur Lodge hinüber. Ich wartete vor der Hütte Nummer sechs, während Rich keuchend und fluchend die schwere Ersatzbatterie durch die Dunkelheit schleppte. Aber auch damit ging das Licht nicht an.
Außer sich vor Wut, trat Rich nach der Batterie und stampfte los, um eine andere zu holen. Zehn Minuten später hockte er vor der Hütte und verfluchte Gott und die Welt: die Lodge, die Batterie, den Regen, die Politiker, die wirtschaftliche Situation. Am lautesten fluchte er auf die beiden Gäste, die in der schönen Hütte Nummer zwei saßen und partout nicht dort bleiben wollten. Schließlich hatte er es geschafft und stand auf.
»Was für gottverdammte Idioten«, sagte er. »Wieso müssen die so einen Aufstand machen?«
Später stellte sich heraus, dass die beiden Amerikaner die ganze Zeit in der dunklen Hütte gesessen und die komplette Vorstellung mitbekommen hatten.
Kaum waren wir zurück im Haus, als wir schon wieder

jemanden durchs Tor kommen hörten. Wutschnaubend stürmte Ursula herein. Durch den Regen hatten sich ihre Haare wie verrückt gekräuselt, als hätte sie einen Stromschlag abbekommen.

»Gott, Ursula, Sie sehen aus, als hätten Sie die Finger in eine Steckdose gesteckt«, sagte ich scherzhaft, um die Situation ein bisschen zu entschärfen.

Sie funkelte mich wütend an. »Lachen Sie nicht zu früh. Sie müssen sofort mit zu Nummer sechs kommen.«

»Wie bitte?«

»Ja. Madame sagt, sie weigert sich, zum Abendessen zu kommen, solange wir kein Moskitonetz in ihrem Zimmer anbringen.«

»Das ist doch lächerlich. Sagen Sie ihr, im August gibt's hier keine Moskitos. Es ist Winter, Herrgott noch mal.«

»Das hab ich ihr schon gesagt, aber sie hört mir gar nicht zu. Kommen Sie. Das mache ich nicht allein.«

Als wir mit einem Moskitonetz bei der Hütte eintrafen, erwartete uns die Amerikanerin mit geschürzten Lippen an der Tür.

»Hi!«, sagte ihr Mann, aber wir ignorierten ihn. Die beiden setzten sich ans Fenster und sahen uns bei der Arbeit zu. Wir stellten fest, dass wir das Netz nicht am Dachbalken aufhängen konnten, weil das Bett nicht mehr unter dem Haken stand. Es handelte sich um ein breites französisches Bett, das unglaublich schwer war, weil wir ein massives Brett unter die Matratze gelegt hatten, damit sie nicht durchhing. Als wir versuchten, das Bett an die richtige Stelle zu schieben, sprang der Mann auf, um uns zu helfen.

»Nein, Dwayne«, fauchte seine Frau und schlug ihm auf die Finger. »Das lässt du schön bleiben. Setz dich sofort wieder hin!«

Ängstlich schlich der Mann zurück ans Fenster und setzte sich. Nachdem das Bett endlich wieder an seinem Platz stand, hängte Ursula das Moskitonetz auf, während ich mich keuchend an die Wand lehnte und mir meinen schmerzenden Rücken massierte.

Aber kaum waren wir draußen, hörten wir die Frau hinter uns herrufen: »Kommen Sie sofort zurück! Ich will einen Preisnachlass!«

Man konnte sich lebhaft vorstellen, dass sich ihr ganzes Leben um Preisnachlässe drehte.

»Probleme?«, ertönte eine gedehnte Stimme hinter uns.

Eine Zigarettenspitze glomm in der Dunkelheit, und als Ursula ihre Taschenlampe in die Richtung hielt, stand Brendon vor uns, bekleidet mit ausgefransten Shorts und einem uralten T-Shirt.

»Allerdings«, antwortete Ursula. »Und du wirst uns jetzt helfen. Würdest du bitte nach oben gehen und der Frau sagen, dass du für den Preisnachlass zuständig bist?«

»Tut mir leid, damit kann ich nicht dienen«, erwiderte Brendon hastig. »Ich bin hier als Parkführer angestellt, nicht als Zimmermädchen.«

Ursula trat auf ihn zu und leuchtete ihm mit der Taschenlampe in die Augen.

»Ach ja?«, fauchte sie. »Du verbringst mehr Zeit in meinem Zimmer als bei deiner Arbeit. Wie wär's, wenn du zur Abwechslung mal diese Frau da oben mit einer Kostprobe deines Charmes beglücken würdest?«

»Ist ja schon gut«, sagte Brendon, der offenbar zu dem Schluss gekommen war, dass es klüger war nachzugeben. »Aber was soll ich ihr denn erzählen?«

»Lass dir halt was einfallen.«

Wir haben nie erfahren, was Brendon mit der amerikanischen

Zicke gemacht hat. Aber sie entschuldigte sich am nächsten Morgen und meinte, wenn sie am Abend ein bisschen »gereizt« gewesen wäre, dann hätte das wohl daran gelegen, dass das Gefühl, endlich in Afrika zu sein, sie völlig überwältigt habe.

Aufregung gab es also wirklich genug in der Lodge.

Kapitel 6

Meilenweit winden sich die Wagenspuren durch die wunderbar malerische Landschaft, die übersät ist mit Hügeln, die aus lauter auf phantastische Weise aufeinandergetürmten Felsbrocken bestehen und besonders im Mondlicht an alte Schlossruinen erinnern …
Frederick Courteney Selous

Die Ersten, die die Geheimnisse des Matabelelands und der Kopjes entdeckten, waren die Buschmänner. Diese steinzeitlichen Jäger und Sammler kannten weder Hütten noch Kochtöpfe oder eiserne Äxte. Sie jagten mit Giftpfeilen, sie sammelten Früchte und Nüsse, schliefen in kalten Winternächten in Höhlen an einem wärmenden Feuer und bereicherten die natürliche Schönheit der Kopjes mit ihren Felsmalereien, die ebenso ausdrucksstark sind wie die Felsen selbst. Kaum etwas kann mich so begeistern wie die Entdeckung neuer Höhlenmalereien. Sooft ich kann, unternehme ich, bewaffnet mit einem Fernglas und einem Knüppel (für den Fall, dass ich einer Schlange begegne), lange Wanderungen ohne bestimmtes Ziel. Und wenn ich beispielsweise ein dunkles Loch zwischen den Felsen entdecke oder einen von Schlingpflanzen überwucherten Überhang, ist alles andere vergessen.

Nach stundenlangem Klettern und Kraxeln bin ich völlig zerkratzt, verdreckt und erschöpft, meistens, ohne irgendetwas gefunden zu haben. Aber das schreckt mich nicht ab. Wenn ich tatsächlich einmal etwas Neues entdecke, ist das jedes Mal so überwältigend, dass schon allein die Suche süchtig macht. Hier kann ich Kunst in ihrer ursprünglichsten Form erleben: Der Künstler stand an derselben Stelle, wo ich jetzt stehe, er ist über dieselben Felsen geklettert, hat dasselbe Rascheln der Eukalyptusbäume gehört und das Sirren der Weihnachtskäfer. Und dann frage ich mich: Wer ist vor mir schon hier gewesen? Womöglich bin ich die Erste seit Hunderten von Jahren, die diese Malereien zu Gesicht bekommt. Oder vielleicht haben sie noch länger im Verborgenen geschlummert? Bei Ausgrabungen in einigen der größeren Matobo-Höhlen wurden Fragmente von Felsmalereien gefunden, die mindestens zwölftausend Jahre alt sind, und dennoch wirken manche Bilder so klar und frisch, dass man sich nicht wundern würde, das Feuer des Künstlers noch glimmend vorzufinden.

Welch tieferen Sinn diese Bilder haben, wird man wohl nie beweisen können, aber für mich wirken sie wie eine Mischung aus Mystik und Wirklichkeit. Unter einem überhängenden Felsen haben wir einige Figuren entdeckt, die aussehen, als wären sie in Trance, seltsame Gestalten mit Schwänzen und Hörnern, mit Strahlen um die Köpfe, die womöglich den Geist darstellen sollen, der den Körper verlässt. Auf der rechten Seite springt ein winziges Steinböckchen von den Felsen, die Beine nach vorn und hinten ausgestreckt, den Körper wie eine Sehne gespannt. Und in einer anderen Höhle schreiten drei stolze junge Frauen mit Grabstöcken auf den Schultern und Lederbeuteln um die Hüften beherzt in die Zukunft.

Die Künstler trugen die Farbe entweder mit den Fingerspitzen auf oder mit zerkauten Zweigenden, Federn und den langen Haaren von Tierschwänzen. Rote Pigmente, die offenbar am beliebtesten waren, wurden aus Eisenoxid gewonnen, das erhitzt, zerstoßen und möglicherweise mit dem Blut einer Elenantilope gemischt wurde, in der Hoffnung, dass das Blut den Zeichnungen etwas von der Kraft des Tiers verleihen würde.

Die Buschmänner empfanden Tiere als ebenbürtig, die Vorstellung von menschlicher Dominanz war ihnen fremd. Sie erkannten es als selbstverständlich an, dass ihr Überleben nur dann gesichert war, wenn sie ihren Platz in der natürlichen Ordnung einnahmen. Aber mit der Ankunft der Bantu endete dieses Zeitalter der Harmonie. Vor etwa 1500 Jahren hörten die Buschmänner auf zu malen. Dann starben sie allmählich aus und hinterließen nur ihre Kunst in der Stille der Hügel.

Als wir die Vorbereitungen dafür trafen, wieder Wildtiere auf der Farm anzusiedeln, mussten wir uns vergewissern, dass die Tiere, die wir aussuchten, hier eine für sie geeignete Umgebung vorfanden. Wir waren davon überzeugt, dass die im Matobo ansässigen Buschmänner die Tiere gemalt hatten, die ihnen aus der Gegend bekannt waren, wie Halbmondantilopen, Gnus, Zebras und Giraffen, lauter Arten, von denen 1989 in Stone Hills kein einziges Exemplar mehr anzutreffen war. Neben den ökologischen Voraussetzungen benutzten wir also auch die Höhlenmalereien als Entscheidungsgrundlage für die Auswahl der Tiere.

Rich hatte viel Erfahrung mit dem Einfangen von Wildtieren, was seine vielen Narben bewiesen. In den siebziger Jahren, als die ersten Wilderer anfingen, schwarze Nashörner zu erlegen, gehörten Rich und mein Bruder David zu einer Gruppe von Wildhütern, die die Tiere aus bedrohten Gebieten einfingen und in die Nationalparks umsiedelten, wo man sie damals noch in Sicherheit wähnte. Natürlich wussten die kurzsichtigen und äußerst reizbaren Nashörner die Prozedur keineswegs zu schätzen, und einem besonders undankbaren Exemplar gelang es, Rich gegen einen Palisadenzaun zu drücken und ihm sein Horn durchs Bein zu rammen.

In seinem Buch *Auge in Auge* beschreibt John Gordon-Davies, der mit dabei war, den Vorfall folgendermaßen: »Das Vieh schwingt seinen massigen Kopf herum und zielt mit seinem Horn auf Richs Nieren – achtzig Zentimeter rasiermesserscharfes Horn mit der Wucht einer Tonne Lebendgewicht. Rich springt am Zaun hoch und biegt seinen Rücken durch, und wie durch ein Wunder streift das todbringende Horn nur sein Hemd. Im nächsten Augenblick holt das Biest erneut aus und rammt sein Horn in Richs Bein. Mitten durch den Unterschenkel, am Wadenmuskel rein und am Schienbein wieder raus. In heller Panik klammert Rich sich verzweifelt am Zaun fest, die Betäubungsspritze immer noch in der Hand. Das Nashorn hätte ihn mit einer einzigen Kopfbewegung vom Zaun rupfen und töten können, es hätte ihn aufschlitzen und seine Leiche sechs Meter weit über den Palisadenzaun schleudern können.«

Nun, Rich hat sich tapfer geschlagen. Aber das Nashorn war noch nicht fertig mit ihm. Während seine Kumpels ihn über den Zaun zogen, griff das Tier erneut an und versetzte ihm mit der Seite seines Horns einen derart heftigen Schlag gegen den Fuß, dass seine Socke sich in sein Fleisch grub und später Faden für Faden im Krankenhaus entfernt werden musste. Zusätzlich zu dem Loch im Unterschenkel und dem geschwärzten Fuß war seine Wirbelsäule an mehreren Stellen angeknackst, und er musste sich im Lauf der nächsten sieben Jahre zweimal operieren lassen.

Es hat mich immer beeindruckt, wie Rich sich nach dem Angriff angeblich »mit schmerzverzerrtem Gesicht eine Flasche in den Mund rammte, mit den Zähnen den Kronkorken entfernte und ausspuckte«, aber er weigert sich standhaft, den Trick zu wiederholen, und hält Gordon-Davis dichterische Freiheit zugute.

Das Einfangen der ersten Tiere für unsere Farm war bei weitem kein so dramatisches Erlebnis. Nachdem man vierzehn Zebras mit Hilfe eines Hubschraubers von ihrer Herde getrennt hatte, wurden sie in ein Gatter getrieben, auf einen Laster verladen, dessen Seiten mit Holz verstärkt waren, und von ihrem Geburtsort im südöstlichen Lowveld nach Stone Hills verfrachtet.

»Die Tiere sind verwandt«, teilte uns der Rancher per Telefon mit. »Sie sind soeben verladen worden und müssten in etwa sechs Stunden bei Ihnen eintreffen.«

Auf halbem Weg nach Bulawayo erwarteten wir den Fünfzehntonner und folgten ihm bis zur Farm. Ich fand es unglaublich, dass sich vierzehn wilde Zebras, die am Vormittag noch nichts ahnend in ihrer Heimat gegrast hatten, friedlich über die Landstraße kutschieren ließen.

Alles war für ihre Ankunft vorbereitet. Wir hatten vier Gatter errichtet, jeweils zwei rechts und links eines schmalen Korridors. Der Laster sollte rückwärts an eine Rampe heranfahren, und die Zebras sollten über diese in jeweils das Gatter laufen, dessen Tor gerade offen war. Aber natürlich war die Prozedur gar nicht so einfach. Wenn die Zebras beim Herauslaufen auch nur den geringsten Lichtstrahl sahen, war damit zu rechnen, dass sie ausbrachen. Deswegen hatten wir beide Seiten des Korridors sorgfältig mit Planen verhängt, vor allem die Stelle, wo der Laster an die Rampe fahren sollte. Aus demselben Grund hatten wir jedes der drei Meter hohen

Gatter mit dicken Grasmatten abgedichtet, die keinen noch so kleinen Spalt freiließen. Um die Zebras zu beobachten, mussten wir auf die Gerüste klettern, die Rich rundherum errichtet hatte, und von oben über den Zaun lugen.
Nachdem der Laster angehalten hatte, lief ich hin, um einen Blick auf die Ladefläche zu werfen. Die mit Holz verstärkten Seiten erbebten unter den Tritten Gott weiß wie vieler Hufe. Die Zebras tobten und wieherten so laut, dass sie das Motorengeräusch übertönten. Der Fahrer schien Stunden zu brauchen, um rückwärts an die richtige Stelle zu rangieren. Dann endlich schaltete er den Motor ab, und wir sahen alle gebannt zu, wie die beiden Tierfänger auf den Wagen sprangen und vorsichtig die Hecktüren öffneten. Erneut begannen die Zebras zu wiehern und um sich zu treten, bis schließlich eins seinen Kopf herausstreckte – und ihn gleich wieder zurückzog. Plötzlich rief der Fahrer: »Achtung, sie kommen!«, und als hätten sie einen gemeinsamen Entschluss gefasst, stoben die Tiere aus dem Laster, jagten die Rampe hinunter und durch den Korridor und verteilten sich in die Gatter.
Rich stand mit einem Fernglas auf dem Gerüst. »Hengst!«, rief er, als das erste Tier um die Ecke geschossen kam. »Hengst!«, rief er, als das zweite Tier erschien. »Noch ein Hengst!«
Rich wirkte zusehends verblüfft. Nachdem der vierte Hengst identifiziert worden war, fragten wir uns allmählich, was es mit diesen »Verwandtschaftsverhältnissen« auf sich haben mochte. Als alles vorbei war und die Tore sich hinter dem dreizehnten Zebra geschlossen hatten (wir hatten leider einen Todesfall zu verzeichnen, einen erwachsenen Hengst), stand fest, dass es sich bei elf der dreizehn Tiere um stramme, ausgewachsene Hengste handelte und wir nur eine Stute mit einem einjährigen Stutfohlen bekommen hatten. Wir befürch-

teten schon, dass die Hengste die beiden Stuten im Gatter schikanieren würden, aber erstaunlicherweise wurden sie dank der Fürsorglichkeit und Wachsamkeit eines stämmigen Hengstes, wahrscheinlich der Vater des Fohlens, relativ zuvorkommend behandelt.

Vom ersten Tag an gingen die Zebras absolut gemein miteinander um. Ich nahm an, dass die vorübergehende Gefangenschaft der Grund dafür war, aber inzwischen haben sie 2600 Hektar zur Verfügung und es hat sich nichts daran geändert. Ein besonders beliebter Sport unter Hengsten ist das Schwanzbeißen, wobei der Angreifer sich nicht etwa mit einem spielerischen Zuschnappen begnügt, sondern seinem Opfer drei Viertel des Schweifs amputiert und damit triumphierend herumstolziert. Der Stumpf verheilt relativ schnell, aber als Fliegenpatsche ist er nicht mehr zu gebrauchen, ganz abgesehen davon, dass der Besitzer damit ziemlich albern aussieht.

Einen Monat später bekamen wir vier Stuten und zwei weitere Hengste geliefert, um das Geschlechterverhältnis langsam anzupassen. Allerdings hatten wir immer noch viel zu viele Hengste. Die Tierfänger versprachen uns deshalb, zwei davon abzuholen und auf eine andere Farm zu bringen.

Wie üblich schlug ich in meinen schlauen Büchern nach. Es klang eigentlich nicht besonders schwierig. Zwei oder drei Personen sollten, bewaffnet mit einer schwarzen Plastikplane oder einem Stück Jute, in das Gatter gehen, zwei Hengste absondern und durch das Tor treiben. Es würde mir bestimmt Spaß machen, dabei zuzusehen. Ich kletterte auf das Gerüst, während Rich und zwei weitere kräftige, erfahrene Männer das Gatter betraten und sich, bewaffnet mit einem langen Stück Jute und jeweils im Abstand von zwei Metern, der Herde näherten. Die Zebras rückten argwöhnisch zusammen, schnaubten und verdrehten die Augen. Die Männer gingen weiter auf die Tiere zu. Dann machte ein Hengst aus dem Stand einen Satz auf den drei Meter hohen Zaun zu und hätte es beinahe geschafft, darüberzuspringen. Er krachte gegen den obersten Draht, stürzte unverletzt zu Boden, und der Rest der Herde brach in Panik aus.

Die Zebras rannten auf die drei Männer zu, eins schoss zwischen ihnen hindurch, schlug aus und verfehlte den Kopf von Pookie Darlow nur um wenige Zentimeter. Die anderen Tiere machten im allerletzten Moment kehrt, und Clem Coetzee, der in seinem Leben schon wesentlich riskantere Situationen erlebt hatte, stieß hervor: »Ich glaube …« Mehr brauchte er nicht zu sagen. Die drei Männer machten auf dem Absatz kehrt und brachten sich so schnell sie konnten in Sicherheit. Die Hengste hatten ihre Position deutlich gemacht, und ich nahm mir vor, dem Autor des schlauen Buchs einen Brief zu schreiben.

Ein weiteres aufregendes Ereignis fand drei Wochen, nachdem die zusätzlichen Stuten eingetroffen waren, statt: die Geburt eines Fohlens. Trotz des ganzen Chaos überlebte »April Foal« unbeschadet. Eine zweite Stute, womöglich eine halb erwachsene Tochter, kam der Mutter zu Hilfe, und gemeinsam beschützten die beiden Stuten das Fohlen vor den gemeinen Streichen der restlichen Herdenmitglieder. Nachdem die Tiere sich eingewöhnt hatten, wollten wir sie aus dem Gatter auf eine angrenzende vier Hektar große, von einem drei Meter hohen Elektrozaun umgebene Koppel umsiedeln. Der Zweck der Übung bestand darin, unsere neuen Tiere an Zäune zu gewöhnen, bevor wir sie in die Freiheit entließen, potenziellen Ausbrechern eine Lehre zu erteilen und überhaupt allen klarzumachen, dass es besser war, sich von Zäunen fernzuhalten.

Nach etwa dreieinhalb Monaten hatten die Zebras sich einigermaßen an das Leben im Gatter gewöhnt und waren, wie die meisten in Gefangenschaft lebenden Tiere, nicht erpicht darauf, ihre sichere Umgebung und vor allem ihre Futterquelle zu verlassen.
Zuerst entließen wir die Stuten auf die Koppel – was sich als langwierige Angelegenheit entpuppte. Ein Kopf und zwei gespitzte Ohren erschienen am Tor, nur um sich augenblicklich wieder zurückzuziehen. Nach einer Dreiviertelstunde fassten sich einige der mutigeren Tiere ein Herz und betraten das offene Gelände. Wenig später folgten dann auch die anderen, zuletzt April Foal samt Mutter und Schwester. Plötzlich waren unsere scheuen Gefangenen wie neugeboren. Im vollen Galopp jagten sie über die Koppel, feierten ihre Freiheit mit wilden Sprüngen und Tritten. Zweimal hörten wir ein Krachen, als ein Tier gegen den Zaun stieß und einen Stromschlag abbekam. Zu meiner großen Überraschung hatte April Foal, der nur das Leben im Gatter kannte, kein Problem, mit den anderen mitzuhalten, selbst wenn die Herde im Galopp eine scharfe Kurve nahm. Nur sein dicker, wolliger Bauch verriet, dass er in Gefangenschaft aufgewachsen war und sich bisher nur von Trockenfutter und Luzerne ernährt hatte.
Richard, unser junger Helfer Mike und ich hatten es uns auf Hockern bequem gemacht, um uns das Schauspiel anzusehen. Auf dem Gaskocher siedete das Teewasser, und ich reichte Schokoladenkuchen herum. Die Zebras rannten immer noch in der Koppel herum, aber wir rechneten damit, dass sie über kurz oder lang genug davon haben und anfangen würden, in Ruhe zu grasen, vor allem, da ihnen nach drei Monaten der Anblick und die Geräusche von Menschen in ihrer Nähe vollkommen vertraut waren.
Plötzlich sprang Rich auf, begann wild zu gestikulieren und

murmelte: »Weg, weg!« Auf dem Weg am anderen Ende der Koppel näherte sich ein Radfahrer, offenbar jemand, der nicht mitbekommen hatte, dass sich alle der Gegend fernhalten sollten. Das war zu viel für die Zebras. Eine Stute brach aus der Herde aus, stürmte auf die entgegengesetzte Ecke des Zauns zu, warf sich ohne zu zögern dagegen und riss ihn nieder. Ich erinnere mich nicht, sie stürzen gesehen zu haben, aber ich werde nie vergessen, wie sie davongaloppierte und schon bald unseren Blicken entschwand.

Da Mike der Jüngste und Durchtrainierteste von uns dreien war, schien er der Richtige zu sein, um die Katastrophe zu beheben. »Schnell, Mike!«, brüllten wir wie aus einem Mund. Mike rannte los und erreichte die Lücke im Zaun gerade rechtzeitig, bevor das nächste Zebra auf die Idee kommen konnte, es der ersten Stute gleichzutun. Es war nicht zu fassen, aber dieses fette, überfütterte, undankbare Vieh hatte noch nicht einmal den Draht zerfetzt, sondern sämtliche fünfzehn Stränge aus den Verankerungen in den Pfählen gerissen. Wir reparierten den Zaun notdürftig, und die Zebras nahmen ihren wilden Galopp um die Koppel wieder auf.

»Gottogott«, rief Rich. »Hoffen wir bloß, dass das nicht die Mutter von April Foal war.«

Ein schrecklicher Gedanke. Wir beobachteten die Herde, und wie befürchtet, lief das Fohlen ziellos zwischen den erwachsenen Tieren herum. Einmal war es ganz vorne, im nächsten Moment bildete es das Schlusslicht, und kein erwachsenes Zebra war in seiner Begleitung. Nach einer Weile bestand kein Zweifel mehr daran, dass April Foal seine Mutter verloren hatte. Was sollten wir tun? Die oberen 800 Hektar der Farm, wo wir die Gatter errichtet hatten, waren inzwischen zwar zu einem großen Teil eingezäunt, aber eben noch nicht ganz. Wir konnten deshalb nicht einfach die Tore öffnen und die Zebras freilassen, denn wahrscheinlich würden wir sie dann nie wieder sehen.

»Geben wir ihnen ein bisschen Zeit, sich zu beruhigen, dann sehen wir weiter«, sagte Rich.

Wir ordneten an, dass niemand sich dem Weg am Gatter nähern durfte, und fuhren zum Haus, um uns auszuruhen. Einige Stunden später kletterte ich auf einen Kopje am Rand der Koppel und hielt Ausschau nach unserem Ausreißer. Die Stute war nirgendwo zu sehen, aber dort, mitten in der Steppe, lief das kleine, einsame Fohlen herum. April Foal war durch den Zaun gebrochen, hatte einen Schock erlitten und sich auf die Suche nach seiner Mutter gemacht. Nachdem ihn eine halbe Stunde später der Mut verlassen hatte, wollte er wieder in die Sicherheit der Herde zurückkehren. Während er am Zaun auf und ab lief, begleitete seine große Schwester ihn auf der anderen Seite und ermunterte ihn, wieder in die Koppel zu kommen. Nach etwa einer Stunde kletterte er zurück durch den Zaun, und wir standen wieder vor demselben Problem. April Foal war gerade mal sechs Wochen alt und noch auf die Muttermilch angewiesen. Er konnte höchstens ein paar Tage ohne sie überleben, also mussten wir ihn entweder wieder mit ihr zusammenbringen oder ihn mit der Flasche füttern.

Die Nacht über und den ganzen nächsten Tag blieb er bei der Herde, trottete verloren zwischen den Tieren herum und versuchte hin und wieder, bei einer anderen Stute zu säugen, wurde jedoch jedes Mal mit einem Tritt verscheucht.

Wir kamen zu dem Schluss, dass wir ihn von der Herde trennen und irgendwie zurück ins Gatter schaffen mussten. Um die Zebras wieder dort hineinzulocken, gaben wir ihnen einen Tag lang weder Futter noch Wasser, und prompt kehrten sie zurück, als es dunkel wurde. Aber kaum war der nächste Tag angebrochen, waren sie wieder draußen auf der Koppel.

In der zweiten Nacht postierten wir Percy, einen unserer Scouts, hinter dem Tor. Versteckt hinter einem Stapel Säcke hielt er ein Seil in der Hand, mit dem er im entscheidenden Augenblick das Tor zuziehen und April Foal so von der Herde trennen sollte. Ich weiß nicht genau, wie er es angestellt hat, aber erstaunlicherweise klappte es. Am nächsten Tag lief ich stundenlang mit einer Milchflasche hinter dem Fohlen her. Es widerstrebte mir, Gewalt anzuwenden, denn der Vorfall mit den beiden Hengsten war mir noch gut in Erinnerung, und selbst ein kleines Zebra ist erstaunlich kräftig. Natürlich interessierte sich April Foal nicht die Bohne für die Milchflasche. Er stand am Zaun und rief nach seiner Mutter, aber es kam keine Antwort, zumindest keine, die wir hören konnten. Die Hengste, die sich im angrenzenden Gatter befanden, kamen an den Zaun, und ihre Nähe schien das Fohlen zu beruhigen, denn es streckte seine Nase durch die Gitterstäbe, um seine Artgenossen zu berühren. Am nächsten Abend legten wir eine Spur aus Trockenfutter auf den Weg und in den Eingang zum nächsten Gatter, in der Hoffnung, damit die Mutter zu ihrem Fohlen zurückzulocken. Auch diesmal versteckte sich Percy wieder hinter einem Stapel Säcke neben dem Tor, das er sofort schließen sollte, falls die Stute auftauchte. Sie kam tatsächlich, traute sich jedoch nicht durchs Tor, und am nächsten Morgen war sie wieder verschwunden.

Jetzt blieb uns nur noch eins: Da die Mutter offenbar nicht zu ihrem Fohlen kommen würde, mussten wir April Foal freilassen und hoffen, dass die beiden sich nicht nur finden, sondern auch auf der Farm bleiben würden, weil sie bei ihrer Herde bleiben wollten. Am dritten Abend öffneten wir das

Tor für April Foal und sorgten dafür, dass sich niemand in der Gegend aufhielt. Als ich in jener Nacht endlich einschlief, träumte ich von ihm. In meinem Traum sah ich, wie das erste Zebrafohlen, das seit Jahrzehnten in Stone Hills auf die Welt gekommen war, über den Highway in Richtung Botsuana davongaloppierte.

Als wir bei Tagesanbruch zum Gatter kamen, war es leer. Wir folgten den kleinen Hufspuren, bis sie sich schließlich mit denen der Stute vereinten. Soweit war also alles in Ordnung. Wir bekamen die beiden nicht mehr zu Gesicht, bis die Herde drei Wochen später freigelassen wurde, aber jeden Morgen fanden wir ihre Spuren vor dem Gatter.

Unsere ersten Giraffen waren in dreierlei Hinsicht außergewöhnlich. Sie gehörten damals zu den teuersten Wildtieren, die je in Simbabwe gekauft wurden, sie waren bei ihrer Ankunft so ruhig und gelassen wie keins der anderen Tiere (zwei legten sich gemütlich zum Wiederkäuen hin), und anschließend bereiteten sie uns den größten Ärger.

Wir hatten einige spezielle Vorbereitungen treffen müssen. Ein ausgewachsener Giraffenbulle erreicht eine Größe von gut fünf Metern. Unsere Telefonleitungen mussten also mindestens sechs Meter hoch hängen, wenn wir nicht wollten, dass die Giraffen eines Tages mit den Drähten um den Hals davongaloppierten. Die Mitarbeiter der Telefongesellschaft waren über unser Ansinnen reichlich verblüfft, ließen sich jedoch dazu überreden, unserem Wunsch nachzukommen. Die Futtertröge mussten an den obersten Draht des Gatters gehängt werden, ebenso die Zweige, die dreimal täglich frisch für die Giraffen geschnitten wurden.

Wir gaben den drei Giraffen die Namen von Flüssen, und jedes Tier sollte einem unserer Kinder gehören. Lundi, die älteste Kuh und das nervöseste der Tiere, sollte für Richards Tochter Nicki sein, Shasham wurde Nigel, Richs Sohn, zugeteilt und Tuli, der junge Bulle, war für das lebhaft strampelnde kleine Wesen bestimmt, das ich damals im Bauch trug, nachdem ich zu unserer großen Überraschung im Alter von vierzig Jahren schwanger geworden war. Ich bin mir ziemlich sicher, dass keinem anderen Baby, das im November 1990 in der Sandton Clinic in Johannesburg das Licht der Welt erblickte, bei seiner Ankunft verkündet wurde, dass es der stolze Besitzer eines jungen Giraffenbullen war.

Ich war zur Entbindung nach Johannesburg gefahren, weil unser Hausarzt, der schrecklich nuschelt, gemeint hatte, als »ältere Primatin« müsse ich mit Komplikationen rechnen. Abgesehen davon, dass mir der Hinweis auf mein Alter ziemlich überflüssig erschien, fühlte ich mich durch die Bemerkung auf uncharmante Weise mit Darwin in Verbindung gebracht. Zum Glück kam Rich nicht rechtzeitig, um meine Hand zu halten, und so waren Lee und Mary, zwei alte Schulfreundinnen, an jenem Nachmittag im November an meiner Seite. Alle anderen werdenden Mütter in der Klinik hatten sich für eine Periduralanästhesie und damit für eine weitgehend schmerzlose Geburt entschieden, doch in Anerkennung meines Primatenstatus hatte ich stolz darauf bestanden, mein Kind auf natürliche Weise zur Welt zu bringen. Während die anderen also Lippenstift auflegten und für das Magazin *Hello!* oder zumindest fürs Familienalbum posierten, schrie und stöhnte ich im Kreißsaal herum und flehte den Arzt schließlich an, mir ebenfalls eine Periduralanästhesie zu verpassen. Aber dafür war es leider zu spät. Als Davids Kopf endlich herauslugte, hörte ich die Hebamme ausrufen: »Ach, wie süß, er ist blond!«, und dann, wenige Sekunden später: »O nein, er ist *kerrits!*« Die Schwestern nannten ihn *Esibomwu*, der Rot-

haarige, und fanden zu Recht, dass er das schönste Baby auf der ganzen Station war.
In Wirklichkeit war unser Hausarzt übrigens gar nicht so geistreich gewesen, wie ich angenommen hatte. Weit entfernt davon, mich als große Äffin zu bezeichnen, hatte er die Worte »ältere Primipara« (ältere Erstgebärende) benutzt – anders ausgedrückt: eine alte schwangere Ente.

Die Giraffen blieben nur zwei Wochen im Gatter und zehn Tage auf der Koppel, allerdings nicht, weil wir davon überzeugt waren, dass sie sich eingewöhnt hatten, sondern weil wir nicht genau wussten, welche Art Futter sie brauchten. Sie stammten aus dem so genannten »Sweetveld« im Südosten Simbabwes, einer Gegend, deren Vegetation sich stark unterscheidet von der in unserem wesentlich kargeren Gebiet, wo der Boden stark säurehaltig ist.
Äser wie Giraffen fressen nur frisches Grünzeug, sie wandern gewöhnlich umher und knabbern an allen möglichen Pflanzen, wobei sie sich kaum länger als einige Minuten an ein und derselben Art aufhalten. Zwar fraßen unsere Tiere die Zweige und Sprösslinge, die wir ihnen anboten, aber wir waren uns nicht sicher, ob sie ihnen gut bekamen. Womöglich war also das, was wir ihnen zu fressen gaben, nicht ausgewogen genug, so dass sie gezwungen waren, sich von etwas zu ernähren, das nicht gut für sie war. Und egal, wie oft wir frische Zweige schnitten, die Blätter waren innerhalb weniger Stunden schon welk. Widerwillig ließen wir sie schließlich frei und trugen den Scouts auf, sie im Auge zu behalten. Falls sie eine Giraffe in der Nähe des Zauns antrafen, sollten sie sie fortscheuchen und versuchen, sie möglichst von dort fernzuhalten. Nachdem die Giraffen den dritten Tag in Freiheit verbracht hatten, erreichte uns zu Hause in Bulawayo jedoch ein

Anruf (die Lodge und unser Haus waren immer noch nicht fertig).
»Rich«, sagte Mike aufgeregt, »ich fürchte, es gibt schlechte Nachrichten. Die Giraffen sind in die Sümpfe entwischt, und ich habe keine Ahnung, wo sie stecken.«
Am Nachmittag waren zwei Scouts über einen Hügel gekommen und hatten gesehen, wie Lundi den Hals über den Zaun reckte und sich mit der Brust dagegen drückte. Das plötzliche Auftauchen der Männer versetzte die Giraffen in Panik. Tuli und Shasham stürmten gegen den Zaun und gelangten aufs Nachbargrundstück. Im nächsten Augenblick waren alle drei draußen, rannten einen Kopje hinauf, auf der anderen Seite wieder hinunter und auf und davon. Als die Scouts hinter ihnen herliefen, fielen die Giraffen natürlich in einen noch schnelleren Galopp.
Rich rief sofort bei Clem Coetzee, dem Wildfänger, an und ging mit ihm durch, welche Möglichkeiten wir hatten. Falls wir die Giraffen überhaupt jemals wiederfanden, was uns ziemlich unwahrscheinlich erschien, konnten wir nur versuchen, sie mit Pferden oder Männern zurückzutreiben. Dieser Plan war wahrscheinlich von vornherein zum Scheitern verurteilt, weil die Tiere hochgradig erregt waren und sicherlich nicht instinktiv in ihr neues Zuhause laufen würden. Andererseits bestand aufgrund ihrer Größe und ihres Gewichts nicht die Möglichkeit, sie mit einem Betäubungsgewehr ruhigzustellen und zurückzutransportieren. Offenbar blieb uns nur eine komplette Fangaktion übrig, die den Einsatz eines Hubschraubers, das Errichten eines Gatters und den Transport mit einem Lastwagen erforderte: eine ungeheuer kostspielige Angelegenheit ohne Erfolgsgarantie.
Die Ausreißer wurden am nächsten Tag in nur sechs Kilometern Entfernung gesichtet. Doch dann fühlten sie sich offen-

bar von einer Viehherde gestört, und am Tag darauf entdeckten wir sie in zehn Kilometern Entfernung nordöstlich von unserer Farm, wo sie sich für eine Weile einzurichten schienen. Das Fangteam war wenige Stunden nach unserem Anruf vor Ort. Die Männer parkten ihren winzigen, zweisitzigen Hubschrauber auf einer Koppel in der Nähe der Hauptstraße und rumpelten mit ihrem Laster bis auf wenige Kilometer an die Giraffen heran, wo sie den Wagen zwischen ein paar Bäumen abstellten. Dann machten Clem und seine etwa zwanzig Helfer sich daran, ein riesiges, dreieckiges Gatter zu errichten, das sie mit schwarzen Plastikplanen verkleideten.

An einer Seite des Dreiecks ließen sie einen breiten Eingang und an der gegenüberliegenden Spitze einen Ausgang, der genauso breit war wie der Lastwagen, den sie dort mit der Rückseite voran und weit offenen Türen parkten. Entlang der Seiten des Gatters wurden eine Reihe von Stahlseilen gespannt, hoch genug, damit die Giraffen sich nicht daran enthaupten konnten, und befestigten an jedem Seil einen Plastikvorhang. Hinter den zurückgezogenen Vorhängen versteckten sich die Männer.

»Steigen Sie ein.« Während Clem auf den Rücksitz seines Landrovers deutete, warf er einen besorgten Blick auf meinen enormen Bauch.

»Wird das nicht zu anstrengend?«

Ich versicherte ihm, dass es kein Problem geben würde. Schließlich blieben noch sechs Wochen bis zum Geburtstermin, und eine kurze Fahrt in einem Landrover würde daran nichts ändern.

»Also dann.« Clem gab dem Piloten über Funk das Startsignal, und gleich darauf hörten wir, wie der Hubschrauber abhob. Wenige Minuten später meldete sich der Pilot.

»Ich habe sie im Blick«, verkündete er. »Es kann losgehen.«

Die Jagd hatte begonnen. Wie eine wütende Biene flog der kleine Hubschrauber dicht über den Bäumen dahin und scheuchte die Giraffen vor sich her, die im Galopp ins Gatter rannten. Was für ein beeindruckender Anblick! Drei Giraffen, unsere Giraffen, selbst in ihrer Panik prächtig und elegant, donnerten durch die Bäume auf uns zu.

»Festhalten!« Als die Giraffen den Eingang des Gatters erreichten, trat Clem das Gaspedal durch und raste hinter ihnen her. Es war eine veritable Höllenfahrt, und wir können von Glück reden, dass David nicht auf der Stelle das Licht der Welt erblickte. Direkt hinter uns wurde der erste Vorhang zugezogen, dann der zweite und der dritte – bis alle Seiten des Gatters verhängt waren. In wenigen Sekunden waren wir an der Spitze des Dreiecks angelangt. Clem ließ den Giraffen keine Zeit zum Zögern. Er fuhr bis dicht an sie heran und bugsierte sie mit Hilfe eines breiten Bretts, das er an die Kühlerhaube montiert hatte, auf die Ladefläche des Lasters.

Lammfromm stiegen sie in den Wagen, und lammfromm verhielten sie sich auf der ganzen Fahrt, die sie damit zubrachten, seelenruhig durch ihre langen Wimpern die Landschaft zu betrachten.

»Ich hätte euch erschießen sollen«, knurrte Richard, als sie demütig über die Rampe ins Gatter stiegen. »Verdammte Giraffen.«

Aber endlich waren sie wieder zu Hause.

Kapitel 7

Von allen Tieren lernte er die Sprache,
lernte ihre Namen und alle ihre Geheimnisse.
Henry Wadsworth Longfellow,
The Song of Hiawatha

Erinnern Sie sich noch an Doctor Dolittle? Ich habe den Film in den sechziger Jahren gesehen, während meines ersten Jahres auf der Highschool, und ich musste immer wieder an Rex Harrison denken, wie er sich, einen Zylinder auf dem Kopf, mit einem Schwein unterhielt.

Mit Tieren sprechen zu können! Mehr noch, verstehen zu können, was sie antworteten – Gott, wie ich mir wünschte, das zu können! Und dann, 1988, in dem Jahr, bevor wir die Farm kauften, stand eines Tages ein Afrikaner vor unserem Tor, der auf der Suche nach einem Job war.

Ich redete mit ihm durch die Gitterstäbe, denn unser Rottweiler Bruce, der etwa die Größe eines Ponys hatte, konnte ziemlich aggressiv werden.

Der Mann stellte sich als Abel Ncube vor. Über den legendären Buschfunk war ihm zu Ohren gekommen, dass wir einen Gärtner suchten, und er hatte ein Empfehlungsschreiben von seinem letzten Arbeitgeber mitgebracht, das er mir mit

dem warmherzigsten Lächeln durch die Gitterstäbe reichte. Ich mochte ihn auf den ersten Blick, und seltsamerweise schien es unseren Hunden ebenso zu ergehen. Der Mann setzte sich zu meinen Füßen auf den Boden und wartete geduldig, bis ich den Brief gelesen hatte.
Abel Ncube, so entnahm ich dem Schreiben, war acht Jahre lang bei einer Familie angestellt gewesen. Leider konnten die Leute ihn nicht weiter beschäftigen, weil sie das Land verließen. Abel habe im Garten und hin und wieder auch im Haus gearbeitet, hieß es weiter. Er sei zuverlässig und ehrlich und als Arbeitskraft sehr zu empfehlen. Außerdem habe er »ein Händchen für Tiere«.
Ich konnte mein Glück kaum fassen. »Heißt das, Sie mögen Tiere?«, fragte ich.
»O ja, Madam«, erwiderte Abel, der inzwischen durch die Gitterstäbe Brunos Kopf kraulte.
»Gibt es sonst noch etwas, das ich über Sie wissen sollte?«
Er lachte leise auf und warf mir einen entschuldigenden Blick zu. »Nur dass ich gern mal einen hebe. Aber nie bei der Arbeit.«
Da ich mich mit Pflanzen nicht besonders gut auskannte, brauchte ich dringend einen Gärtner. Aber es stellte sich heraus, dass Abel noch ahnungsloser war als ich. Wir waren beide talentiert im Umgang mit der Schaufel, aber von den feineren Aspekten des Gartenbaus, also davon, wie man dafür sorgte, dass Pflanzen wachsen und gedeihen, hatte er nicht den leisesten Schimmer. Aber das spielte keine Rolle. In kürzester Zeit war der ganze Garten überwuchert von Schwertfarnen und rosafarbenen Fleißigen Lieschen, die einfach nicht auszurotten waren, und Abel schlenderte gemütlich herum, stets gefolgt von Bruno und Lora. Er sprach kaum mit den Hunden, außer wenn er sie beim Namen rief.

Stattdessen gab er leise gurgelnde, knurrende Geräusche von sich, auf die die Tiere sofort reagierten. Das war seine spezielle »Hundesprache«, da bin ich mir ganz sicher, denn wenn er mit unseren Buschböcken und später mit seiner geliebten Poombi »redete«, klang das ganz anders. Ich hatte den zweiten Doctor Dolittle entdeckt.

Nachdem wir auf die Farm gezogen waren, wurde Abel zu unserem Cheftierpfleger. Morgens war er stundenlang unterwegs, um frische Zweige für die Buschböcke zu schneiden; er fütterte die Hunde und nahm sie mit auf endlose Wanderungen, wenn ich in der Lodge zu tun hatte; und wenn uns mal wieder irgendwelche Tierwaisenkinder gebracht wurden, half Abel dabei, sie mit der Flasche aufzupäppeln. Eigentlich hatte er nicht besonders viel zu tun. Bis Poombi kam.

Im August 1996 war unser Warzenschwein zehn Monate alt, es war Winter, und das wenige, was Poombi vom Rasen übrig gelassen hatte, war inzwischen verdorrt. Wenn wir vergaßen, zwischen Haus und Tor nachts eine Fackel aufzustellen, liefen wir Gefahr, in einen der tiefen Krater, die Poombi dort gebuddelt hatte, zu treten und uns einen Knöchel zu verstauchen.

Der Winter war nichts für Poombi. Während der kalten Jahreszeit blieb sie so lange in ihre warmen Decken gekuschelt in ihrer Kiste hocken, bis das Wetter wieder nach ihrem Geschmack war. An einem besonders ekligen, nassen und windigen Tag hat sie es bis halb elf in ihrem Bett ausgehalten, bis der Druck auf der Blase sie schließlich herausgetrieben hat.

Eines Morgens, nach einer extrem frostigen Nacht, ging ich in die Küche, um mir eine Tasse Tee aufzugießen. Die Küche war das reinste Schlachtfeld. Poombi hatte ihr Bettzeug aus der Kiste gerissen, und die sieben grauen Decken, die wir auf

Safari-Touren im offenen Geländewagen mitnahmen, lagen nicht mehr auf dem Tisch, sondern verknäuelt über den Boden verstreut.

»Poombi!« Panisch blickte ich mich um, aber nichts rührte sich. Offenbar hatte es irgendeine Rangelei gegeben. Konnte es sein, dass ein Leopard durchs Fenster eingestiegen war und unser Warzenschwein entführt hatte? Oder war Poombi über Nacht krank geworden und vor Schmerzen durchgedreht? Aber das Fenster war geschlossen. Mit dem Schlimmsten rechnend, sammelte ich die Decken vom Boden auf.

Doch keine Spur von unserem Schwein. Als ich in die leere Schlafkiste schaute, entdeckte ich daneben ein Daunenkissen, das oben auf dem Stapel Decken gelegen hatte, weil ich es flicken wollte. Ich stupste das Kissen an. Nichts. Ich versetzte dem Kissen einen etwas kräftigeren Schubs, und endlich ertönte das vertraute Grunzen. Als ich im Innern des Kissens herumtastete, fand ich Poombi, die sich so heiß anfühlte wie ein frisch gebratenes Spanferkel. Fehlte nur noch der Apfel im Maul.

Aber Poombi wurde immer rastloser. Natürlich hatte sie Nandi als Spielkameradin, und sie lieferte sich tägliche Kopfstoßkämpfe mit Nyami, dem jungen Buschbock, der sich dabei garantiert fürchterliche Kopfschmerzen zuzog. Dann stellte ich eines Tages fest, dass die Schiebetür zum Vorgarten einen Spaltbreit offen stand. Zu meiner Erleichterung sah ich jedoch, dass Poombi draußen mit argloser Miene Gras mampfte. Ich vermutete, dass einer unserer Angestellten die Tür versehentlich offen gelassen hatte. Aber als ich einige Tage später das Videogerät in unserem Schlafzimmer gänzlich in seine Einzelteile zerlegt auf dem Boden vorfand, war die Schuldige entlarvt: Poombi konnte Türen öffnen! Von nun an verriegelte ich die Tür und versteckte schließlich sogar den Schlüssel,

als wäre zu befürchten, dass Poombi herausfand, wie man den Schlüssel ins Schloss steckt und umdreht.
Selbst unsere nachmittäglichen Spaziergänge wurden ihr bald zu langweilig. Wir machten uns zwar wie gewohnt auf den Weg, doch am Fuß des Hügels musste ich meist nach Poombi rufen, die immer eine Extraeinladung brauchte. Die Erfahrung hatte mich gelehrt, nie länger als drei Minuten zu warten. Wenn sie bis dahin nicht aufgetaucht war, rannte ich zurück, um zu verhindern, dass sie sich zu unseren Gästen gesellte, die gerade ihren Tee einnahmen, oder in die Küche schlich, um dort in einem Anfall von Zerstörungswut ein Riesenchaos anzurichten.
Wir kamen zu dem Schluss, dass es vielleicht doch besser war, sie wieder in die freie Natur zu entlassen – ein nobler Plan, der jedoch, so befürchteten wir, bei seiner Nutznießerin auf keinerlei Begeisterung stoßen würde.
Um Poombi unser Vorhaben schmackhaft zu machen, unternahm Abel von nun an jeden Morgen mit ihr eine Schweinewanderung. Nach dem Frühstück öffnete er das am weitesten vom Haus entfernte Tor (um die Versuchung zu minimieren), rief Poombi zu sich und ging mit ihr den ganzen Vormittag spazieren. Und Poombi graste und buddelte und wühlte im Dreck wie ein richtiges Warzenschwein. Mittags nahm sie, häufig zusammen mit David, im hinteren Garten ein ordentliches Schlammbad, und dann ging Abel wieder mit ihr los bis zum Sonnenuntergang.
Ich freute mich immer auf die Tage, an denen Abel frei hatte und ich ihn vertreten konnte, denn die Spaziergänge mit Poombi lieferten mir einen unanfechtbaren Vorwand, mich von der Lodge fernzuhalten.
»Tut mir leid«, sagte ich dann mit bedauernder Miene, »ich würde liebend gern das Frühstück zubereiten, aber Sie ken-

nen ja unser Warzenschwein. Wenn Poombi nicht bis spätestens acht Uhr draußen ist, macht sie uns die Hölle heiß.« Aber vor allem waren die Stunden allein mit Poombi im Busch eine wunderbare Erfahrung, die ich oftmals meinem Tagebuch anvertraute.

14. August, 7:45 Uhr

Ich schiebe den Riegel zurück, und Poombi rennt so stürmisch durchs Tor, dass ich einen blauen Fleck am Schienbein abbekomme. Ich hätte wissen müssen, dass wir nicht mehr zu zweit durchs Tor passen, denn unser Schwein ist mittlerweile zur stattlichen Matrone geworden. Stolz und gut gelaunt trottet sie vor mir her auf ihren dünnen Beinen, die sich unter dem Gewicht ihrer Wampe regelrecht zu biegen scheinen.

Erster Halt: die Abfallgrube. Laut schnüffelnd, als wäre in ihrer Nase ein Metalldetektor eingebaut, durchwühlt sie die von den Buschböcken verschmähten Gemüsereste. Mit einem zufriedenen Grunzen stürzt sie sich auf eine Möhre und verschlingt sie laut schmatzend (nur ein echtes Schwein kann fressen wie ein Schwein). Wir schlendern weiter bis zum halb ausgetrockneten Flussbett, wo das letzte Grünzeug zu finden ist. Überall sonst knistert das braune Gras unter den Füßen. Trotzdem gräbt sie mit ihrer Schaufelnase unermüdlich im steinharten Boden nach Wurzeln. Während Poombi buddelt, gehe ich ans andere Ufer, setze mich gegen einen Marula-Baum und lasse mich von der Wintersonne wärmen. Die Bäume sind immer noch fast kahl, aber zumindest sind die Blüten schon aufgegangen. Die cremeweißen wilden Birnen sind immer die ersten, die dem ausgetrockneten Land etwas von seiner Schroffheit nehmen und die die Giraffen, welche die Hälse recken, um mit der Zunge an die höchsten Zweige zu gelangen, fast um den Verstand bringen.

Eine Nase taucht an der Uferböschung auf, gefolgt von dem Schwein, das sich ziemlich anstrengen muss, um nach oben zu gelangen. Poombi grunzt, als wollte sie sagen: »Schön, dass du noch da bist« (als würde ich es wagen, mich ohne ihre Erlaubnis zu entfernen), und macht es sich neben mir bequem. Ich kenne meine Pflicht. Zuerst kraule ich sie unterm Kinn, dann lasse ich meine Finger an ihrem Hals entlang bis unter ein Bein wandern, das sie bereitwillig hebt. Dann geht es weiter über ihre Brust bis zu ihrem nackten, weichen Bauch, und wieder streckt sie ein Hinterbein aus, damit ich überall gut drankomme. Glückselig schließt Poombi die Augen, und ein leises Grunzen und Quieken sagt mir, dass ich meine Sache gut mache.

Hinter uns stiebt laut kreischend ein Natalfrankolin aus dem Gras, wie immer, wenn sich diese Vögel auch nur im Geringsten gestört fühlen. Poombi springt so hastig auf, dass sie mir beinahe den Schädel einschlägt, und baut sich zu voller Größe auf. Wütend starrt sie Knob-Nose, den alten Zebrabullen, an, der gerade auf die Lichtung getreten ist und zum Trinken an den Fluss will. Knob-Nose hat sich viel zu dicht an uns herangewagt und muss offenbar an ein paar Dinge erinnert werden.

Mit angriffslustig funkelnden Augen trottet Poombi großspurig auf ihn zu, um ihn zu einer Reaktion zu provozieren, aber Knob-Nose scheint die Spielregeln nicht zu kennen. Anstatt den Rückzug anzutreten, senkt er den Kopf und schnaubt indigniert, woraufhin

Poombi sich prompt wieder unter unserem Baum in Sicherheit bringt. Erneut baut sie sich vor ihm auf, aber offenbar hat sie diesmal den Kürzeren gezogen, und das Zebra trabt friedlich an uns vorbei zum Wasser.
12:00 Uhr. Wir sind auf dem Weg zurück nach Hause, um zu Mittag zu essen, aber Poombi kann den Verlockungen ihrer Lieblingserdferkelhöhle nicht widerstehen. Wie immer hält sie inne, bevor sie sich nähert, und sieht sich nach allen Seiten um wie eine Primadonna vor ihrem großen Auftritt. Nichts rührt sich. Ich verlangsame mein Tempo, um mir das Schauspiel aus sicherer Entfernung anzusehen, denn ich weiß, dass jede Vorstellung voller neuer Überraschungen ist. Heute kriecht sie zunächst mit dem Kopf voran in die Höhle, um nachzusehen, ob irgendwelche Bewohner anwesend sind, dann kommt sie wieder heraus und schiebt sich rückwärts hinein. Mehrere Minuten bleibt sie mit dem Kopf im Eingang liegen, die Augen so verdreht, dass durch eine dicke Staubschicht das Weiße zu sehen ist. Schließlich kommt sie wieder heraus und schiebt mit den Vorderfüßen etwas Laub und trockenes Gras vor den Eingang. Damit scheint sie zufrieden zu sein, und die Vorstellung ist beendet.
Aber letzte Woche war es ganz anders. Ich begleitete Abel auf seiner Schweinewanderung, als Poombi plötzlich in einem trockenen Flussbett ein paar Löcher entdeckte und in das erste hineinstürmte, nur um sofort wieder herausgeschossen zu kommen, als wäre sie einer Mamba begegnet. Dann drehte sie sich um, und im nächsten Augenblick steckte sie rückwärts in dem Loch und löste mit ihrer Nase einen regelrechten Sandsturm aus. Weiter ging's im Schweinsgalopp zu den nächsten

beiden Löchern: rein, raus und Attacke – direkt auf uns zu. Im allerletzten Moment drehte sie ab, und wir atmeten auf. Wenn man diese rasiermesserscharfen Hauer dicht an sich vorbeirasen sieht, ist man dem Himmel dankbar, zu den Freunden des Schweins zu gehören.

Die beste Vorstellung gab unsere Warzenschweindame, als sie sechs Monate alt war und eines Tages beschloss, sich selbstständig zu machen. Normalerweise hielt sie sich während unserer nachmittäglichen Spaziergänge immer in Sichtweite, weshalb ich allmählich nervös wurde, als sie zehn Minuten lang verschwunden blieb. Auf mein Rufen erfolgte keine Reaktion, doch dann sah ich, wie Nandi im hohen Gras mit dem Schwanz wedelte. Es stellte sich heraus, dass Poombi sich für ihren Abenteuerausflug ein Loch ausgesucht hatte, das sich an einer Steilwand befand. Alles, was ich sah, war ein dickes Hinterteil und zwei strampelnde Beine. Nandi und Lora standen schwanzwedelnd daneben – Lora (so schien es mir) hatte ihre helle Freude an dem Anblick –, und ich lachte mich halb tot, was Poombi wahrscheinlich überhaupt nicht gefiel. Tja, mit Stiefmüttern hat man es nicht leicht … Ich hängte mein Fernglas an einen Ast und zog Poombi an ihren Hinterbeinen aus dem Erdloch. Sie flutschte heraus wie ein Sektkorken und trottete davon, als sei nichts gewesen. Aber mir fiel auf, dass sie von da an etwas mehr Vorsicht walten ließ, bevor sie sich in ein Loch zwängte.
Dem Engländer mag sein Heim sein Schloss sein, aber in der Tierwelt sind Warzenschweine die größten Immobilienbesitzer. Bis zu zehn Höhlen werden von einer Familie im Rotationsverfahren bewohnt. Aber im Gegensatz zu dem Engländer, der sein Heim liebevoll pflegt, benehmen sich Warzenschweine in ihren Behausungen eher wie Mietnoma-

den. Falls sich herausstellt, dass die gewünschte Höhle zur Schlafenszeit bereits belegt ist, zieht das Warzenschwein kommentarlos in die nächste um. Nach welchen Kriterien Poombi sich eine Höhle zum Schlafen aussucht, ist mir ein Rätsel. Was beeinflusst ihre Entscheidung? Wahrscheinlich spielt das Wetter eine große Rolle oder auch die Anwesenheit lästiger Parasiten sowie natürlich die jeweilige Größe der Familie. Und später, als Poombi jedes Jahr im Juni auf Freiersjagd ging, hat sie sich dann eine größere Höhle ausgesucht, damit ihr Lover sich zusammen mit ihr und dem Rest der Familie hineinkuscheln konnte?

Apropos Heim: Was zum Teufel würden die Warzenschweine tun, wenn es keine Erdferkel, die Aardvaarks, gäbe? In Simbabwe zumindest wohnen Warzenschweine fast ausschließlich in Höhlen, die von diesen ewig scharrenden, nachtaktiven Tieren mit den großen Ohren und der langen Schnauze gegraben werden. Diese Tiere sind mit keiner anderen Tierart verwandt (allerdings gibt es neuerdings Vermutungen, dass sie womöglich von denselben Vorfahren abstammen wie Elefanten und Dassies). Ihre Tüchtigkeit im Graben und Buddeln hat mit ihrer Vorliebe für Termiten und Ameisen zu tun, die sie mit ihrer langen, klebrigen Zunge auflecken. Weiß der Himmel, wie viele von diesen scheuen Tieren auf Stone Hills leben, jedenfalls ist das gesamte Gebiet mit ihren Höhlen übersät: komplexe Wohnanlagen mit zahlreichen Schlafkammern, die, auch wenn der Bauherr höchstpersönlich dort residiert, reichlich Raum bieten für Warzenschweine und andere Untermieter.

Bei Menschen sind diese Höhlen allerdings weniger beliebt. Der Traktor eines Nachbarn brach einmal in zwei Teile, als er beim Mähen in eins dieser verborgenen Höhlenlabyrinthe geriet, und unsere Arbeiter amüsieren sich heute noch darüber, wie sie einmal an einem dunklen, mondlosen Abend an der nördlichen Grenze unseres Grundstücks ein Feuer löschen mussten. Während sie hintereinander zu der Stelle liefen, an der das Feuer ausgebrochen war, ertönte alle paar Minuten ein dumpfes Geräusch, begleitet von einem fluchend ausgestoßenen »Isamane!«, wenn wieder mal einer von ihnen in eine der zahllosen Erdferkelfallgruben geplumpst war.

Wenn junge Warzenschweine, die äußerst kälteempfindlich sind, nicht in einer schützenden Höhle Zuflucht suchen können, dann sterben sie. Und obwohl die Frischlinge im Sommer auf die Welt kommen, sind sie sehr schutzbedürftig, was uns klar geworden war, als wir Poombi an jenem verregneten Tag mit nach Hause gebracht hatten und David sie in eine Decke gewickelt hatte. Bei heftigem Regen flüchten Warzenschweine sich sofort in ihre Höhle, die natürlich ebenfalls den besten Schutz vor jeglicher Art von Gefahren bietet. Kaum ein Feind besitzt den Schneid, ein Schwein anzugreifen, dessen riesiger Kopf, bewehrt mit zwei tödlich scharfen Hauern, im Eingang seines Eigenheims steckt.

Diese Höhlen und ihre illustre Untermieterschaft bieten Safariführern eine willkommene Gelegenheit, ihre Kunden zu unterhalten. Wie wir alle wissen, kann man eine gute halbe Stunde vor einem solchen anscheinend leeren Loch im Boden stehen und Vorträge über dessen Innenleben halten, vor allem, wenn es gerade nichts anderes von Interesse in der Nähe zu sehen gibt. Es empfiehlt sich allerdings, auf der Hut zu sein. Ich weiß von einem Safariführer, der gerade vor einem solchen Loch stand und seine Zuhörer mit Anekdoten über derartige Höhlen unterhielt.

»Natürlich«, sagte er gerade, »kann man an diesem unversehrten Spinnennetz quer über dem Eingang deutlich erkennen, dass gerade niemand zu Hause ist«, als ein wütendes

Warzenschwein aus dem Loch geschossen kam und ihn einfach über den Haufen rannte.

Auch hungrige Löwen oder Leoparden, die sich allzu lange am Eingang zu einer solchen Höhle herumtreiben, laufen Gefahr, von einer haarigen Kanonenkugel getroffen zu werden, es sei denn, das Warzenschwein zieht es vor, die Gefahr auszusitzen, und zwar manchmal bis zu vierundzwanzig Stunden lang, in der Hoffnung, dass die hungrige Raubkatze irgendwann das Interesse verliert.

Poombis Faszination für alle Arten von Löchern zeigte sich schon sehr früh, aber das war erst der Anfang ihres Lernprozesses. Auf den täglichen Schweinewanderungen sammelte sie Erfahrungen über das Leben im Busch: Sie fand heraus, wo sie sich gefahrlos bewegen und wo sie etwas zu fressen finden konnte und, wie bei dem Erlebnis mit dem Frankolin und Knob-Nose, wie sie die Zeichen um sie herum zu deuten hatte. Vieles lief instinktiv ab, aber wie die meisten hochintelligenten Säugetiere musste sie auch noch eine Menge lernen.

Außer für ältere männliche Tiere spielt für Warzenschweine die Familie eine entscheidende Rolle. Die Rotte ist matriarchalisch strukturiert, wird von einer dominanten Bache angeführt und besteht aus miteinander verwandten weiblichen Tieren. Junge männliche Tiere werden meist verjagt, sobald der nächste Wurf Frischlinge das Licht der Welt erblickt, aber wenn die Keiler Glück haben, schließen sie sich ziemlich bald mit anderen jungen, umherschweifenden Junggesellen zusammen.

Irgendwie würde Poombi einen Partner finden, Junge bekommen und zusammen mit diesen eine eigene Rotte bilden müssen. Aber wie? Erstens interessierte sie sich nicht die Bohne für andere Warzenschweine. Wenn sie sie von weitem sah, ignorierte sie sie einfach, und wenn ihre Artgenossen zu nahe kamen, flüchtete sie sofort zu Abel, um bei ihm Schutz zu suchen. Irgendwann dämmerte es mir dann: Poombi hatte keine Ahnung, dass sie ein Schwein war. In besonders schrulligen Momenten stellte ich mir ein Gespräch mit ihr vor.

Poombi liegt mit geschlossenen Augen neben mir und wartet darauf, dass ich sie kraule.
»Poombi?«
»Mmmm?«, erwidert sie verträumt.
»Äh, du weißt doch, warum wir diese Wanderungen mit dir machen, oder?«
»Damit ich was Leckeres zu fressen finde, nehme ich an. Oder mich ordentlich im Schlamm wälzen kann. Und damit Abel was zu tun hat. Was sonst?«
»Na ja, das stimmt schon alles. Aber da gibt es noch etwas …«
»Was denn?« Ich spüre ihre Irritation und beeile mich, ihr den Bauch zu kraulen.
»Na ja, also, weißt du …«
»Nun spuck's schon aus!« Sie öffnet ein Auge und sieht mich damit herausfordernd an.
Der Augenblick ist gekommen.
»Tja, ich würde sagen, es wird allmählich Zeit, dass du dich wie ein richtiges Warzenschwein benimmst.«
»Wie bitte!?« Poombi springt auf. »Das soll wohl ein Witz sein! Ich soll mich benehmen wie diese hässlichen Geschöpfe? Mach dich nicht lächerlich!«
»Was glaubst du denn, was du bist?«
»Ein Labrador natürlich, du Dummkopf. Natürlich bin ich viel schöner als die anderen beiden, aber das ist nicht deren Schuld.«

Ich war froh, dass ich nicht diejenige war, die Poombi die Wahrheit eröffnen musste. Das würde wahrscheinlich der ausgewachsene Keiler besorgen, der, wie wir inständig hoffen, eines Tages kommen und ihr den Hof machen würde. Ich beneidete ihn nicht um die Aufgabe. Aber es gab noch ein anderes Problem: Wenn es so weit wäre und Poombi brünstig werden würde, wie würde irgendein Keiler es je schaffen, in ihre Nähe zu gelangen? Er würde es garantiert nicht dulden, dass Abel mit von der Partie war, aber Poombi würde zweifellos darauf bestehen, dass ihr Beschützer in der Nähe blieb.

Aber vorerst ging das Erziehungsprogramm weiter, und zwar nicht nur für Poombi, sondern auch für David. Bis Januar 1997 war das Leben unseres Sohnes ein reines Idyll. Wie Mogli lief er barfuß umher, und der gesamte Wildtierpark war sein Spielplatz. Wenn die Flussbetten ausgetrocknet waren, sprang er von den Ufern in herrliche, von der Sonne gewärmte Sandgruben. Auf dem Schoß von Agnes, unserer Wäscherin (die etwas von einer Hexe hatte), lernte er alles über wilde Beeren. Gemeinsam zogen sie los, um Beeren zu sammeln – Agnes stapfte in ihren überdimensionalen Turnschuhen mitten durch den Busch, während David sich an ihren Rücken klammerte.

Er lernte die Namen der Bäume auf Sindebele: *Umbumbulu* für den Milkwood-Baum, *uxakuxaku* – Geckenholzstrauch, *umqokolo* – Batokopflaume, und er beherrschte die komplizierten Klicklaute, die aus der uralten Sprache der Buschmänner stammen. Aber Aggie unternahm diese Expeditionen in den Wald nicht nur aus altruistischen Gründen.

Einmal traf ich sie mit verschränkten Armen allein unter einem Milkwood-Baum an.

»Wo ist David?«, fragte ich, denn ich wusste ganz genau, dass

die beiden wenige Stunden zuvor gemeinsam aufgebrochen waren.
Agnes machte eine Kopfbewegung in Richtung Baum. »*Isihlahla. Pezulu.*«
Sie sprach immer stur Sindebele mit mir, obwohl ihr klar war, dass ich kein Wort verstand.
»Ich bin hier, Mama!«
Und da hockte mein Sohn hoch oben im Baum, pflückte die gelben Früchte und sammelte sie für seine Lehrerin in einen Beutel.

Dann kam der 13. Januar. David wurde offiziell eingeschult, und ich wurde im Auftrag der Fernschule in Harare zu seiner Lehrerin. Wenige Wochen zuvor war ein ganzer Stapel Lehrmaterial bei uns eingetroffen. Das Zeug jagte mir eine Heidenangst ein. Für jemanden, der seit dem Alter von dreizehn Jahren jede Art von Mathematik gemieden hat, war es unvorstellbar, einem Kind das Rechnen beizubringen. Wahrscheinlich war mein Sohn in Mathematik ein ebensolcher Versager wie seine Mutter, und meine unbeholfenen Bemühungen würden die Sache nur noch schlimmer machen, sagte ich mir. Wahrscheinlich würde ich seine ganze Zukunft ruinieren, und er würde irgendwann, immer noch barfuß und unfähig, irgendeinen Job zu übernehmen, durch die Straßen von Harare streifen.
Aber die Leute von der Fernschule waren an den Umgang mit Idioten gewöhnt. Jeder Unterrichtstag war haarklein ausgearbeitet, einschließlich ausführlicher Anweisungen für den neuen »Lehrer«. Für den Tag eins im Rechnen war im Lehrplan das Zuordnen zu Gruppen vorgesehen. »Sagen Sie beispielsweise«, stand auf dem entsprechenden Bogen, »dass Ihr Vater Polo spielt. Dann gehört er zur Gruppe der Polo-

spieler.« Großartig. Das Material stammte aus einer Zeit von vor vierzig Jahren, als mein Vater durchaus ein Polospieler hätte sein können, aber die vielen Kinder im ländlichen Afrika, die derzeit in den Genuss des Fernunterrichts kamen, würden mit derartigen Beispielen schwerlich etwas anfangen können.

Auf den Seiten, die die Kinder mit Buntstiften und Wasserfarben ausmalen sollten, begegneten uns Janet, John und Dick in typischer Fünfzigerjahre-Kleidung und in Begleitung des Dackels Spot und des Katers Puff. David war natürlich noch klein und unbefangen genug, aber den Jugendlichen von 1997 wären diese Gestalten wahrscheinlich wie Außerirdische vorgekommen.

Mach dich nicht verrückt, sagte ich mir, als Tag eins anbrach, andere Mütter machen das schon seit Jahren. Die waren garantiert auch nicht alle geborene Lehrerinnen. Aber Tatsache war, dass die meisten es meiner Erfahrung nach tatsächlich waren.

Ich hatte ihre Klassenzimmer gesehen: ordentliche kleine Gartenhäuschen umgeben von wunderbaren Blumenbeeten, gefüllt mit Aktenschränken und Kisten voller »Materialien« (was für ein schreckliches Wort), die Wände beklebt (natürlich ordentlich) mit bezaubernden Zeichnungen oder Handarbeiten ihrer Sprösslinge. Sie gehörten zu dem Typ Frauen, die ein riesiges Farmhaus einschließlich Garten in Ordnung hielten, die gesamte Buchhaltung machten, die Kleider für ihre Kinder selbst nähten und phantastische Mahlzeiten zauberten. Heutzutage würden sie sich wahrscheinlich zusätzlich um ihre preisgekrönte Viehherde kümmern und auf der Auswahlliste für die Auszeichnung »Farmfrau des Jahres« stehen. Das Unterrichten würden sie ganz nebenbei erledigen.

Ich musste mich zusammenreißen. Um halb sieben marschierte ich in Davids Zimmer und zog beherzt den Vorhang auf. »Guten Morgen, mein Schatz«, flötete ich gut gelaunt. »Aus den Federn. Heute ist dein erster Schultag. Ist das nicht aufregend?«

Das war der von der Fernschule empfohlene Ansatz. »Präsentieren Sie Ihrem Kind die Schule als etwas Positives. Machen Sie ihm den Unterricht als etwas Begehrenswertes und Aufregendes schmackhaft.«

Im Bett tat sich überhaupt nichts. Vorsichtig legte ich eine Hand auf Davids Schulter und schüttelte ihn sanft.

»Aufstehen, mein Schatz. Du willst doch an deinem ersten Schultag nicht zu spät zum Unterricht kommen.«

Aber mein Schatz rührte sich nicht. Ich schlug die Bettdecke zurück, diesmal schon etwas weniger sanft. Schließlich war ich schon seit fünf Uhr auf, hatte in der Küche die Bücher und die Malkreiden zurechtgelegt und die Anweisungen noch einmal studiert. Ich zog David in eine sitzende Position und langte nach seinen Kleidern, aber als ich mich umdrehte, war er schon wieder aufs Kopfkissen gesunken, die Augen fest geschlossen.

»David, Herrgott noch mal, du musst aufstehen!«, schrie ich und brach die Grundregel der Erziehung: Du sollst ein Kind niemals anschreien. Aber er wollte einfach nicht aufstehen. Gegen neun kam er schließlich aus seinem Zimmer, aber bis dahin war ich vor lauter Frust in Tränen aufgelöst. Kein guter Anfang.

Auf Stone Hills gab es kein kleines Gartenhäuschen. Der einzige Ort, wo wir unseren Unterricht abhalten konnten, war unsere im Freien gelegene Küche, die so weit vom Haus entfernt war, dass ich mir keine Gedanken übers Kochen zu machen brauchte. Da wir unsere Mahlzeiten meistens in der

Lodge zu uns nahmen, war die Küche nie als solche benutzt worden, aber sie war ein idealer Lagerraum und diente neuerdings außerdem als Poombis Schlafplatz. Der Schreibtisch und zwei Holzstühle standen direkt neben ihrer Schlafkiste mit den Wolldecken.
Wie das Schicksal es wollte, war Abel an jenem Tag krank, und Poombi erwartete uns bereits im Garten. Und als sie sah, dass wir auf ihr Schlafgemach zustrebten, nahm sie selbstverständlich an, dass sie zu der Party eingeladen war. Natürlich war mir sofort klar, dass wir es nie ohne sie in die Küche schaffen würden. Kurzentschlossen hob ich David über die niedrige Tür, kletterte hinterher und ließ das beleidigte Schwein draußen stehen.
Ich weiß wirklich nicht, wie das bei Kindern funktioniert. Kaum hatte David den Stapel Bücher und die Wachskreiden entdeckt, fing er an zu gähnen. Ich bemühte mich, es zu übersehen.
»Also gut«, sagte ich so selbstbewusst wie möglich. »Fangen wir mit Rechnen an.«
In diesem Augenblick ertönte draußen ein grässliches Kreischen.
»Halt die Klappe, Poombi!« Ich beugte mich über die Tür und gab ihr einen Klaps auf den Hintern. »Jetzt mach, dass du wegkommst, und lass uns in Ruhe.«
Immer noch kreischend attackierte unser Warzenschwein die Küchentür wie ein spanischer Kampfstier und rammte sie immer wieder mit ihrem massiven Kopf.
»Sei doch nicht so gemein, Mama«, quengelte mein Sohn. »Sie will doch nur bei uns sein.«
Mir blieb keine andere Wahl. Ich öffnete die Tür, Poombi spazierte gemächlich herein, warf mir einen verächtlichen Blick zu und verzog sich still in ihre Kiste.

»Siehst du?«, sagte David. »Jetzt wird sie uns keinen Ärger mehr machen.«
Nach einer halben Stunde Rechnen war ich reif für das nächste Thema – und für eine Pause.
Ich ließ David zusammen mit seinem Schwein im Schulzimmer zurück, flüchtete ins Haus und starrte zu den Hügeln hinüber, bis ich genug Kraft geschöpft hatte, um die nächste Unterrichtsstunde in Angriff zu nehmen.
Zurück in der Küche nahm ich mir das Unterrichtsmaterial für das Fach Lesen vor und reichte David ein Blatt, auf dem John mit einem Schmetterlingsnetz dargestellt war.
»Das wird dir Spaß machen«, sagte ich. »Du brauchst nichts anderes zu tun, als das Bild auszumalen.«
Schweigen.
»Das geht nicht, Mama.«
»Ich bitte dich, David. Warum denn nicht?«
»Weil ...«, er zeigte anklagend auf das Warzenschwein, das seelenruhig kauend in seiner Kiste lag, »... Poombi alle Stifte aufgefressen hat.«

Kapitel 8

Frau benutzt Brüste als Nest

Anne-Mette Smette, eine 58-jährige ehemalige Hebamme, schätzt, dass das Küken in mehreren Wochen aus dem Ei schlüpfen wird. Sie hat beschlossen, es zwischen ihren Brüsten warm zu halten, selbst nachts, wenn sie schläft. Ein Bauer fand das Ei, vermutlich das eines Brachvogels, letzte Woche. Smette versuchte zunächst, es einer Henne unterzuschieben, konnte diese jedoch nicht zum Brüten überreden. Smettes Ehemann Knut hat Anweisung, die Brüste seiner Frau vorerst nicht mehr anzufassen, damit das Ei keinen Schaden nimmt. »Anschauen ist erlaubt, aber nicht berühren«, bemerkte er gegenüber der Tageszeitung Verdens Gang.

Ich fand den Artikel äußerst unbefriedigend. Wir werden nie erfahren, was wirklich wichtig gewesen wäre, zum Beispiel, ob das Küken je geschlüpft ist, oder ob es sich tatsächlich um das Ei eines Brachvogels handelte. Alles, was die internationale Presse interessierte, war die Tatsache, dass Frau Smette ihre Brüste zum Ausbrüten eines Vogeleis benutzte. Wie unglaublich banal. Ich hätte denen die Geschichte von

Kingsley Fisher schicken sollen, der abwechselnd zwischen Brüsten, in einer Hosentasche, zwischen Schenkeln und unter einem mächtigen Vollbart ausgebrütet wurde.
Seine Geschichte begann an einem Sommernachmittag, als wir gerade unsere zweite Tasse Tee tranken und Rich den Scoutbericht überflog.
»Nicht zu fassen!«, rief er plötzlich aus. »Frank schreibt, er hat ein Eisvogelnest in einer Erdferkelhöhle gefunden! Unser erstes Eisvogelnest!«
»Wie bitte?«
Rich lachte etwas verwirrt.
»Na ja, nicht direkt *in* der Höhle, aber in einer Seitenwand. Die Eltern graben einen Tunnel und legen darin ihre Eier.«
Er schob seine halb leere Teetasse über den Tisch und sprang auf.
»Ich bin weg. Über das Brutverhalten der grauköpfigen Eisvögel ist kaum etwas bekannt, und ich will dieses Nest ordentlich tarnen, bevor es irgendwelchen Räubern zum Opfer fällt.«
Ich konnte seine Eile gut verstehen. In all den Jahren, die er damit zugebracht hatte, Vogelnester zu beobachten und den Brutprozess zu dokumentieren, waren enorm viele Brutversuche erfolglos verlaufen, meist, weil die Eier oder Küken einem der zahlreichen Fressfeinde zum Opfer gefallen waren, Räubern wie der Boomslang, einer afrikanischen Baumschlange, der Schwarzen Mamba, anderen Vögeln, Affen, Zibetkatzen, Ginsterkatzen oder Mungos.
Vor dem Nest in der Erdferkelhöhle war kaum Aktivität zu beobachten, woraus Rich schloss, dass die Brut schon begonnen hatte. Er stellte seine Kamera auf ein Stativ, schaltete den Infrarot-Auslöser ein, der betätigt würde, sobald etwas die Lichtschranke kreuzte, und so bei Tag und Nacht festhalten

würde, wann die Vögel das Nest verließen und wieder zurückkehrten.

Er brauchte zwei Tage, um die Kamera und das ganze Drum und Dran aufzubauen, ohne die Tiere zu stören. Und am Morgen des dritten Tages, als er die letzten Vorkehrungen treffen wollte, musste er feststellen, dass der Eingang zu dem Eisvogeltunnel eingestürzt war.

Ich fand ihn im Büro, wo er gerade dabei war, seine Kameraausrüstung wieder zu verstauen.

»Und? Wer war diesmal der Übeltäter?«, wollte ich wissen.

»Ich nehme an, ein Mungo.« Er seufzte. »Aber ich hatte es schon kommen sehen. Wenn man bedenkt, welchen Gefahren sie ausgesetzt sind, grenzt es an ein Wunder, dass es überhaupt einem von diesen Vögeln gelingt, Junge großzuziehen. Aber immerhin war nicht alles umsonst. Die Nestkammer war unbeschädigt, und ich habe drei neue Eier für meine Sammlung.«

Er betastete seine Brusttasche. »Ach, verflixt, ich hab sie im Toyota gelassen. Ich werde mich später darum kümmern.«

Am Nachmittag wickelte Rich ein rosafarbenes, transparentes – offenbar unfruchtbares – Ei aus einem Knäuel Klopapier, bohrte ein Loch in jedes Ende und blies den Inhalt mit Hilfe eines kleinen, gebogenen Röhrchens heraus. Als Nächstes nahm er sich das Ei vor, das leicht beschädigt worden war, als er es ausgegraben hatte. Er bohrte Löcher hinein, blies, aber es kam nichts heraus. Ganz langsam brach das Ei auseinander, und zum Vorschein kam ein gerade noch lebendes Küken. Es bewegte sich ein bisschen, starb dann aber in Richs Hand.

»Das kann doch nicht sein!«, rief er bestürzt aus. »Die beiden Eier sind kreideweiß, und ich schwöre dir, sie waren eiskalt, als ich sie gefunden habe. Und dann haben sie vier Stunden lang im Handschuhfach des Toyota gelegen.«

Ich nahm das dritte Ei und hielt es Rich hin.
»Das bedeutet also …?«, sagte ich langsam.
»Ganz genau! Es könnte ein lebendes Küken enthalten. Wir müssen es ausbrüten. Halt es warm, bis ich alles vorbereitet habe.«
Er flitzte ins Bad und kam mit einem Wattebausch zurück, den er in ein leeres Filmdöschen stopfte. Nachdem er ein paar Luftlöcher in das Döschen gebohrt hatte, legte er das Ei vorsichtig hinein. Es war fünf Uhr: Zehn Stunden waren vergangen, seit Rich die Eier gefunden hatte, und wir hatten keine Ahnung, wie viele Stunden zuvor die Eisvogelmutter das Nest verlassen hatte. Rich drückte den Deckel auf das Filmdöschen und steckte es in die Brusttasche, um es warm zu halten. In jener Nacht schlief er mit dem Ei zunächst unter der Achsel, dann unter seinem Bart und schließlich zwischen den Schenkeln (ein wesentlich interessanterer Fall von »Anschauen, aber nicht berühren« für die internationale Presse).
Am nächsten Tag hatten wir ein Problem. Wir hatten etwas in der Stadt zu erledigen, und Rich würde ziemlich peinlich auffallen, wenn er mit einem Filmdöschen zwischen den Schenkeln herumwatschelte. Ursula erklärte sich bereit, das Ei solange zwischen ihren Brüsten zu wärmen, ein Angebot, das wir dankbar annahmen, und Nicki, die für die Aufgabe besonders gut geeignet war, meldete sich freiwillig für die Nachmittagsschicht.
Kaum waren wir wieder zu Hause, holte Rich das Filmdöschen bei Nicki ab, und wir alle drängten uns erwartungsvoll um ihn herum, während er vorsichtig hineinlugte. Als er aufblickte, leuchteten seine Augen.
»Ist das zu fassen? Es *klopft*. Es klopft tatsächlich!«
Er zeigte auf einen winzigen Riss in der Schale. »Seht euch das an, es wird bald schlüpfen.«

Die ganze Nacht lang wälzte Rich sich im Bett herum und schob das Döschen immer wieder in eine andere Position, weil sein Körper sich ständig verkrampfte. Schließlich, um Viertel nach neun am Abend des 19. November, erblickte Kingsley das Licht der Welt: Ein winziges, rosafarbenes Etwas hockte auf dem Wattebausch, kleiner als ein Daumennagel und nicht schwerer als 4,98 Gramm. Von jetzt an war Wärme noch wichtiger. Wenn irgendetwas diesen blinden, nackten Nestling töten konnte, dann war es Kälte.

Die erste Fütterung: 0,11 Gramm eines zermahlenen Grashüpfers am Ende einer spitzen Pinzette, die Rich dem Küken, nachdem er dessen Schnabel irgendwie aufbekommen hatte, vorsichtig in den Rachen stopfte. Rich ist unglaublich geschickt in diesen Dingen, er hat die langen, sensiblen Finger eines Chirurgen und eine endlose Geduld. Nach zwölf Fütterungen hatte Kingsley die verschwindend geringe Menge von 1,23 Gramm Grashüpferbrei intus und 0,48 Gramm an Gewicht zugenommen. Am nächsten Tag fütterte Rich ihn zwischen halb sieben Uhr morgens bis Viertel nach zehn am Abend fünfzehn Mal, und zwar mit den zerstoßenen Weichteilen von Grashüpfern und Termiten. Schon bald brauchte er nur noch ganz leicht Kingsleys Schnabel mit dem Finger zu berühren, und schon ging er weit auf.

Das Küken nahm zu und veränderte sich. Das erste Anzeichen für seine Entwicklung war eine dunkle Stelle am Schnabelansatz und am schuppigen Teil seiner Beine. Dann zeigten sich Pigmentpunkte, die Vorboten der Federn, auf der Oberseite seiner winzigen Flügel.

Eine Woche später, als die Federkiele durch die Haut brachen, sah er aus wie ein Igel, und zwei Wochen darauf war sein Federkleid fertig. Er stieß seinen ersten Ruf aus, ein leises »Tschirr«, begleitet von heftigem Kopfrucken in Erwar-

tung der nächsten Fütterung. Er gewöhnte sich an, bei den Mahlzeiten auf Richs Finger zu hocken, mit den Flügeln zu schlagen und um Futter zu betteln, genauso, wie er es bei seinen leiblichen Eltern gemacht hätte. Achtundzwanzig Tage, nachdem er geschlüpft war, unternahm er seinen ersten Flugversuch – eineinhalb Meter weit durch das Büro.
Von da an durfte er sich tagsüber im Büro frei bewegen, während er die Nächte in einem kleinen Vogelkäfig verbrachte. Leider verpasste ich das meiste, weil ich mit David in Australien war, um meine Eltern zu besuchen, aber als ich zurückkam, hatte Rich alles minutiös dokumentiert – und zwar nicht nur alle wichtigen statistischen Werte. Er hatte jede Menge Bleistiftzeichnungen von Kingsleys körperlichen Fortschritten angefertigt und extra für mich ein Aquarell von unserem Eisvogel im jugendlichen Federkleid gemacht, wie er mit schief gelegtem Kopf einen Grashüpfer beäugt.

Während unserer Abwesenheit hatte Rich unbedingt etwas gebraucht, um sich abzulenken, denn wenige Tage vor unserer Abreise hatten wir die Nachricht bekommen, die wir am meisten fürchteten. Zum Zeitpunkt des Kaufs hatte die Regierung keinerlei Interesse an unserem Land gezeigt, und nun hatten sie es sich plötzlich anders überlegt. Stone Hills und weitere 1470 private Farmen überall in Simbabwe sollten zwangsenteignet werden. In dem schönen kleinen Gemeindesaal in Figtree gab es nur Stehplätze, als grimmig dreinblickende Farmer aus der Umgebung sich versammelten, um sich anzuhören, welche Konsequenzen die verblüffende Entscheidung der Regierung für sie haben würde. Schweigend hörten wir zu, als Dr. Jeremy Fields von der »Commercial Farmer's Union« uns den »Land Acquisition Act« erläuterte. Innerhalb von dreißig Tagen konnten wir Einspruch erheben, erklärte er uns, und dann hatte die Regierung elf Monate Zeit, um sich zu überlegen, ob man dem Einspruch stattgeben oder die Zwangsenteignung durchführen würde. Schlimmstenfalls konnte es passieren, dass auf den Einspruch hin sofort die Enteignung angeordnet wurde.

»Wir rechnen eigentlich nicht damit, dass sie so vorgehen«, sagte Dr. Fields, »aber sollten sie es doch tun, dann bedeutet das, dass Ihr Land sofort an die Regierung fällt und dass alle bis auf den Eigentümer das Land sofort verlassen müssen.«

»Und wie viel Zeit bekommen wir?«, rief jemand von hinten.

»Drei Monate. Dann müssen auch Sie das Grundstück räumen.«

Wütendes Gemurmel erfüllte den Saal.

Ein älterer Mann stand auf. Das Sonnenlicht, das durch das Fenster hinter ihm fiel, ließ sein weißes Haar leuchten und die tiefen Falten in seinem sonnengegerbten Nacken hervortreten.

»Hören Sie«, sagte er mit bebender Stimme. »Mein ganzes Leben habe ich auf meiner Farm verbracht. Ich baue Getreide an, züchte Vieh und habe jede Menge Milchkühe. Man hat uns gesagt, die Regierung sei nur an nicht oder ungenügend bewirtschaftetem oder aufgegebenem Land interessiert. Und jetzt? Was ist passiert?«

»Ich wünschte, ich könnte Ihnen darauf eine Antwort geben«, erwiderte Dr. Fields. »Die offiziellen Kriterien sind uns bekannt, aber Tatsache ist, dass es sich bei fast allen hier aufgelisteten Farmen um äußerst produktive Unternehmen handelt.«

Zwischendurch wanderte mein Blick immer wieder zu der Landkarte hin, die an einer Wand aufgehängt war. Die betroffenen Farmen waren grau schraffiert, und von meinem Platz

aus sah es so aus, als wäre so gut wie jede Farm im Distrikt Marula betroffen.
Dann wollte jemand wissen, warum die Regierung plötzlich das ganze Land haben wollte. Dr. Fields nahm einen dünnen hölzernen Zeigestock und richtete ihn auf die Landkarte.
»Dieses Gebiet«, sagte er und umkreiste den Distrikt Figtree mit der Spitze seines Zeigestocks, »ist für die Umsiedlung bestimmt, aber der größte Teil von Marula, vor allem das Farmland in der Nähe der Hauptstraße, ist als Truppenübungsgebiet vorgesehen.« Der Stock wanderte von Figtree aus nach Südwesten und umkreiste ein riesiges Gebiet, in dessen Zentrum Stone Hills lag.
Mir war, als würde mir ein Dolch ins Herz gestoßen. Monatelang hatte ich Albträume von einheimischen Bauern gehabt, die überall auf der Farm Fallen aufstellten, aber im Vergleich zur Armee erschienen sie mir regelrecht als willkommene Freunde. Bei dem Wort »Armee« musste ich an reihenweise grüne Zelte denken, an mit Maschinenpistolen bewaffnete Männer in Tarnanzügen, an Schießübungen, an Essensrationen, an Fleischbrocken, die zum Trocknen an zwischen Bäumen gespannten Drähten hingen. Armee war gleichbedeutend mit totaler Verwüstung unseres Landes.
Ende November flog ich nach Australien und ließ Rich mit der Aufgabe zurück, einen detailliert begründeten Einspruch zu formulieren, von dem wir jedoch bezweifelten, dass die Regierung ihn akzeptieren würde. In jenen fünf von Angst bestimmten Wochen sorgte Kingsley dafür, dass Rich weder den Verstand verlor noch in tiefe Depressionen verfiel. Glücklicherweise sollte sich wenig später herausstellen, dass unserem Einspruch stattgegeben wurde. Stone Hills gehörte weiterhin uns. Vorerst.
Als David und ich nach Stone Hills zurückkehrten, hatte

Kingsley gelernt, seine Beute in typischer Eisvogelmanier zu erlegen. Er schlug die Grashüpfer gegen Richs Finger, um sie weich zu klopfen, und zwar so lange, bis die Beine in alle Richtungen flogen. Erst dann machte er sich über die verdaulicheren Teile her. Wie Eulen und andere Raubvögel müssen Eisvögel die unverdaulichen Teile ihrer Beute, das Gewölle, regelmäßig auswürgen. Wenn man nicht wüsste, was da passiert, würde man bei dem Anblick einen Schrecken bekommen. Kingsley reckte immer zuerst den Hals vor und riss dann den Schnabel so weit auf, als wäre er drauf und dran zu ersticken. Schließlich, wenn es so aussah, als würde er diesmal wirklich tot von der Stange fallen, machte er einen kurzen Ruck mit dem Kopf, und heraus kullerte eine kleine, harte Kugel. Nachdem das erledigt war, machte er es sich wieder bequem, die Federn zufrieden geplustert.

Wir hatten uns vorgenommen, ihn im Januar in die Freiheit zu entlassen, aber zwei Wochen extrem kühlen und nassen Wetters durchkreuzten unsere Pläne. Als endlich die Sonne wieder durch die Wolken brach, stellte Rich den Vogelkäfig auf die Veranda. Ich öffnete das Törchen, und während Rich filmte, hüpfte Kingsley heraus und schoss flügelschlagend wie ein leuchtend blau-violetter Blitz in den Garten. Zum Glück flog er nicht sehr weit weg. Wir folgten ihm von Baum zu Baum, sahen zu, wie er konzentriert auf den Boden starrte, dann den Kopf schief legte, um sein Ziel genau zu fixieren, und sich dann mit tödlicher Präzision auf einen Grashüpfer stürzte – seine erste Mahlzeit unter natürlichen Bedingungen. An diesem Abend bezog er in der Nähe unseres Schlafzimmerfensters Stellung und ließ sich nach Sonnenuntergang von Rich einfangen, so dass er die Nacht in seinem Käfig verbringen konnte, gut geschützt vor den beiden Schleiereulen, die nachts von unserer Veranda aus auf Jagd gingen.

Natürlich war uns klar, dass Kingsley völlig auf Rich konditioniert war, dem Einzigen, von dem er je elterliche Fürsorge erfahren hatte. Allerdings akzeptierte ihn der Vogel nicht bedingungslos. Wenn Rich sich ihm mit ausgestreckten Armen näherte, ergriff er sofort ängstlich die Flucht. Aber wenn er die Arme auf dem Rücken verschränkte, den Kopf senkte, mit gespitzten Lippen leise Laute von sich gab und ganz langsam vorwärts ging, lugte Kingsley liebevoll durch Richards Brillengläser und ließ sich bereitwillig in die Hände nehmen oder sogar mit einem Schmetterlingsnetz fangen, das sich sanft über ihn stülpte. Das Einzige, was Kingsley an Richard liebte, war das vertraute Gesicht mit der Brille und dem Methusalembart.
Es dauerte aber nur ein paar Tage, bis Kingsley sich abends nicht mehr einfangen ließ. Von da an richtete er sich nachts immer auf einem der Bäume vor unserem Schlafzimmerfenster ein, ganz in der Nähe des Vogelbads. Wenn Rich morgens aufwachte, öffnete er als Erstes das Fenster und stieß seinen Eisvogelruf aus, woraufhin Kingsley sofort antwortete und eine eindrucksvolle Schleife flog. Er fing seine Beute jetzt selbst, aber wir hielten stets einen ausreichenden Vorrat an Grashüpfern parat.
Uns war bewusst, dass er schon in wenigen Tagen den unwiderstehlichen Drang verspüren würde, in Richtung Norden zu wandern. Bevor wir ihn freiließen, befestigte Rich einen Ring mit einer Nummer an einem seiner Beine. Der Ring war zwar ein bisschen groß, schien den Vogel jedoch nicht weiter zu stören. Beringte Vögel werden hin und wieder gefangen, und sie liefern mitunter faszinierende Erkenntnisse. Von einem Graukopf-Eisvogel wurde auf diese Weise nachgewiesen, dass er 1430 Kilometer weit von Malawi nach Zaire geflogen ist, ein anderer hat 1750 Kilometer von Äthiopien

bis Kenia zurückgelegt. Man sollte annehmen, dass die Eltern ihre gerade flügge gewordenen Jungen mitnehmen, aber weit gefehlt. Junge Graukopf-Eisvögel treten ihre Wanderung bis zu zwei Wochen später an als ihre Eltern, und zwar ganz allein, aber offenbar mit einem genetischen Programm, das ihnen sagt, wohin sie fliegen müssen. Sie wandern nachts, was das Ganze noch erstaunlicher macht. Leider fühlen sie sich allerdings von Licht angezogen, so dass viele von ihnen in Städten an den Gebäuden zerschellen.

Es gibt eine seltsame Legende über Eisvögel. Die alten Griechen glaubten, sie würden auf dem Meer in schwimmenden Nestern gezeugt und dass die Götter extra zu diesem Zweck für ruhiges Wasser sorgten.

Am 8. April war Kingsley verschwunden, und wir nehmen an, dass er seine Abreise auf eine Nacht kurz vor Vollmond gelegt hat. Im Vogelbuch hatten wir gelesen, dass die Grauköpfe im April, selten im Mai aufbrechen, möglicherweise wäre er also zu spät dran gewesen, wenn er auf den nächsten Vollmond gewartet hätte.

Die schöne Zeit mit Kingsley war also vorbei. Anfang September hielten wir Ausschau nach ihm, aber der Sommer kam und ging ohne ihn. Wer weiß? Vielleicht hatte er in jenem ersten Jahr kein Weibchen gefunden, oder er hatte sich an einem anderen Ort gepaart und würde, da diese Vögel monogam leben, für immer dort bleiben – was auch immer das bedeutet für solch gefährdete Vögel. Oder vielleicht kommt er in diesem Sommer zurück, trällert sein Lied vor unserem Schlafzimmerfenster und geht auf die Jagd nach Grashüpfern. Das hoffen wir zumindest.

Kapitel 9

Hunde blicken zu uns auf,
Katzen blicken auf uns herab, aber Schweine
betrachten uns als ebenbürtig.
Winston Churchill

Die Schweinewanderungen waren ein voller Erfolg, aber leider würden wir Poombi nicht mehr lange in der Nähe der Lodge halten können. Obwohl sie ganz verrückt nach den Köstlichkeiten war, wie Schokoladenkuchen und alle möglichen Küchenabfälle, die sie dort abstauben konnte, wurde sie unseren Gästen gegenüber zunehmend unleidlicher. Es wurde allmählich Zeit, dass wir einen Ort fanden – und zwar einen möglichst weit von der Lodge entfernt gelegenen –, wo wir unser Warzenschwein wieder in seine natürliche Umgebung eingliedern konnten.

Sie umzusiedeln würde keine leichte Aufgabe werden. Wie ich inzwischen wusste, sind Warzenschweine sehr bodenständige Tiere, die ihrem angestammten Wohnsitz häufig ein Leben lang treu bleiben. Wenn Poombi wie ein normales Warzenschwein leben sollte, würden wir sie in ein ganz anderes Gebiet verfrachten müssen, wo sie sich ihr eigenes Territorium erobern konnte. Aber der Plan würde uns mit einer ganzen Reihe von Problemen konfrontieren. Erstens würde sie überhaupt nicht wegwollen. Zweitens würden wir eine ganz spezielle Stelle finden müssen, die ihr nicht nur Schutz, sondern auch ausreichend Wasser und Nahrung bot, und die nicht zu nah am Zaun lag, wo sie allzu leicht irgendwelchen Wilderern und deren Hunden zum Opfer fallen konnte. Drittens fragten wir uns: Wie sollten wir sie, wenn wir uns erst einmal für einen Ort entschieden hatten, dazu bringen, dort zu bleiben?

Nach monatelangem Kopfzerbrechen fanden wir schließlich eine Lösung. Wir schickten alle unsere sieben Scouts mit dem Auftrag los, eine ordentliche Erdferkelhöhle in einer akzeptablen Umgebung zu finden. Einen Tag später kam Scout Billiard Mudenda zurück.

»Ich habe eine passende Wohnung für Poombi gefunden«, verkündete er. »Eine große Höhle zwischen ein paar Bäumen am Matanje River.«

Nachdem wir die Höhle besichtigt hatten, kamen wir zu dem Schluss, dass sie wirklich die perfekte Lösung darstellte. Die Höhle lag, geschützt vor Wind und Wetter, hinter der Uferböschung, sie besaß zwei Ausgänge, und wenn wir ein paar kleinere bauliche Veränderungen vornahmen, würde unser Schwein es dort warm und gemütlich haben. Am Flussufer würde Poombi immer genug zu fressen finden, und falls das Flussbett im Sommer austrocknen sollte, konnten wir ihr einen Wassertrog hinstellen.

Zwei Tage später schickten wir ein paar Männer mit Hühnerdraht, Eisenstangen und Grasbüscheln los, und kurz darauf stand eine Villa am »Pig Corner«, ein hübsches kleines, um die Erdferkelhöhle herum erbautes Anwesen mit einem strohgedeckten Haus und einer Falltür im Zaun, die verhinderte, dass Poombi entwischte oder Leoparden hereinkamen.

Eigentlich hätte ich mich freuen sollen, aber plötzlich widerstrebte mir die ganze Sache. Es hatte tagelang geregnet, und ich benutzte das schlechte Wetter als willkommenen Vorwand, um den Umzug so lange wie möglich hinauszuzögern.

2. März

Ein klarer, sonniger Morgen. Ich rufe Poombi und lege eine Spur aus Trockenfutter bis zur Ladefläche des Toyota. Kein Problem. Sie reist gern, seit wir sie als Frischling oft auf Safari-Touren mitgenommen haben. Abel und ich, jeder eine Tüte Trockenfutter unterm Arm, steigen in den Wagen, dann schlägt Rich die Heckklappe zu, und wir fahren zum Matanje River. Dreieinhalb Kilometer von der Lodge entfernt steigen wir aus, und ich halte Poombi die Tüte mit dem Trockenfutter vor die Nase. Als sie sich schnüffelnd vorbeugt, heben Rich und Abel sie vorsichtig aus dem Wagen.

Mit etwas Trockenfutter in der Hand locke ich sie in Richtung Uferböschung bis in Sichtweite ihres neuen Domizils. Sie bleibt stehen, hebt den Kopf und betrachtet es argwöhnisch. Ich lege mich ins Zeug, umschmeichle und becirce das Warzenschwein, bis ich mir vorkomme wie eine schmierige Immobilienmaklerin, die verzweifelt versucht, ein halb verfallenes Haus zu verkaufen.

»Sehen Sie sich das an, Madame! Dies sind die berühmten Matanje-Holiday-Apartments. Sie mögen vielleicht von außen etwas renovierungsbedürftig wirken, aber ich garantiere Ihnen, die Inneneinrichtung strahlt einen dekadenten Charme aus.«

Poombi folgt Abels ausgestreckter Hand durch das klei-

ne Tor, dann nähert sie sich auf Knien der Höhle. Sie schiebt den Kopf in die Öffnung, streckt den Hintern in die Luft und verharrt, anscheinend in Gedanken vertieft, eine Weile in dieser Position. Dann plötzlich zieht sie ihren Kopf aus dem Loch, dreht sich um und starrt mich an.

»Wie bitte, Madame? Ein dunkles Loch? Aber ich bitte Sie! Kellerapartments sind neuerdings der letzte Schrei – warm im Winter, kühl im Sommer – und mit den beiden Flügeln sind sie ideal für eine Familie mit Kindern.«

Aber ich sehe, dass sie das Interesse verliert.

»Darf ich Sie auf den entzückenden Garten aufmerksam machen, rundherum eingezäunt und mit einem sicheren Tor versehen, nicht zu vergessen der phantastische Ausblick, der private Swimmingpool samt Schlammbad, und die vorzüglichen Restaurants! Nicht so hastig, Madame, kommen Sie zurück, kommen Sie zurück …!«

Aber Poombi ist verschwunden, und ich muss mich damit abfinden, dass wir ein lieb gewonnenes Familienmitglied dazu verdammen, in einem Erdloch zu hausen, und zwar wahrscheinlich lebenslänglich.

Wir reichen Abel den roten Futternapf und die Tüte mit dem Milchpulver. Um 18:00 Uhr werden wir ihn abholen, in der Hoffnung, dass er es bis dahin geschafft hat, Poombi in die gefürchtete Höhle zu locken und das Tor hinter ihr zu verriegeln.

Es funktionierte. Am nächsten Morgen stieg Abel auf sein Fahrrad, und als er um halb sieben bei den Matanje-Holiday-Apartments eintraf, stand Poombi irritiert am Tor – glücklicherweise aber immer noch auf der richtigen Seite. Die beiden verbrachten den ganzen Tag damit, das Flussufer zu erkunden. Jedes Mal, wenn Abel den Eindruck hatte, dass Poombi an zu Hause dachte, lenkte er sie mit ein bisschen Trockenfutter ab, und schon trottete sie wieder brav hinter ihm her. Ich hielt mich absichtlich fern, denn wenn sie sich von uns entwöhnen sollte, war es besser, wenn sie uns so wenig wie möglich sah. Jeden Tag brachte ich Abel sein Mittagessen, aber ich stellte es an einer verabredeten Stelle ab und fuhr wieder los, bevor die beiden mir über den Weg laufen konnten. Abends, wenn er zurückgeradelt kam und sein Fahrrad in der Garage abstellte, wartete ich schon ungeduldig auf seinen nächsten Bericht. Abel hatte den Eindruck, dass alles gut lief; bei den Spaziergängen, die er täglich mit Poombi am Fluss entlang unternahm, entdeckten die beiden immer wieder neue interessante Stellen. Bisher waren sie nur wenigen anderen Warzenschweinen begegnet, und keins davon hatte versucht, Poombi ihre Höhle streitig zu machen. Und wenn es darum ging, sich zwischen dem langen Weg nach Hause und einer Handvoll Trockenfutter zu entscheiden, war die Verlockung des Leckerbissens jedes Mal größer gewesen. Am sechsten Tag nach Poombis Umsiedelung saß ich um acht Uhr abends im Wohnzimmer und versuchte lustlos, etwas Ordnung in das Chaos unserer monatlichen Rechnungen zu bringen. Plötzlich hörte ich einen Wirbelwind durch die Dunkelheit rasen, und im nächsten Augenblick stürmte ein Warzenschwein durch die Haustür und schaffte es gerade noch, vor meinen Füßen anzuhalten – die Worte »Ich bin wieder zu Hause« ins triumphierende Gesicht geschrieben. Ich sprang auf, warf Poombi den Stapel Papiere an den Kopf, stampfte mit den Füßen auf und schrie: »Raus! Raus!« Das war auf keinen Fall die Art von Begrüßung, mit der sie ge-

rechnet hatte. Wütend zerfetzte sie das Buch mit den Februarabrechnungen, drehte sich einmal um ihre Achse und rannte wieder hinaus.
Kaum war sie draußen, bereute ich natürlich meine Reaktion. Poombi war inzwischen in die Küche gesaust und in ihre alte Kiste gesprungen. Während David ihr den Bauch kraulte, traf ich hastig ein paar Vorsichtsmaßnahmen, verrammelte die Kühlschranktür mit einem Stapel Ziegelsteinen und brachte Davids Schulbücher und Wachskreiden in einem verschlossenen Hängeschrank in Sicherheit. Am nächsten Morgen entdeckten wir, dass Poombi herausgefunden hatte, wie man das Tor am Zaun ihres neuen Heims von innen öffnete. Kaum in Freiheit, hatte sie eine gefährliche Wanderung unternommen. Noch nie war sie die dreieinhalb Kilometer bis zum Haus gelaufen, erst recht nicht allein im Dunkeln, und ein einsames, von Heimweh getriebenes Schwein wäre eine leichte Beute für einen Leoparden gewesen. Wir durften nicht zulassen, dass das noch einmal passierte. Wir verfrachteten sie zurück nach Pig Corner, verstärkten das Schloss am Tor, und von da an gab es nie wieder einen Ausbruch. Als Abel seinen wohlverdienten Urlaub antrat, hatte Poombi sich eingewöhnt.
Da meine neue Rolle als Lehrerin mich voll in Anspruch nahm, konnte ich die Schweinewanderungen nicht übernehmen, und so musste einer unserer Scouts Abel vertreten. Poombi war äußerst wählerisch und machte die Sache ziemlich kompliziert. Nur zwei von unseren Scouts ließ sie – widerwillig – in ihre Nähe: Billiard, der die Höhle am Matanje entdeckt hatte, und Frank Mpofu. Vor allem Billiard gegenüber führte sie sich unmöglich auf. Wenn sie morgens aus ihrem Haus kam, begrüßte sie ihn mit einem gereizten Kreischen, und manchmal bemerkte ich, wie sie ihn »versehentlich« mit einem ihrer Hauer am Bein streifte, wenn er an ihr

vorbeiging. Zum Glück jedoch nahm Billiard von dieser Art Beleidigungen keinerlei Notiz. Frank ließ sie eine etwas huldvollere Behandlung zukommen, aber auch ihn wird die begeisterte Begrüßung irritiert haben, mit der Abel bei seiner Rückkehr empfangen wurde.

Zum Glück stellte die Betreuung von Poombi nur einen kleinen Teil von Billiards und Franks Pflichten dar. Zusammen mit fünf weiteren Scouts mussten die beiden in regelmäßigen Abständen das gesamte Farmgelände ablaufen, unsere Gäste zu Fuß oder im Geländewagen auf Ausflügen begleiten, die Zäune kontrollieren und instand halten, Bericht erstatten, wenn irgendwelche Jungtiere geboren wurden oder irgendein Tier verendet war, und sich bei verschiedenen, von Rich initiierten und überwachten Forschungsprojekten engagieren.

Keiner von ihnen hatte eine formelle Ausbildung, aber mit der Zeit waren sie alle auf jeweils einem bestimmten Gebiet zu Spezialisten geworden. Frank ist der »Vogelmann«, der beispielsweise das winzige, tassenförmige Nest einer Baumklapperlerche in einem dicken Grasbüschel entdeckt, das wir anderen übersehen und zertrampeln würden. Er spricht und bewegt sich unglaublich langsam, und es hat überhaupt keinen Zweck, ihn zur Eile antreiben zu wollen. Einen Ausruf wie: »Ja, genau, das habe ich letzte Woche schon gesehen! Gibt's sonst noch was Neues?«, hört er sich mit stoischer Ruhe an, nur um dann in demselben Tempo fortzufahren. Aber es lohnt sich, ihm zuzuhören, denn ihm entgeht fast nichts. Er kann stundenlang reglos verharren, um einen Vogel zu beobachten, bis dessen Verhalten ihm verrät, wo sich sein Nest befindet. Und wenn Frank das Nest erst einmal entdeckt hat, überwacht er es Tag für Tag, hält alles fest, was er sieht, bis die Küken flügge sind oder, was leider häufig geschieht, einer Ginsterkatze oder einer Boomslang oder einem anderen Nesträuber zum Opfer fallen.

Frank war der Erste, der die leuchtend blauen Pilze zwischen einigen Grasbüscheln auf dem Pundamuka Vlei entdeckte, die sich als eine bisher unbekannte Spezies entpuppten. Und er ist der Einzige, der es wagt, den äußerst seltenen und gefährlichen *Synadenium* oder Totenbaum zu berühren.

»Auf Sindebele nennen wir den Baum *umdhlebe*, der mit den Ohren«, erklärte er uns. »Es heißt, er würde schreien wie eine verwundete Antilope, und wenn man sich zu nahe an den Baum heranwagt, wird man von der Mamba getötet, die sich in seinem Laub versteckt. Selbst Vögel fallen tot zu Boden, wenn sie zu dicht an der Krone vorbeifliegen.«

Alle unsere afrikanischen Angestellten, die diese Baumart kannten, bestätigten Franks Geschichte. Also fragten wir ihn, warum er so mutig war.

»Mein Großvater war ein *n'anga*, ein Medizinmann. Er wurde hier auf diesem Land geboren, und er hatte keine Angst vor dem *umdhlebe*.« Frank lächelte träge. »Und ich habe auch keine. Er hat das Harz des Baums mit anderen *mutis* gemischt und damit Geschwüre geheilt.«

Jeder Scout kümmert sich um ganz bestimmte Tiere. Frank ist für Vögel, Warzenschweine und Buschschweine zuständig. Richard Mabhena beobachtet Geparden, Leoparden und Hyänen. Andere halten uns auf dem Laufenden über Gemsantilopen, Rappenantilopen und Wasserböcke und andere Antilopenarten. Jabulani Khanye berichtet uns darüber, wo unsere zahmen Elenantilopen äsen.

Jeden Abend teilen sie Mafira, unserem Chefscout, ihre Beobachtungen mit, und Mafira fasst alles in einem schriftlichen Bericht zusammen, den er per Fahrrad bei uns abliefert. Der erste Bericht besteht aus einer Liste der an einem Tag gesichteten Tiere: ihre Anzahl, das Geschlechterverhältnis, die Tageszeit und die Koordinaten. Dann folgen interessante Beobachtungen wie: »Gepard, erwachsenes Weibchen, reißt einen Impala« oder: »Die Spur einer Hyäne entdeckt, die ein Hinterbein einer Antilope hinter sich herschleppte« oder: »Schleifspur auf der Dibe Road verfolgt; einen Honigdachs aufgeschreckt, der gerade eine Python fraß, die kurz zuvor einen Dassie verschlungen hatte«. Einem erfahrenen Spurenleser enthüllt sich so vieles. Um bestimmte Raubtiere identifizieren zu können, messen die Scouts den Abdruck der Hinterpfote mit einem Grashalm und fertigen dann eine maßstabgetreue Zeichnung für den täglichen Bericht an.

Einige der besten Scoutberichte handeln von Poombis plötzlichem Verschwinden, als sie sich auf die Suche nach einem Liebhaber gemacht hatte, ein Einfall, der ihr zu Billiards Pech ausgerechnet zu der Zeit kam, als er Ende April auf sie aufpassen musste.

»Das zahme Warzenschwein ist gestern Abend nicht in seinen Stall zurückgekommen«, hieß es in einem Bericht.

Und einige Tage später: »Poombi ist nicht in ihren Schweinestall zurückgekehrt.«

Ich nehme an, Poombi wäre nicht erfreut gewesen, wenn sie gehört hätte, dass man ihre Villa als Schweinestall bezeichnete …

Die genaueren Umstände ihrer Eskapade sind in meinem Tagebuch festgehalten:

27. April

Poombi ist wenig begeistert über Billiard. Sie wacht in einer ungewohnten, rastlosen Stimmung auf, so als wäre sie auf der Suche nach etwas. Lässt Billiard in der Nähe zu Unwins Farm stehen, und er kommt keuchend zum

Haus gerannt, um uns Bescheid zu sagen. Mittags berichtet Jealous, dass er Poombie gesehen hat, immer noch in der Nähe des Zauns, aber etwa fünf Kilometer weiter nordöstlich. Ich mache mir Sorgen, dass sie unter dem Zaun durchkriecht und nie wieder kommt.

28. April

Sie verbringt die Nacht nicht in ihrem Haus, aber Billiard findet sie am frühen Morgen in der Nähe des Elenantilopen-Geheges, und die beiden gehen gemeinsam zurück zum Fluss. Als ich Billiard sein Mittagessen bringe, habe ich die Fenster am Wagen hochgekurbelt und den Motor laufen lassen (kommt mir im Nachhinein lächerlich vor – als hätte sie nicht genau gewusst, dass wir da waren). Sie lahmt ein bisschen am linken Hinterbein, aber ansonsten alles in Ordnung. Wie gern würden wir unser Schwein knuddeln! Billiard versucht, sie mit Trockenfutter in der Nähe zu halten, aber ich habe ihm gesagt, er soll sich keine Mühe machen. Prompt marschiert sie wieder los, in Richtung Nordosten. Auf der Suche nach einem Keiler.

29. April

Poombi hat mal wieder die ganze Nacht einen draufgemacht. Um 8:20 Uhr eine Stippvisite in der Schweinevilla, und gleich wieder los. Im Scoutbericht steht: »Der Keiler ist gekommen und hat das zahme Schwein mitgenommen.«

Die Scouts überprüfen den Grenzzaun regelmäßig, aber es gibt keine Anzeichen dafür, dass sie abgehauen ist.

Ziemlich verlegen, aber pflichtbewusst wie er ist, be-

richtet Billiard zögernd, es sehe so aus, als hätte sie sich gepaart. Vielleicht gibt es ja Mitte Oktober einen Wurf Frischlinge!

30. April

Offenbar hat sie die Nacht in den Matanje-Holiday-Apartments zusammen mit einem Lover verbracht. Ich frage mich, wie viele sie wohl hat.

Am 2. Mai war Poombi seit sechs Tagen ein freies Schwein. Zwar war sie mehrmals in Begleitung eines Keilers gesichtet worden (vielleicht waren es auch verschiedene Keiler, denn Warzenschweine sind nicht unbedingt monogam), aber anscheinend wanderte sie die meiste Zeit allein umher und zeigte kein Interesse daran, in ihr altes, behütetes Leben zurückzukehren. Monatelang hatten wir uns immer wieder besorgt gefragt, wie sie einen Paarungspartner finden sollte, wenn es so weit war. Natürlich waren wir davon ausgegangen, dass die Keiler sich für sie interessieren würden, sobald die Brunstzeit kam, hatten jedoch befürchtet, dass, solange sie die Nähe von Menschen suchte, keine Paarung zustande kommen würde. Aber Poombi hatte sich offenbar überhaupt keine Gedanken zu diesem Thema gemacht. Als es so weit war, hat sie die Sache auf ihre übliche spontane Art gelöst. Anstatt ihre Zeit mit dem Warten auf einen Freier zu vergeuden, ist sie einfach losgezogen und hat sich einen gesucht, und sie hat sich auch nicht davon abschrecken lassen, dass sie noch nie allein im Busch unterwegs gewesen war und an fremden, unbekannten Orten übernachten musste.

Nur wenigen war bisher das Glück beschieden, die Paarungsrituale von Warzenschweinen beobachten zu dürfen. Wenn der Keiler sich eine Bache ausgesucht hat, trottet er hüftschwingend und mit gesenktem Schwanz hinter seiner Angebeteten her und lässt seinen *chant-de-cœur* – Herzensgesang – in Form lauter, rhythmischer Grunzlaute erklingen, der sich angeblich anhört wie ein Automotor im Leerlauf. Wir fragten uns, ob Poombi jemals zurückkehren würde, nachdem sie gelernt hatte, wie viel Spaß das Leben bieten kann.

Am siebten Tag waren David und ich gerade dabei, die Schulsachen aufzuräumen, als wir draußen etwas klappern hörten. Und siehe da, am Tor stand die treulose Poombi! Ziemlich zerzaust und reuelos begrüßte sie uns mit einem fröhlichen Grunzen. Ich fand, sie wirkte wirklich wie ein promiskes Weib.

Ohne die geringste Verlegenheit lief sie in den Garten und trottete herum, um sich davon zu überzeugen, dass alles noch genauso war, wie sie es vor zwei Monaten hinterlassen hatte. Unter einem Strauch fand sie sogar den alten Schuh und hielt ihn Nandi hin, um sie zum Tauziehen aufzufordern. Dann holte David meine französische Lockenbürste und begann, sehr zu Nandis Verdruss, Poombis Fell zu bürsten. Das Warzenschwein räkelte sich genüsslich auf dem Boden, während David geduldig seine verfilzte Mähne striegelte.

Nach dem Tee luden wir Poombi auf den Toyota und verfrachteten sie zurück in ihre Villa. Im Rückspiegel sah ich, wie sie sich völlig entspannt von jeder Bewegung des Wagens schaukeln ließ. Billiard brachte sie an dem Abend zu Bett, aber während des morgendlichen Spaziergangs am nächsten Tag entwischte sie ihm, als sie einem Keiler begegneten, der sie fast den ganzen Weg zurück zur Lodge begleitete. Sie kam allein an, nach einem Schlammbad von oben bis unten verdreckt, und diesmal lud ich das Schwein, Peek Junior und Nandi in den Wagen und brachte sie alle drei zurück zum Matanje, wie in alten Zeiten.

In der Überzeugung, es sei für Poombi das Beste, hatten wir versucht, die »emotionalen Bande« zu ihr zu brechen, aber das Warzenschwein hatte uns klargemacht, was für ein lächerlicher Einfall das gewesen war. Es hatte keinen Zweck, diese Farce weiter zu betreiben. Wir waren Poombis Familie – vielleicht würden wir das immer bleiben –, und dadurch ließ sich unser Warzenschwein nicht daran hindern, ihren natürlichen Instinkten zu folgen.

Kapitel 10

Gehört sind Klänge süß,
doch ungehört noch süßer …
John Keats

Und was bedeuten sie?«
Diese Frage hören wir jedes Mal, wenn wir Gästen unsere Felsmalereien zeigen, und auch wenn wir uns alle möglichen Legenden dazu ausdenken könnten, müssen wir zugeben, dass weder wir noch sonst jemand wirklich weiß, was die Malereien bedeuten.
In südafrikanischen Forschungsinstituten existieren einige Mitschriften von Gesprächen mit Buschmännern, die in den 1870er Jahren am Kap in Gefangenschaft geraten waren, und wir haben eine Menge über Riten der Kalahari-Buschmänner gehört, die bis vor nicht allzu langer Zeit noch ihr traditionelles Leben führten. Doch die Künstler, deren Werke in den Granithügeln von Simbabwe verewigt sind, haben vor 1500 Jahren ihre Farben eingepackt und ihre Geheimnisse mitgenommen.
Der Mangel an Informationen hat dazu geführt, dass Forscher und selbst ernannte Experten ihrer Phantasie nach Belieben freien Lauf lassen konnten. Einige sind so felsenfest

davon überzeugt, dass es sich bei den Künstlern nur um Schamanen oder Medizinmänner gehandelt haben kann, dass die Malereien inzwischen mit dem Übernatürlichen assoziiert werden. Andere wiederum behaupten mit derselben Unerschütterlichkeit, dass diese Interpretation an den Haaren herbeigezogen und ohne jegliche Grundlage ist. Zwischen den beiden verfeindeten Lagern werden verbale Felsbrocken hin und her geschleudert, die die friedliebenden Buschmänner mit Entsetzen erfüllt hätten.

Bei keiner Safarifahrt auf Stone Hills darf ein Halt bei Lucy fehlen, dem Kopje, wo unsere rätselhaftesten Felsmalereien zu besichtigen sind. Nach gängiger Lehrmeinung handelt es sich um die Darstellung des berühmten Trancetanzes, bei dem sich Schamanen in die Welt der Geister versetzen.

Auf einer Felsklippe steht eine menschliche Gestalt mit dem Kopf und den Ohren eines Schakals, die Arme hoch erhoben. Aus den Händen sprühen lauter Punkte über das ganze Gemälde und enden zu Füßen eines gebückten Mannes, aus dessen Kopf ebenfalls Funken springen. Sind dies »Kraftlinien«, die darstellen, wie der Geist den Körper verlässt? Oder sind diese Punkte »entoptische Erscheinungen«, Bilder, die nur von demjenigen gesehen werden können, der sich im Trancezustand befindet? Oder ist der Schakalmann ein Regenmacher, der eine Buschmann-Zeremonie abhält, wie sie immer noch jedes Jahr in Stone Hills und anderen Heiligtümern im Matobo durchgeführt werden?

Geheimnisse und heilige Orte. Unsere Farm birgt zahllose davon. Als wir das Land kauften, dachten wir, das alte Haus am Fluss sei der einzige Überrest einer menschlichen Behausung. Damals ahnten wir noch nicht, was sich in den Hügeln verbarg, und wir waren viel zu beschäftigt, um all die Geheimnisse aufzuspüren. Einheimische kamen, um für uns zu arbeiten und beim Bau der Lodge und beim Einzäunen des Geländes zu helfen. Wir lernten ihre Namen, erfuhren aber sonst sehr wenig über sie. Erst mit der Zeit und mit viel Geduld gelingt es uns mehr und mehr, Zeugnisse menschlichen Lebens um uns herum zu entdecken.

Da Frank sein ganzes Leben auf Stone Hills verbracht hat, dachte ich, er könnte mir vielleicht etwas über die Felsmalereien erzählen.

»Als wir Kinder waren, hat man uns gesagt, sie stammten von Gott«, erklärte er mir. »Heute glaube ich, dass sie von Buschmännern gemalt wurden, aber mehr kann ich Ihnen nicht darüber sagen. Fragen Sie doch mal Kephas. Der erinnert sich vielleicht noch daran, was die Alten früher berichtet haben.«

Kephas Dube spricht kein Englisch, also nahm ich Mabhena als Dolmetscher mit. Mittags fanden wir ihn. Kephas saß unter einem riesigen Kapfeigenbaum auf einem Felsbrocken, während unsere kleine Viehherde friedlich um ihn herum graste.

»Salbonani, Madame!« Er lächelte schelmisch und nahm die rote Wollmütze ab, die er immer trägt. Wie viele Alte in Afrika weiß Kephas nicht, wie alt er ist. Schon als wir die Farm kauften, war er ein verhutzeltes Männlein, und seitdem hat er sich kein bisschen geändert. Sein Großvater war ein berühmter *n'anga*, ein Schamane, aus Botsuana, und die Scouts meinen, er hätte Buschmannblut in den Adern, weil er so klein und runzlig ist.

In Afrika ist es unhöflich, sofort zum Thema zu kommen, ohne die langen Begrüßungsrituale einzuhalten. Als der Ältere erkundigte sich Kephas zuerst nach Mabhenas Gesundheit – *Linjani?* –, und Mabhena antwortete mit respektvoll vor dem Körper gefalteten Händen – *Sikhona*. Es folgte eine kurze Pause, dann ein kleines Schwätzchen, und schließlich fragte Mabhena: *»Ngicela ukubuza?«*, darf ich eine Frage stellen? Kephas nickte, und nun, da die Formalitäten erledigt waren, konnte Mabhena sich erkundigen, ob Kephas etwas über die Felsmalereien wusste.

Der alte Mann kratzte sich eine ganze Weile bedächtig über die grauen Bartstoppeln, dann schüttelte er den Kopf. *»Ai. Angazi.«*

»Könnte es sein, dass Kephas aus einer Buschmannfamilie stammt?«, wollte ich von Mabhena wissen.

»Möglich«, antwortete er. »Aber das kann ich ihn nicht fragen.«

»Warum nicht? Ich könnte mir vorstellen, dass er ganz stolz darauf wäre.«

»Oh, das glaube ich nicht«, sagte Mabhena. »Einige von ihnen leben bei uns im Distrikt Tsholotsho. Wir nennen sie *amasili*, die, die nicht an die Zukunft denken. Sie essen an einem Ort alles auf und ziehen dann weiter, ohne sich etwas für den nächsten Tag aufzuheben.«

»Aber ist das nicht normal bei Jägern und Sammlern?«

»Früher, ja. Aber als ich klein war, hat die Regierung sie alle aus dem Busch holen lassen, damit sie registriert werden konnten, und jetzt dürfen sie nicht mehr umherziehen. Man sieht immer gleich, wo sie wohnen, denn sie bauen sich seltsame Häuser, und sie haben keine Ahnung, wie man ein Feld bebaut.«

Kephas strahlte uns an. Ich war froh, dass er unserem Gespräch nicht folgen konnte.

»Und wie leben die Buschmänner heute?«, fragte ich.

»Sie gehen in den Busch, um Pflanzen und Honig zu sammeln. Und obwohl es verboten ist, jagen sie manchmal auch mit Pfeil und Bogen, oder irgendwelche Farmer stellen sie als Viehhirten ein, denn darin sind sie gut. Aber die Regierung weigert sich, ihnen Lebensmittel zu schicken, und deswegen sind sie immer hungrig.«

Das stimmte. Ich erinnerte mich, dass unsere unabhängigen Zeitungen während der letzten Dürreperiode immer wieder über hungernde Buschmänner berichtet hatten. Hin und wieder bekommen sie allerdings eine anständige Mahlzeit. Wenn Elefanten, die Felder zertrampeln, zum Problem werden, und die Nationalparkverwaltung den Auftrag bekommt, die Übeltäter abzuschießen, kommen, so Mabhena, alle Buschmänner angelaufen, um sich über das frische Fleisch herzumachen und so lange an Ort und Stelle zu bleiben, bis nichts mehr übrig ist. Mabhena meinte, niemand würde lange mit einer Buschmannfrau verheiratet bleiben, denn sobald irgendwo ein Elefant erschossen wird, lässt sie alles stehen und liegen, um an dem Festmahl teilzunehmen.

Bevor er zu uns kam, arbeitete Mabhena als Forschungsassistent im Hwange Nationalpark, wo er zum ersten Mal die Buschmänner beim Spurenlesen beobachtet hat. Mabhena ist auf dem Land aufgewachsen, und sein Vater ist ebenfalls Spurenleser, aber was er dort erlebt hat, hat ihn völlig verblüfft.

»Diese Leute«, sagte er, »haben Augen in den Füßen! Und sie kennen sich mit Zauberei aus. Einmal, als wir einen Elefanten verfolgten, bückte sich einer der Buschmänner, hob ein bisschen Sand von einem Fußabdruck auf und mischte ihn mit etwas von der *muti*, die er in der Hosentasche hatte. Es sollte den Elefanten schwächen, so dass er nicht hörte, wenn wir uns ihm näherten, und nicht flüchten konnte.«

»Sie sind also gute *n'angas?*«, erkundigte ich mich.

»Die allerbesten. Mit einem Buschmann legt man sich besser nicht an, sonst läuft man Gefahr, dass er seine *muti* gegen einen verwendet.«

Mabhenas Vater hatte einmal eine Schnappfalle mit Fleisch einer seiner Kühe bestückt, die von einem Löwen gerissen worden war. Als sie einige Tage später hingingen, um nachzusehen, war die Falle zugeschnappt, aber zwischen ihren Zähnen steckte kein Tier, sondern ein Stück Holz. Das Fleisch war verschwunden, und die einzigen Spuren, die sie fanden, waren die des Löwen.

Ich wollte wissen, ob die Buschmänner in Tsholotsho so ähnlich aussahen wie die kleinen, gelbhäutigen Kalahari-Buschmänner, und ob sie auch die typischen ausladenden Pobacken hätten, ein körperliches Merkmal, das medizinisch als Steatopygie bezeichnet wird und manchmal auch in den Felsmalereien auftaucht.

»Nein«, sagte Mabhena. »Ihre Körper sehen so aus wie unsere, aber sie haben eine hellere Hautfarbe und Augen wie Chinesen. Im Busch kann man sie kaum sehen. Wenn man an einen ihrer Lagerplätze kommt, denkt man, ah, hier ist jemand, aber dann findet man nichts. Sie haben sich mit Hilfe ihrer Zaubermittel in Felsbrocken oder Steine verwandelt, und sie sind ganz in der Nähe und hören genau, was man sagt. Aber man kann sie dazu bringen, dass sie sich zeigen.«

»Wie denn?«

Mabhena warf mir einen spitzbübischen Blick zu. »Vielleicht sollte ich das nicht verraten, aber wenn man etwas *mbanje*, Marihuana, raucht, riechen sie das, und weil sie den Rauch so unwiderstehlich finden, verwandeln sie sich wieder in Menschen.«

Als ich mir eines Nachmittags mit ein paar Gästen die Felsmalereien am Kopje Lucy anschaute, sah ich zu meinen Füßen etwas Blaues aufblitzen. Es war eine winzige Glasperle, etwa doppelt so groß wie ein Stecknadelkopf. Ich bückte mich, um die Stelle genauer zu untersuchen. Ich hob eine weitere Perle auf, dann noch eine und noch eine. Kurz darauf krochen auch meine Gäste auf allen vieren im Staub herum. Niemand kann einer Schatzsuche widerstehen, auch wenn er noch so arthritische Gelenke hat. Die blauen Perlen sind die häufigsten, aber es gibt auch rote, weiße, gelbe und schwarze. Wir finden sie in manchen Höhlen, vor allem in solchen, die Felsmalereien oder tönerne Vorratstöpfe enthalten. In manchen Höhlen sind die Perlen überhaupt nicht zu entdecken; es könnte aber sein, dass sie tiefer im Boden verborgen sind. Von einer Dozentin des Instituts für Archäologie an der Universität von Kapstadt wussten wir, dass die Perlen aus Europa hierhergekommen waren, teilweise schon Mitte des achtzehnten Jahrhunderts. Sie wurden von den damals noch in einer steinzeitlichen Kultur lebenden Bantu gegen Gold, Elfenbein und Felle eingetauscht und dienten ihnen somit als Währung.

Vaughan-Williams, einer der ersten Europäer, die das Matabeleland erforschten, berichtete, dass die jungen Frauen, *izintombi*, nur mit einer Perlenschnur um die Hüften bekleidet waren, an der vorne eine kleine, aus meist blauen und weißen Perlen geflochtene Schürze hing, um die Scham zu bedecken. Es war erstaunlich, dass das Ding, egal, wie sie sich bewegten, ob sie sich setzten oder bückten, tatsächlich bedeckte, was es bedecken sollte.

Aber warum waren die Perlen auf dem Boden der Höhlen verstreut worden?, fragten wir uns. Konnte es sich um einen Teil eines Rituals handeln?

Egal, wie tief eine Höhle in den Kopjes verborgen ist, immer ist schon jemand vor uns da gewesen. Wenn man dem Pfad am Fluss entlang zwischen den White Hills und dem Mahalayedwa (»der, der allein steht«) folgt, kann man am Mahalayedwa eine große, schwarze Öffnung sehen. Vor etwa sechzig Jahren hauste dort der berühmte Dieb Mastungwaha. Die Füße mit Sackleinen umwickelt, um keine Spuren zu hinterlassen, verließ er die Höhle im Schutz der Dunkelheit, um in den umliegenden Dörfern auf Raubzug zu gehen. Er muss ein wohlgenährter Mann gewesen sein – er hat Dassies gefangen und gebraten und sich auf dem Feuer, das die Wände der Höhle geschwärzt hat, die Leckereien aufgewärmt, die er in den Hütten gestohlen hatte. Wenn man seinen Unterschlupf jemals entdeckt hätte, dann hätte Mastungwaha durch die Öffnung auf der Rückseite der Höhle, die über den Hügel führt, leicht entkommen können. Doch niemand konnte ihn finden, nicht einmal die Polizei, bis Kephas und sein Bruder beschlossen, es einmal mit dem Buschmanntrick zu versuchen.

Kephas sammelte eine Handvoll der rot-schwarzen, tödlich giftigen Samen der Paternostererbse und pflückte einige Beeren von einem Baum namens *nyatela*, der auf Stone Hills nicht vorkommt. Zusammen mit etwas Sand von Mastungwahas Fußspuren steckte er die Samen und Beeren in seine Hosentasche. Dann machten die Brüder sich gemeinsam mit einigen Freunden und Hunden auf, um den Dieb zu stellen. Sie fanden ihn schlafend am Flussufer, ganz in der Nähe seiner Höhle, einen Speer in der Hand. Die *muti* hatte ihn so geschwächt, dass er keinen Schritt mehr hatte weitergehen können. Für alle Fälle jedoch nahm Kephas' Bruder Mastungwaha den Speer aus der Hand und versetzte ihm mit einem Knüppel einen Schlag auf den Kopf, bevor sie ihn fesselten und abführten.

Offenbar hat Mastungwaha sich der Festnahme nicht widersetzt. Er sei selbst ein *n'anga*, erzählte er der Polizei, und seine Ahnengeister hätten ihm befohlen, allein zu leben, weit

entfernt von anderen Menschen. Kephas weiß nicht, was aus dem Dieb wurde, aber er erinnert sich, dass Mastungwaha die Polizei anflehte, ihn im Gefängnis zu behalten.
»Wenn man mich freilässt«, sagte er, »bleibt mir nichts anderes übrig als zurück in meine Höhle zu gehen und mein altes Leben wieder aufzunehmen. Die Geister werden mich dazu zwingen.«

Der schmale Pfad, der hinter unserem Adlerhorst vorbeiführt, wird kaum benutzt. Frank, der jeden Quadratzentimeter des Geländes kennt, nennt die Stelle *Nukutidza*, aber für mich ist es ein verwunschener Ort. Es ist das Tal der steinernen Könige, eine felsige Wildnis, wo ich mich wie ein Kind fühle, als könnte ich mich für immer dort verstecken und niemand würde mich jemals finden.
Häufig suchen Leoparden dort Zuflucht, genau wie ich, wenn ich der Lodge für eine Weile entfliehen will. Ich kann es nie planen, aber manchmal ergibt es sich unverhofft, dass ich ein paar kostbare Stunden lang nicht gebraucht werde – wenn Rich zum Beispiel mit Gästen auf Safari ist, unsere Köchin Ruthie sich um das Mittagessen kümmert und David auf Monicas Rücken in den Schlaf gewiegt wird, während sie die Zimmer putzt. Und dann, ehe das Geräusch von eiligen Schritten vor dem Haus oder das Quietschen unseres Tors mich davon abhalten kann, schnappe ich mir meinen Hut, das Fernglas und den Schlüsselbund, flitze zum Landrover und bete, dass er nicht gerade einen Platten hat. Zwanzig Minuten später setze ich mich an meinem verwunschenen Ort unter einen Baum, glücklich wie ein Gefangener, dem die Flucht aus Alcatraz gelungen ist.
Der Kopf und die Schultern eines Riesen gehören zur ersten von mehreren hoch aufragenden Granitsäulen, die über

dieses stille Tal wachen. Die Säulen sind reich mit Flechten geschmückt, mit Sprenkeln in leuchtendem Grün, mit Tupfern von kräftigem Ocker, der Farbe der Felsmalereien. An Winterabenden ist es, als stünden die Flechten in Flammen, und die Felsen scheinen vor Wärme, die sich im Lauf des Tages in ihnen gesammelt hat, regelrecht zu glühen.
Wenn ich mit dem Toyota eine Weile über den holprigen Weg gerumpelt bin und schließlich den Motor ausschalte, bin ich jedes Mal überwältigt von der plötzlichen Stille, die mich empfängt.
In der Lodge ist der Geruch nach Holzfeuer immer gegenwärtig, ebenso wie das Gelächter, das aus der Küche dringt: Anzeichen für die Anwesenheit von Menschen. Hier bin ich allein, aber nur so lange, wie ich brauche, um mich auf diese andere Welt einzustimmen, auf die Welt, die immer auf mich wartet – wenn es mir gelingt, mich für ein paar Stunden davonzustehlen.
Ein Dassie stößt einen kehligen Warnruf aus, als ich zu meinem Versteck auf dem Kopje klettere. Wie dicke, weiße Seile hängen die Wurzeln von Feigenbäumen aus den Felsspalten, wo sie sich festkrallen. Lavendelfarbene Krotons, das Parfüm der Buschmänner, stehen in Blüte, und in der Luft liegt ein starker, aber angenehmer Duft von Wintergrün und Ingwer. Mafira sagt, das Öl der Pflanze kann man als Augentropfen verwenden. Ich zerreibe ein Blatt zwischen den Fingern, um den Duft zu verstärken.
Der Eingang zu meinem Versteck liegt hinter einem Felsbrocken verborgen, der eine riesige Granitplatte, das Dach der Höhle, trägt. Ich bin nicht die Erste, die diesen Ort entdeckt hat. Über mir befinden sich Felsmalereien, eindeutige, wenn auch verblasste Spuren der Buschmänner. Der Boden ist übersät mit verkohlten Holzresten und Asche von Feuern,

die vor langer Zeit hier gebrannt haben. Dazwischen liegen kleinere Brocken aus weißem Quarz, die womöglich hierher gebracht wurden, um daraus winzige Pfeilspitzen herzustellen.

Im hinteren Teil der Höhle, wo sich etwas feuchte Erde gesammelt hat, befindet sich ein Farngarten. An einer Seite gibt ein kleines, von Ranken halb verhangenes Fenster im Felsen den Blick frei auf die Hügel im Süden, und durch ein größeres, nach Norden gelegenes Fenster schaue ich über die Baumwipfel hinweg in den klaren blauen Himmel.

Ich setze mich auf einen niedrigen Stein und lasse die Asche durch meine Finger rieseln, in der Hoffnung, ein paar Scherben zu finden, Überreste der Kalanga-Keramik. Die findet man in so vielen Höhlen, in denen die Buschmänner sich vor so langer Zeit in Sicherheit brachten, als die Matabele in ihr Land eindrangen. Noch nie habe ich eine komplette Schale gefunden, aber viele ockerfarbene Scherben mit einem eingebrannten Muster.

Ich hebe ein kleines Stück Keramik auf und puste die Asche weg. Offenbar handelt es sich um einen Teil des Schalenrands, aber irgendwie sieht sie anders aus als alle, die ich bisher gefunden habe. Als ich die Spinnengewebe von der Unterseite der Scherbe entferne, merke ich, dass sie sich rau anfühlt, und halte sie ins Sonnenlicht, das durch das Fenster in die Höhle fällt. Die Oberfläche ist ganz schwarz, und unter dem Rand sind diagonale Linien eingekerbt. Aufgeregt suche ich in der Asche herum, und schon bald habe ich einen kleinen Haufen gemusterter Scherben zusammen – die ersten dieser Art, die ich je gefunden habe. Auf einer größeren Scherbe, an der genau zu erkennen ist, wie der Hals des Gefäßes sich bauchig weitet, entdecke ich ein von zwei gepunkteten Linien begrenztes Zickzackmuster, das mich an

die breiten Perlenketten erinnert, die viele afrikanische Frauen um den Hals tragen. Ich stopfe sämtliche Scherben in meine Schultertasche und eile mit klopfendem Herzen zurück nach Hause.
Johnson, Lipson und Sam gehören zum Volk der Kalanga. Sie drehen die Scherben hin und her und betrachten sie eingehend. Das Gefäß wurde mit großer Sorgfalt und Liebe von einer *gogo*, einer Großmutter, hergestellt, erklären sie mir, vielleicht für die Hochzeit einer Enkelin oder zur Geburt eines Kindes.
Das ist alles sehr, sehr lange her. *Kudala*, sagt Johnson mit einer Armbewegung in Richtung des wolkenlosen Himmels und all der längst vergessenen Erinnerungen.
Ich frage ihn, warum die Gefäße immer zerschlagen wurden. »Wenn ein Fremder deine persönlichen Dinge benutzt, kann es passieren, dass deine eigene Macht sich gegen dich wendet und dir Schaden zufügt«, erklärt er mir. Niemandem würde es auch nur im Traum einfallen, seinen Kochtopf oder seinen wertvollen *induki*, seinen Knüppel, zu verleihen.
Der Tradition gemäß wurde ein solches Gefäß von einer alten Frau hergestellt, und zwar aus Lehm, den sie aus einem Fluss oder einem Termitenhügel geholt hatte. Der Lehm wurde zu langen Würsten gerollt, vom Boden aus schneckenartig übereinandergelegt und geglättet. Wenn der Topf fertig war, wurde er in ein mit trockenen Zweigen und Gras gefülltes Loch gestellt und auf einem schwachen Feuer langsam gebrannt.
Die Matabele haben mindestens sieben verschiedene Namen für ihre Gefäße, und im Shona-Wörterbuch habe ich fünfundzwanzig gefunden, die sich jeweils auf ein bestimmtes Muster oder auf eine bestimmte Funktion beziehen. Es gibt Gefäße, die zum Wasserkochen benutzt werden, andere, um Gold oder traditionelle Heilmittel aufzubewahren, und in den grö-

ßeren wird das Sorghum-Bier für die Ahnen gebraut. Diese Gefäße werden gewöhnlich in der Erde vergraben, um das Bier kühl zu halten.
Ich versuchte, mir die schreckliche Situation vorzustellen, die die Besitzerin dieses alten Kunstwerks, dessen Scherben ich nun in den Händen hielt, dazu veranlasst hatte, das wertvolle Gefäß zu zerstören. Hatte sie vorgehabt, noch einmal zurückzukehren, um es zu holen? Oder war sie gefangen genommen oder gar getötet worden?
Kudala, sehr, sehr lange her, wie lange, konnten wir nicht ahnen. Die Art, wie Tongefäße geschmückt und verziert werden, richtet sich nicht nach dem Geschmack einer einzelnen Person, sondern folgt einer strengen Tradition. Und wenn die Muster sich ändern, kann man meist daraus schließen, dass die Menschen, die die Gefäße hergestellt haben, aus ihrem Gebiet vertrieben wurden, oder dass das Land von anderen erobert wurde, die ihre eigenen Traditionen mitbrachten.
»Wir haben Ihre Tonscherben analysiert«, erklärte mir später der Archäologe vom Natural History Museum, »und wir sind zu dem Schluss gekommen, dass sie aus der Gegend des Leopard's Kopje und aus der späten Eisenzeit stammen.«
Die Scherben aus der Höhle in Nukutidza waren also prähistorisch. Mit Hilfe von Wasser, Erde und Feuer hergestellt von einer Bantu-Frau eines unbekannten Stammes und zerstört aus Gründen, die wir nie erfahren werden. Und womöglich hatten sie seit ungefähr achthundert Jahren unentdeckt dort gelegen.

Sowohl die Wanderarbeiter als auch die Landbesitzer waren meist kapholländischer Abstammung und tragen Namen wie Viljoen, Greef und van Rooyen, widerstandsfähige Naturen, so zäh wie ihr Biltong. Vor langer Zeit haben sie versucht, auf

Stone Hills Landwirtschaft zu betreiben, sie pflanzten Mais und sogar Tabak an, aber der steinige Boden gab kaum etwas her, und heute findet man nur noch Spuren des Ackerbaus im Grasland.

Kurz nachdem wir auf die Farm gezogen waren, knüpften wir Kontakt zu den Brüdern Viljoen, die in dem alten Haus am Matanje River geboren und aufgewachsen waren, beide über achtzig Jahre alt. Wir hatten Ferdy, Louis und ihre Frauen zum Frühstück eingeladen. Kurz vor dem verabredeten Termin berichtete mir Ruth jedoch, dass sie angerufen hatten, um Bescheid zu geben, dass sie sich verspäten würden.

»Wer sind diese Leute?«, wollte sie wissen. Ich erklärte ihr, sie seien die Söhne der ehemaligen Besitzer der Farm.

»Nein«, erwiderte Ruth bestimmt. »Der Mann, der angerufen hat, war ein Afrikaner.«

»Aber wir haben niemand anders eingeladen. Es sind Weiße, Ruth.«

»O nein, sind sie nicht. Der Mann hat Sindebele gesprochen wie die alten Leute, das kann kein *mukhiwa* gewesen sein.«

Sie blieb eisern bei ihrer Meinung. Erst als sie das Mittagessen servierte und die alten Herren mit ihr in ihrer Muttersprache plauderten, ließ sie sich überzeugen. Aber sie war so verblüfft, dass sie kopfschüttelnd die Hände vor den Mund schlug.

Nach dem Mittagessen stiegen Ferdy und Louis in ihren schwarzen Anzügen und blank polierten Schuhen in unseren Toyota, und wir machten mit ihnen eine Rundfahrt über die Farm. Und während ihre Frauen auf dem Rücksitz saßen und strickten, kletterten sie wie junge Burschen auf den Kopjes herum, scherzten miteinander und genossen es, noch einmal die Orte ihrer Kindheit und Jugend aufzusuchen. Als Babys waren sie von einheimischen Kindermädchen, die nur Sinde-

bele sprachen, auf dem Rücken durch die Gegend getragen worden. Und später hatten sie zusammen mit eingeborenen Kindern Dassies gejagt und das Vieh gehütet.
»Wir hatten damals viel Spaß«, erzählte uns Ferdy. »Wir sind wie die Affen in den Bäumen herumgeklettert, und wenn es anfing zu regnen, haben wir unsere Kleider ausgezogen, sie in einer Höhle versteckt und sind pudelnackt herumgetollt!«
Damals sprachen alle fließend Sindebele, denn es blieb ihnen gar nichts anderes übrig. Noch heute unterhalten sich die Brüder auf Sindebele, wenn sie von den alten Zeiten sprechen oder von anderen Weißen nicht verstanden werden wollen.
Als Kinder mussten sie jeden Morgen vier Kilometer weit zur Schule laufen, und unterwegs trafen sie auf die Kinder von anderen Farmen.
Manchmal hatten sie Glück und wurden von den zwei Mädchen der van Vuurens auf einem Eselskarren mitgenommen. Die wohnten auf Good Luck, einer benachbarten Farm. Und als sie erwachsen waren, heirateten die Brüder Viljoen die Schwestern van Vuuren.
Sie erinnerten sich an einen Winter auf Stone Hills, der so kalt war, dass »etwas Weißes« vom Himmel fiel, und sie sind noch heute davon überzeugt, dass es Schnee war. Und sie erzählten von einem Leoparden, der eines Nachts dreiundzwanzig Ziegen aus der Herde ihres Vaters riss. Danach wurde ein Leopardenjäger eingestellt, der regelmäßig mit einem Gewehr auf Patrouille ging.
Viljoen senior arbeitete als junger Mann für Louis James Champion auf Stone Hills, und zwei Jahre später kaufte er ihm die Farm ab.
»Der alte Champion ist eines Nachts in Bulawayo gestorben«, erzählte uns Louis. »Und am nächsten Morgen kamen die Afrikaner, die auf unserer Farm arbeiteten, um meinem

Vater davon zu berichten. Natürlich gab es damals noch kein Telefon, aber irgendwie wussten sie trotzdem davon.«

Eine ähnliche Geschichte hatten wir von Stella Couson gehört, der Tochter von J. P. Richardson, einem eingeborenen Polizisten, der zu Rhodes' Zeiten als *mehlo ka zulu*, Auge des Volkes, bekannt war. Am Morgen, nachdem ihr Vater gestorben war, fanden sie das Haus umringt von Leuten, die gekommen waren, um dem Toten die letzte Ehre zu erweisen, und einige der Leute hatten schon einen stundenlangen Fußmarsch hinter sich.

Ich fragte die Brüder Viljoen, ob sie in der Gegend irgendwelche Buschmänner gekannt hätten.

»Bei uns hat mal ein alter Mann gearbeitet, Umkwa«, sagte Ferdy, »aber die meisten der gelbhäutigen Menschen waren Halbblut. Als Mzilikazi kam, haben seine Krieger sämtliche jungen Mädchen entführt, und die Männer der Kalanga mussten sich woanders nach Bräuten umsehen. Einige sind nach Botsuana gegangen, um eine Frau aus dem Volk der Buschmänner zu heiraten.«

An den Wänden des verfallenen Hauses am Matanje, das früher der Familie Viljoen gehörte, stehen Rechenaufgaben. Das Haus wurde zuletzt von der Familie Greef bewohnt, und nachdem diese nach Plumtree gezogen war, wurde es als Schule für die Kinder der Einheimischen benutzt. Frank und Ronald wurden dort unterrichtet, und jedes Jahr singen sie auf der Weihnachtsfeier, die wir für unsere Angestellten abhalten, die Lieder, die sie damals von *MaNyati*, Mrs. Nyati, gelernt haben. Ihr Lieblingslied ist *Mahelani*, das Lied vom Märzhasen.

Frank, der normalerweise eher still und ernst ist, wird ein anderer Mensch, wenn er erst einmal genug Chibuku-Bier intus hat.

Umahelani, umahelani, singt er, Märzhase, o Märzhase,
Ugheba mazambani esimini yami – der, der auf meinem Feld nach Erdnüssen gräbt,
Indlebe zakho zingaka, lo msila wakho ungaka.
Wenn er hier ankommt, ist er schon nicht mehr Frank, sondern der Märzhase selbst, eine Hand hinter dem Kopf aufgerichtet, um die langen Ohren zu symbolisieren, einen Arm hinter dem Rücken, um den Schwanz anzudeuten.
Kweqha, keqha, kuthi – er springt im Zickzack durch das Erdnussfeld, während die anderen den Refrain singen: *Ema, ema, umahelani!*
Am Ende jedes Schuljahres führte MaNyati ihre kleine Schülerschar auf den Dibe Hill und zu dem Felsen, auf dem Rich und ich anfangs so gern saßen, um den Sonnenuntergang über den Bergen zu beobachten. Dort sangen sie dann das Lied vom Märzhasen und noch viele andere Lieder. Und zum Schluss sangen sie das Lied für die *amdlozi*, die Ahnengeister des Dibe: Folgt mir, folgt mir überallhin, beschützt mich, bis ich zu euch zurückkehre.

Es wundert mich nicht, dass der Dibe ein in spiritueller Hinsicht bedeutsamer Ort ist. Dieser riesige Kopje überschattet unser Haus wie ein schlafender Löwe. Er ist ein Lieblingsplatz der Schwarzen Mambas, und er ist von einer brütenden Stille umgeben, die mir jedes Mal Beklemmungen verursacht. Und als wir endlich ein Handy bekamen, war die Spitze des Dibe der einzige Ort, wo wir Funkkontakt hatten.
Wenn man schnell war, brauchte man zehn Minuten, um hinaufzuklettern, aber es dauerte doppelt so lange, bis man wieder unten war. Oben angekommen, musste man erst mal Luft schöpfen, und wenn man dann das Handy einschaltete, konnte es passieren, dass die Batterie leer war. Oder dass man die

Telefonnummer, die man brauchte, im Haus vergessen hatte. Oder dass man den Zettel mit den Nummern hatte, aber keine Brille, um sie zu lesen.

Als Telefonzelle war der Dibe überhaupt ziemlich außergewöhnlich. Wenige Meter von der Stelle entfernt, wo wir uns immer zum Telefonieren hinsetzten, fand ich eine Höhle mit lauter ausgebleichten Knochen. Offenbar hatte dort ein Leopard seine Beute verspeist. Und einmal, als ich um neun Uhr abends einen dringenden Anruf machen musste, war ich plötzlich umringt von einer Horde Paviane, die mich wütend anknurrten und empört kreischten, weil ich ihren Schlaf gestört hatte. Andererseits war ich froh, dass sie mir Gesellschaft leisteten.

Franks Eltern sind auf Stone Hills begraben. Ihre Gräber sind mit dicken Steinen bedeckt, und am Kopfende wurden zwei Bäume gepflanzt. Es gibt jede Menge Gräber hier, hauptsächlich in den Hügeln und zwischen Gestrüpp verborgen, aber nur das eine unter dem einsamen Gummibaum ist mit einer Betonplatte versehen, und es ist das Einzige, das ein Datum trägt: 1920. Der alte Bywoner van der Merwe liegt hier begraben, erzählte uns Louis, und früher waren die Ecken seiner Grabplatte mit den ausgebleichten Schädeln von Schlangen geschmückt.

Aber besonders interessiert uns, was sich in der Höhle auf dem Skeleton Kopje befindet. Frank, der fast alles findet, was sich auf unserem Land verbirgt, war einmal auf der Suche nach Höhlenmalereien, als ihm ein Spalt unter einem Felsen auffiel, der von einigen kleineren Felsbrocken versperrt war. Nachdem er die dicken Steine weggeräumt hatte, entdeckte er einen halb in der Erde vergrabenen menschlichen Schädel und Überreste der Finger-, Arm- und Beinknochen. Der oder die Tote war zweifellos gewaltsam ums Leben gekommen, womöglich während des Buschkriegs in den 1970er Jahren oder nach der Unabhängigkeitserklärung 1980, als Rebellen in der Gegend ihr Unwesen trieben. Vielleicht ist das Skelett auch viel älter. Alle glauben, dass Frank mehr darüber weiß, aber falls dem so ist, bewahrt er es tief in seinem Herzen. Unsere Farm ist eben voller Rätsel und Geheimnisse. Und so soll es auch bleiben.

Kapitel 11

Ihr verblendeten Führer, die ihr Mücken aussiebt,
aber Kamele verschluckt.
Evangelium nach Matthäus

Nach einigen Jahren auf Stone Hills gewöhnte ich mir an, die Zeit in Mondphasen zu messen.

»Ach ja«, sagte ich zum Beispiel, »an Mrs. Finkelstein kann ich mich erinnern. Sie war während des letzten Vollmonds hier.«

Das mag vielleicht ein bisschen exzentrisch sein. Aber wir lebten in einer durch die Grenzen unserer Farm beschränkten Welt, die neben allem, was die Natur zu bieten hatte, auch einen Mikrokosmos sämtlicher Facetten menschlichen Lebens enthielt: Politik (die bekamen wir reichlich in der Lodge geboten), Geschichte – vor allem die Steinzeit –, einheimische Kultur und Wirtschaft (ein Thema, das ich nicht wieder ansprechen werde). Was sich im Rest der Welt abspielte, schien keine große Bedeutung zu haben. Wie bei allen schlechten Seifenopern machte es nichts, wenn man eine ganze Woche alle Folgen verpasste, denn wenn man den Fernseher wieder einschaltete, stellte man fest, dass es irgendwie immer dieselbe Geschichte ist.

In den ersten zwei, drei Jahren war alles noch neu, aber nachdem wir genug Informationen gesammelt hatten, um Vergleiche anstellen zu können, bildeten sich bestimmte Muster heraus. Der Silberadler zum Beispiel nistet jedes Jahr am Dibe-Damm und bricht jedes Mal im April auf ins wärmere Klima Nordafrikas. Am 17. August 1993 hatte ich in meinem Tagebuch notiert, dass die Adler zurückgekehrt waren, und zu meiner großen Verwunderung kamen sie in den darauf folgenden Jahren fast am gleichen Tag wieder.

»Was macht ein gutes Jahr aus?«, schrieb ich im Januar 1996 in mein Tagebuch. »Ein milder Winter, ein extrem heißer Sommer, Millionen braun gemusterter Schmetterlinge, die nach Norden ziehen, Gewitter im August, eine Invasion schwarzer Käfer?«

Jede Jahreszeit bereitete uns erneutes Kopfzerbrechen, brachte irgendein für uns unbegreifliches Phänomen mit sich, das aber irgendwie in das Lebenspuzzle in den Matobo Hills passte.

Eine seltsame Umgebung für einen kleinen Jungen, um dort aufzuwachsen, dachte ich, als ich David einmal dabei beobachtete, wie er in der Lodge einen Teller mit Süßigkeiten unter den Gästen herumreichte.

»Probieren Sie mal eins davon«, ermunterte er einen Gast. »Das ist eine neue Plätzchenspezies.«

Als der Unterricht zu Hause irgendwann ein Ende hatte und David auf eine richtige Schule kam, wurde er etwas »normaler«, aber da er ohne Fernseher und ohne Geschwister aufwuchs, blieben seine Interessen eher ungewöhnlich.

Als er im Alter von drei Jahren angefangen hatte, uns über Vulkane auszufragen, schien das der richtige Zeitpunkt zu sein, uns mit ihm David Attenboroughs wunderbar informative Naturvideos anzusehen. Jeden Abend (die einzige Zeit, in der unser Generator uns mit Strom versorgt) sah er beim Abendessen fasziniert seinem Helden zu, wie er bis in die höchsten Wipfel gigantischer Regenwaldbäume kletterte, in geheimnisvollen Höhlen herumkroch und durch windumtoste Eiswüsten stapfte. Es war, als würde David Attenborough alle seine Geheimnisse exklusiv für David Peek offenbaren.

Mein Sohn beauftragte mich, in seinem Namen einen Brief an Sir David zu schreiben, in dem er ausführlich die Abenteuer seiner zahmen Landschnecke beschrieb und seinem Idol anvertraute, dass er sich für die Auswirkung von Bränden auf den Busch und die parasitären Eigenschaften von Misteln interessierte. Und unglaublicherweise schrieb der große Mann umgehend einen Antwortbrief.

Beflügelt von so viel Anerkennung begann David, uns auf unseren Abendspaziergängen Vorträge zu halten und wortreich, wenn auch nicht immer ganz korrekt, aus seinen Videos zu zitieren.

Ich werde nie vergessen, wie er eines Abends in seinem Robin-Hood-Kostüm, komplett mit Hut und Feder, auf einen Feigenbaum kletterte und uns alle – Mutter, Warzenschwein und die beiden Hunde – mit großer Geste um Ruhe bat.

Nach einer effektvollen Pause verkündete er: »Als ich noch ein Embryo war, war dieser alte, geschundene Baum noch ein kleiner Sprössling.«

Das verblüffte selbst Poombi so sehr, dass sie einen Augenblick lang vergaß weiterzukauen.

Auch über Poombi machte er hin und wieder interessante Bemerkungen. »Schweine«, erklärte er mir einmal mit ernster Miene, als Poombi faul in ihrem Schlammbad lag, »sind leicht verdaulich.«

Er veranstaltete sogar geführte Spaziergänge rund um den

Dibe. Gefolgt von amüsiert dreinblickenden Gästen stapfte er selbstbewusst in seinen blauen Gummistiefeln los. Als Erstes ging es stets zum Misthaufen des Rand-Wollschwanzhasen, diesem fetten, wolligen Kopjehasen, dessen Babys von den Mambas als Delikatesse sehr geschätzt werden. David bückte sich, hob einen von den erbsenförmigen Köteln auf und zerrieb ihn zwischen den Fingern.

»Dieser Hase«, begann er seinen Vortrag, »frisst Gras, und er kackt. Dann frisst er seine Kacke und kackt wieder.« Richtig. Er brachte es nur nicht fertig, das Wort »kotfressend« auszusprechen. Den Höhepunkt der Tour bildete der letzte Stopp bei der Wäscherei. David blieb in einiger Entfernung vor dem Waschhaus stehen, zeigte auf Aggie, als wäre sie ein Exemplar einer seltenen und gefährlichen Spezies (was tatsächlich zutraf), und bat dann alle Gäste, »der äußerst wichtigen Frau, die unsere Kleider wäscht«, die Hand zu schütteln.

Als Nächstes ging es zu Johnson Sibanda, »dem Mann, der unser Holz hackt und unsere Knobkerries (Knüppel) herstellt«, wo erneutes Händeschütteln angesagt war. Die Fertigung von Knobkerries war Johnsons Spezialität. Man brauchte ihm nur ein Stück Holz in der gewünschten Länge und Dicke zu geben, und wenige Tage später hatte man seinen Knobkerrie in der Hand, einen tödlichen Knüppel, geschnitzt aus den langen, geraden Wurzeln des *Grewia*-Strauchs oder der afrikanischen Olive. Jeder Knüppel war anders, und jeder war der Stolz seines Besitzers. Die Scouts bevorzugten kurze mit dicken Enden und schnitzten ihre Namen in den Griff, um Verwechslungen zu vermeiden. Auch ich habe einen und er hat genau das richtige Gewicht, dass ich ihn bequem über der Schulter tragen kann.

Vom Küchenfenster aus sah ich zu, wie Johnson David seinen ersten Knobkerrie überreichte, den ich als Belohnung für

gute Leistungen und als Ansporn für zukünftige Einsatzfreude für ihn in Auftrag gegeben hatte.
»So schlägt man damit zu«, erklärte Johnson ihm auf Sindebele, wirbelte den Knüppel über den Kopf, tat so, als wollte er David damit eins überbraten. »Aber«, er hielt den Knobkerrie außerhalb der Reichweite von Davids ausgestreckten Händen, »wenn du ein richtiger Krieger werden willst, musst du zuerst Sindebele lernen. *Kulungile?*«
»*Yebo*, Johnson! *Ngiyabonga.* Danke!« David schnappte sich den Knobkerrie und suchte das Weite, bevor Johnson auf die Idee kam, noch weitere Beweise für seine sprachlichen Fähigkeiten zu verlangen.
Seit dem Tag, als ich mit unserem *Esibomvu*, dem Rotschopf, aus der Klinik nach Hause gekommen war, sprachen die Afrikaner auf der Farm auf unsere Bitte hin ausschließlich Sindebele mit ihm, aber obwohl er offenbar jedes Wort verstand, antwortete er stets auf Englisch, das die meisten fließend beherrschten.
Es mag lange gedauert haben, bis ihm die Worte über die Lippen kamen, aber ich glaube, die Musik des Sindebele wird David sein Leben lang begleiten, denn diese Sprache ist wirklich wie Musik. Das Geheimnis liegt daran, wie der Buchstabe »l« ausgesprochen wird. Im Shona, der zweiten wichtigen Sprache in Simbabwe, gibt es kein »l«, während es im Sindebele kein »r« gibt. Man braucht nur nacheinander einige Worte auszusprechen, die mit »l« anfangen, und dann ein paar andere, die mit »r« anfangen, dann merkt man schnell, dass erstere etwas Weiches und Fließendes haben, wie Wasser. Die Wörter mit »r« dagegen haben scharfe Kanten, wie Steine, die den Fluss des Wassers brechen.
Das Fehlen des Buchstabens »r« im Sindebele kann manchmal zu Verwirrung führen. Einige Tage vor unserer Abreise

nach Südafrika reichte Bread, unser Koch in Bulawayo, mir einen Zettel, auf den er geschrieben hatte: »Please, Madam, will you buy me a camel, size 35?«
Ich wollte ihm gerade erklären, dass wir nicht nach Marrakesch fuhren, und dass es in den Zoohandlungen in Johannesburg sicherlich keine Kamele zu kaufen gab, egal in welcher Größe, als Bread mich aufklärte: »Ich meine das Ding, das klick, klick, klick macht«, klärte er mich auf, während er mit den Händen eine Kamera darstellte, die er sich vor die Augen hielt. »So eins, wie Mr. Peek hat, damit ich von meinen Freunden ein paar Fotos machen kann.«

Das Sindebele ist aus der Zulu-Sprache entstanden, und wurde als »reichhaltig und sehr ausdrucksstark, einfallsreich und sehr anschaulich« beschrieben. Es schwelge in lieblichen, weichen Vokalen, und der musikalische Singsang könne dem charmantesten Italienisch Konkurrenz machen.
Der Häuptling Mzilikazi und seine Krieger brachten die Sprache in den 1830er Jahren in dieses Land, als sie vor dem Zulukönig Shaka in Richtung Norden flohen. Mzilikazi hatte sich den Zorn des Königs zugezogen, als er die Beute eines Raubzugs gegen einen benachbarten Stamm für sich behielt. Erst nachdem er den Limpopo überquert hatte, fühlte er sich in Sicherheit. Und so wurde das Volk der Matabele geboren, verstärkt durch zahlreiche Angehörige unterjochter Stämme, die sich Mzilikazi auf seinem langen Marsch von Natal (heute Kwa-Zulu) in Südafrika bis nach Rhodesien angeschlossen hatten.
Die Kalanga, der größte Stamm hier in diesem Gebiet, fürchteten sich zu Recht vor Mzilikazi und seinen Kriegern. Sie zogen sich in die Berge zurück und versteckten ihr Getreide in Tongefäßen, die wir heute überall zwischen den Felsen

finden. Sie sprachen einen Dialekt des Shona, bei dem das »r«, durch das »l« ersetzt wird. Nur noch wenige ganz alte Leute hier beherrschen diese Sprache heute noch, aber alle Hügel behielten ihre Namen, die ihnen die Kalanga gegeben hatten: *Dunu, Hongwe Tekwana* (»die schwebenden Felsen«) und *Thenjela* (»Pass auf!«), ein riesiger Felsbrocken mit einer Stirn wie ein Neandertaler und einem finsteren Gesichtsausdruck, der sich gefährlich zu einer Seite neigt.

Auch in anderen Gegenden des Matobo werden Matabele-Wörter benutzt: *Kalanyoni*, der Ruf eines Vogels, *Inungu* für Stachelschwein und, besonders wohlklingend, *Ififi*, der Singvogel mit der fliederfarbenen Brust, der angeblich Mzilikazis Lieblingsvogel war.

Irgendwann übernahmen die Zulus die Klicklaute der Buschmänner und integrierten sie in ihre Sprache. Drei davon, das »c«, das »x« und das »q«, gehören inzwischen ebenfalls zum Sindebele. Man kann sie auf wunderbar anschauliche Weise einsetzen, wie zum Beispiel in dem Namen des Geleeapfels – *Uxakuxaku* –, der einem, wenn man ihn ausspricht, das Gefühl gibt, als hätte man die glitschige, schleimige kleine Frucht bereits im Mund.

Ruthie, unsere Köchin, hat das Buschschwein, das sich immer hoffnungsvoll vor unserer Küche herumtreibt, Henry getauft, aber ich nenne es *Ungulungundu*, schon allein, weil es mir so einen Spaß macht, das Wort auszusprechen.

Ein Motorrad heißt *umdududu*, ein treffend lautmalerisches Wort, bei dem einem gleich das Motorengeräusch in den Ohren klingt, ebenso wie das Donnergrollen bei *umdumo*, Donner, und bei dem Wort *ukututumela*, zittern, läuft einem glatt ein Schauer über den Rücken.

Abgesehen von Davids Touren zu den Hasenköteln bekamen unsere Gäste die unterschiedlichsten Führungen geboten, auf denen es einiges Unerwartete zu erleben gab.
Einer unserer Guides, Rupert, hatte einen ziemlich schrägen Humor. Doch wenn er mit den Gästen redete, war er wortkarg, und er unterband jedes oberflächliche Geplauder mit einem finsteren Blick, der vermuten ließ, dass gerade ein Familienmitglied gestorben oder sonst eine schreckliche Katastrophe passiert war. Rupert leitete gerade eine Tour, als eine aufgeregte Französin die Worte »le chemin« durch das Heckfenster der Fahrerkabine des Toyota schrie. An dem Nachmittag war es das einzige zur Verfügung stehende Fahrzeug gewesen, und die französischen Gäste hatten darauf bestanden, alle an der Safari teilzunehmen, so dass sie zu siebt auf der Ladefläche stehen mussten.
Was konnte die Frau meinen? Die Gruppe war vor einer Weile vom Weg abgebogen und rumpelte jetzt auf der Suche nach einer Spießbockherde über ein von Erdferkellöchern übersätes Gelände. Aber da die Frau einfach nicht aufhörte zu kreischen, hielt Rupert an. Als er ausstieg, sah er den Mann der Französin zweihundert Meter weiter hinten im Staub sitzen, ein bisschen benommen, aber glücklicherweise unverletzt, die Videokamera immer noch um den Hals. Richtig, es hatte einen leichten Ruck gegeben, als das Fahrzeug über einen kleinen Termitenhügel fuhr.
Ein andermal, als Rupert und ich ein paar Australier, die vorübergehend in Simbabwe lebten, zu einer Abendsafari mitnahmen, passierte Folgendes: Es war in unserer Anfangszeit, und um das Geschäft anzukurbeln, boten wir Einheimischen Ausflüge zu einem Sonderpreis an, Getränke inklusive. Das war Musik in den Ohren der Australier. Mum, Dad, Sohn, Schwiegertochter, zwei Kinder und der über neunzigjährige

Grandpa hatten kaum die oberste Stufe der Treppe erklommen, als sie um ihr erstes Bier baten. Offenbar waren sie der Meinung, dass die Sache sich lohnen würde, wenn sie für mehr Geld trinken konnten, als der ganze Ausflug kostete, und sie setzten alles daran, ihr Ziel zu erreichen.

»Das tut dir gut, Grandpa«, sagte der Enkel immer wieder. »Du trinkst doch noch eins, oder?«

Aus irgendeinem Grund hatte Rupert beschlossen, die Aussies über eine extrem holprige Piste am Zaun entlangzukutschieren, die quer durch ein tiefes, ausgetrocknetes Flussbett führte. Aber Ruperts Optimismus war offenbar größer als seine Erfahrung. Er fuhr in vollem Tempo die Böschung hinunter, wild entschlossen, ohne anzuhalten ans andere Ufer zu gelangen. Als wir unten aufschlugen, flog Grandpa über den Sitz und wäre um ein Haar aus dem Wagen geschleudert worden, wenn seine Familie ihn nicht festgehalten hätte.

»Lieber Himmel, Grandpa!«, riefen sie beschwipst und lachten sich halb tot. »Da wärst du uns beinahe verloren gegangen, was?«

Der arme alte Junge. Später machten wir ein Picknick, und während es den traditionellen Absacker gab, und der Rest der Familie die gesamte Kühlbox leerte, saß Grandpa, blau gefroren und übersät mit blauen Flecken, im Auto und pfiff aus dem letzten Loch.

Nach ihrer Abreise entdeckten wir in der Matratze, auf der der Sohn geschlafen hatte, ein riesiges Brandloch. Offenbar war er irgendwann mit einer brennenden Zigarette eingeschlafen. Das hätte wirklich in einer Katastrophe enden können.

Von da an boten wir keine Safariwochenenden mehr an, bei denen die Getränke gratis waren.

Ein anderer Guide, Frank, der normalerweise still und träge

war, konnte ein ziemlicher Tyrann sein. Wer mit ihm eine Tour machte, sollte gefälligst etwas Vernünftiges lernen und nicht nur ziellos umherschlendern. Wenn Frank beispielsweise auf einen Baum mit kleinen, schwarzen Früchten aufmerksam machte und dessen Namen nannte, *Bridelia mollis*, gab er sich nicht damit zufrieden, dass der Gast den Namen wiederholte. Nein, nachdem er seinem Opfer einen zehnminütigen Vortrag über den Baum gehalten und es mit einem Dutzend weiterer wissenschaftlicher Bezeichnungen verwirrt hatte, führte er es schnurstracks zum nächsten *Bridelia mollis* und pflanzte sich mit dem gnadenlosen Blick eines strengen Lateinlehrers davor auf.

»Äh«, stammelte der arme Gast, der sich vorkam wie ein Idiot. »Äh – tut mir leid, Frank, ich kann mich einfach nicht erinnern …«

Woraufhin Frank einen entnervten Seufzer ausstieß und seinen Vortrag wiederholte.

Die besten Gäste waren diejenigen, die zum ersten Mal nach Afrika kamen und von allem restlos begeistert waren, denn sie stellten meistens keine peinlichen Fragen. Die schlimmsten hingegen waren einige Einheimische, typische Besserwisser, die im Handumdrehen die Leitung einer Tour übernahmen, nachdem sie lautstark verkündet hatten, ihre Familie lebe »in dritter Generation in Simbabwe« – als könnte das ihre bodenlose Ignoranz ausgleichen.

Für mich waren leidenschaftliche Vogelbeobachter immer ziemlich anstrengend. »Was ist das da?«, riefen sie zum Beispiel aus.

»Was?«, fragte ich, ohne dem Vogel Beachtung zu schenken, der gerade über die Straße flitzte, und richtete mein Fernglas scheinheilig auf einen Baum in der Nähe.

»Da! Da! Auf der Straße. Wenn Sie sich beeilen, können Sie

ihn noch sehen. Könnte ein Zimtspornpieper sein, andererseits sind die gelbbraunen Bauchfedern eher untypisch …«

In so einem Augenblick konnte ich nur noch versehentlich Gas geben oder, als letzte Rettung, mein Fernglas fallen lassen (natürlich in meinen Schoß).

Wir hatten also Führer, die alles wussten (oder zumindest davon überzeugt waren, alles zu wissen), und wir hatten Führer, die keine Ahnung von irgendetwas hatten, aber zu jedem Thema die unglaublichsten Geschichten zum Besten gaben.

Kapitel 12

Der Mangwe-Bezirk hat schon immer einen
seltsam hinterwäldlerischen Typ Siedler angezogen.
T. V. Bulpin

Im Matobo ist die Geschichte lebendig. Heute mag Stille über den uralten Hügeln liegen, aber vor noch nicht allzu langer Zeit hallten die Felsen wider vom Rumpeln der Wagenräder, von Speerrasseln und Gewehrfeuer. Geschichten und Legenden schlängeln sich zwischen den Kopjes hindurch wie ein rauschender Fluss, und auch wenn sein Verlauf sich ändern mag, die Felsen bleiben – und wachen für immer über die Geheimnisse derer, die hier lebten.

Eine kleine Pflanze namens *umthuzi wentaba* ist ein zartes Farnkraut, das in den Hügeln häufig vorkommt. Es ist ein Heilkraut, das besonders zur Wundbehandlung verwendet wird, aber sein Name – »der Schatten des Bergs« – bezieht sich auf Mzilikazi, den König und Beschützer des Volks der Matabele. Diejenigen, die für ihn tanzten, schmückten ihre Körper mit dem Farn, um dem König zu gefallen.
Mzilikazi wurde von den Matabele nicht nur als König verehrt, sondern auch als Vermittler zwischen den Menschen

und den Ahnengeistern. Als er im September 1868 starb, ging ein Schrei durchs Land: *Intaba idilikile!* Der Berg ist gefallen! Es wurde ein gewaltiges Festmahl zu Mzilikazis Ehren abgehalten, bei dem fünfzig schwarze Ochsen geschlachtet wurden.

Nachdem Mzilikazis Körper verwest war, wurden seine Überreste ins Matobo-Gebiet gebracht und zwischen zwei riesigen Granitfelsen oberhalb eines friedlichen Tals zur letzten Ruhe gebettet. Einige Untertanen des Königs wurden zusammen mit ihm begraben, und seine persönlichen Gebrauchsgegenstände, unter anderem die zerbrochenen Teile seines Lieblingswagens mit den himmelblauen Rädern, wurden in einer nahe gelegenen Höhle untergebracht, um ihm im Jenseits ein angenehmes Leben zu ermöglichen.

Mzilikazi hatte mehr als eine Million Quadratkilometer Afrika erobert, aber die Matabele beherrschten das Gebiet zwischen dem Limpopo und dem Sambesi nur fünfzig Jahre lang, nur ein Wimpernschlag in Simbabwes turbulenter Geschichte.

Über Jahrtausende hinweg waren die Buschmänner die einzigen menschlichen Bewohner dieses Landes. Dann, um 800, kamen von Norden her die Bantu, die auf der Suche nach neuen Siedlungsgebieten waren. Welle um Welle von Einwanderern schwappte über das Land hinweg, bis die Karanga, das »Volk der Sonne«, hier sesshaft wurden und das Königreich Monomatapa gründeten.

Die Karanga verehrten den Himmelsgott Mlimo. Anfangs hatten die Mambos, wie sie sich nach ihrem Herrscher nannten, ihren Hauptsitz in Great Zimbabwe, doch als Mutota, König der Monomatapa, ins Sambesi-Tal zog, spaltete sich der Stamm. Diejenigen, die mit Mutota nach Norden zogen, überrannten das Gebiet der Tonga, die sie als Makorekore – Wanderheuschrecken – bezeichneten, während die abtrünnigen Rozwi im Süden blieben.

Obwohl ihre Wirtschaft hauptsächlich auf Ackerbau und Vieh basierte, betrieben die Karanga einen florierenden Gold- und Elfenbeinhandel mit den Arabern an der Ostküste. Das Gold lockte die Portugiesen nach Afrika, und als die ersten Forscher im 16. Jahrhundert an der Küste von Mosambik an Land gingen, kamen sie in der Erwartung, phantastische Reichtümer für ihren König vorzufinden. Sie wurden zwar enttäuscht, aber sie ließen sich nicht beirren. Immer noch auf der Suche nach dem Eldorado, drangen sie weiter nach Norden bis ins Königreich des Monomatapa vor und unterwarfen sein Volk.

Mehr als hundert Jahre später vereinten sich die Makorekore schließlich wieder mit den Rozwi, um die Portugiesen aus dem Land zu vertreiben, was ihnen im Jahr 1700 gelang. Doch nun übernahmen die aristokratischen Rozwi die Herrschaft. Etwa hundert Jahre lang blieben sie an der Macht, aber dann wurden sie träge und dekadent, so dass es drei kriegerischen Generälen der Nguni, die südlich des Limpopo lebten, ein Leichtes war, sie Anfang des 19. Jahrhunderts zu stürzen. Die Nguni zerstörten die Städte der Rozwis und töteten den letzten Herrscher, indem sie ihn lebendig häuteten.

Als die fünfundzwanzigjährige Terrorherrschaft der Nguni endete, blieb den Karanga kaum Zeit aufzuatmen, bevor Mzilikazi mit seiner Matabele-Armee ins Land einfiel, eine der blutrünstigsten Armeen, die der Kontinent je erlebt hat. Marodierende Krieger überfielen die Siedlungen der Karanga, raubten das Korn und das Vieh und verschleppten die Jungen in die Sklaverei. Ein Matabele-Soldat erinnerte sich: »Alte Menschen und alle verheirateten Frauen wurden sofort abgeschlachtet. Diejenigen, die es gewagt hatten, sich den Soldaten zur Wehr zu setzen, wurden mitsamt ihren Familien auf besonders grausame Weise getötet, indem ihre nackten Körper zuerst mit in Fett getränktem Gras umwickelt und dann angezündet wurden …« Einmal mehr gerieten die Karanga unter die Herrschaft eines fremden Volkes.

Zwanzig Kilometer vom Tor zu unserer Farm entfernt macht die Straße eine Biegung und schlängelt sich dann durch die mit Felsbrocken übersäten Berge. Das ist der Mangwe-Pass, das Tor, das von Süden aus in Mzilikazis neugegründetes Königreich führte. Diesen Pass ließ der König stets gut bewachen. Im Jahr 1853 erhielten drei niederländische Jäger, die Brüder Joubert, die Erlaubnis, Mzilikazis Land zu betreten, und im darauf folgenden Jahr folgten die Missionare Robert Moffat und Sam Edwards, die das Wort ihres Gottes predigten. Mit der Zeit kamen immer mehr Weiße – Missionare, Jäger und Goldsucher. Alle brauchten die Erlaubnis des Königs, um einreisen zu dürfen.

Eine der interessantesten Persönlichkeiten unter denen, die nach Mangwe kamen, war Johannes Lodewikus Lee, der Sohn eines Kapitäns der königlichen Marine und einer Burin. Er lernte den einheimischen Dialekt und wurde von Mzilikazi, der ihn sehr schätzte, häufig als Dolmetscher herangezogen. Der König hatte so großes Vertrauen zu Lee, dass er ihn zum Vermittler in allen Verhandlungen mit den Weißen ernannte und ihm im oberen Mangwe-Tal ein Stück Land schenkte. Als Grundlage für die Bemessung des Grundstücks diente die Distanz, die ein Pferd in eineinhalb Stunden zurücklegen konnte: nach Norden, Osten, Süden und Westen. Carel Lee, Johns Neffe, setzte sich auf ein schnelles Pferd und umrundete in den ihm zugestandenen sechs Stunden ein

Gebiet von mehr als dreihundert Quadratkilometern. Noch heute trägt die riesige, nackte Felssäule, die das Land weithin sichtbar überragt, den Namen Lee's Castle.
Auf dem Pionierfriedhof im Mangwe gibt es einen Grabstein mit der Aufschrift: »Für König und Empire. Mrs. John Lee. Gestorben in Mangwe 1870«. Die anonyme Mrs. Lee war die zweite Ehefrau von John, der ein außerordentlicher Frauenheld war.
Lees erste Frau Maria Aletta van Wyk schenkte ihm vier Kinder. Ich weiß nicht genau, was aus ihr wurde, aber ich nehme an, sie ist an Erschöpfung gestorben. Jedenfalls hat Lee offenbar diese vier Kinder am Kap zurückgelassen, als er 1865 mit seiner zweiten Frau Louisa du Preez, die ihm bereits weitere sieben Sprösslinge geschenkt hatte, in den Norden kam.
Louisa war eine kultivierte Dame, die ihrer widerspenstigen Brut mit Hilfe der Bibel, dem einzigen Buch im Haus, das Lesen beibrachte – und angeblich nicht nur ihren Kindern, sondern auch den dreien, die John mit seiner Geliebten Jacoba zeugte. John war unterwegs, als die arme Louisa 1870 bei der Geburt ihres Abrahams starb. Nur ihre Kinder und ihre Diener waren an ihrer Seite.
Und auch der armen Jacoba erging es nicht viel besser mit John. Der ehelichte sie kurz nach Louisas Tod und sorgte dafür, dass sie ans Haus gebunden blieb, indem er zwei weitere Kinder zeugte. Aber weniger als zehn Jahre später setzte er sich mit einer neuen Geliebten nach Südafrika ab und ließ Jacoba mit seiner riesigen Kinderschar allein zurück.
Irgendwann kehrte John zurück, aber es heißt, Jacoba hätte sich gerächt und sei ihrerseits mit einem Liebhaber durchgebrannt. Ich wünschte, ich wüsste mehr über die Geschichte. Ich stelle mir das so romantisch vor: Jacoba, wie sie mitten in der Nacht auf einem schwarzen Hengst entführt wird, die

Arme um die Hüften eines großen, braun gebrannten, blauäugigen Holländers geschlungen. Andererseits – wie aufregend wird das gewesen sein, wenn vierzehn Kinder hinter den beiden hergaloppierten und nach ihrem Abendessen verlangten?

Zu Johns Ehrenrettung muss jedoch gesagt werden, dass er dem König ein ergebener Untertan war. Als Cecil John Rhodes ihn 1890 anheuern wollte, um seine Truppen ins Matabeleland zu führen, lehnte er ab, woraufhin seine Farm in Mangwe konfisziert wurde. Er starb 1915 in großer Armut.

Als die Matabele-Armee auf ihrem langen Zug nach Norden schließlich den Limpopo erreichte, teilte sie sich. Mzilikazi führte seine Truppen durch die Kalahariwüste ins Sambesital, während sein Leutnant, Gundwane Ndiweni, den direkteren Weg durch das Limpopotal und die Matoboberge nahm, um an den verabredeten Treffpunkt zu gelangen, wenige Kilometer von der heutigen Stadt Bulawayo entfernt. Die Matabele errichteten ihr neues Hauptquartier, das unaussprechliche Gibixhegu, am Fuß eines Tafelbergs, heute bekannt unter dem Namen *Ntaba ye Zinduna* (»Berg der Häuptlinge«), und dort warteten sie auf die Ankunft ihres Königs. Sie hatten gerade die erste Ernte eingebracht, als sie die Nachricht erhielten, Mzilikazi sei tot. Das brachte sie in eine äußerst schwierige Situation. »Wie können wir weiterleben?«, fragten sie sich, »ohne das Licht des Feuers?« Mzilikazi war der Einzige, der die jährliche Feier des *Inxwala*, des »Großen Tanzes« eröffnen konnte. Der König war derjenige, der die ersten Früchte der Ernte probierte, und nur er konnte sein Volk für das kommende Jahr rituell reinigen.

Auch wenn die Matabele ihren König nicht begraben konnten, ließ sich die Entscheidung über einen Nachfolger irgendwann nicht länger aufschieben. Und so krönten sie den vierzehnjährigen Nkulumani, Mzilikazis Sohn und Erben, zum neuen Herrscher über den Stamm.

Aber die Festlichkeiten dauerten nicht lange an. Mzilikazi, der in Wirklichkeit noch lebte, erfuhr von den Geschehnissen, als er nicht mehr weit von Gibixhegu entfernt war. Es heißt, nach seiner Ankunft habe er Gundwane und seine zwölf Häuptlinge auf dem Gipfel des Ntaba ye Zinduna zusammengerufen und, überzeugt davon, dass sie ihn verraten hatten, ausgerufen: »Keine Sonne kann aufgehen, solange eine andere nicht untergegangen ist.« Daraufhin ließ er die Männer mit Knobkerries totschlagen und ihre Leichen den Hyänen vorwerfen, die bereits am Fuß des Bergs warteten. Khanye, unser Scout, hat mir erzählt, einer dieser Unglücklichen sei sein Urahn Kusi Khanye gewesen.

Nkulumani unterdessen wurde offenbar rechtzeitig in Sicherheit gebracht. Aber es gibt widersprüchliche Berichte. Nach einer anderen Version wurde der Junge erdrosselt, nach einer weiteren wurde er auf Befehl seines Vaters zurück ins Zululand geschafft, wo er bis ans Ende seines Lebens in Frieden lebte. Rich jedenfalls war von der Geschichte so fasziniert, dass er beschloss, den jungen König wieder zum Leben zu erwecken.

Während seiner Zeit als Kurator der Abteilung für Säugetiere im Museum hatte er eine Gussform gefunden, die vor langer Zeit benutzt wurde, um eine Kriegerfigur zu erschaffen. Während die Lodge gebaut wurde, lieh Rich sich die Form aus, brachte sie mit Hilfe der Leute aus der Präparatorenwerkstatt wieder in Ordnung und goss einen stolzen Nkulumani, komplett mit Kopfschmuck aus schwarzen Straußenfedern und einem Lendenschurz aus Schakal- und Leo-

pardenfellen. In der rechten Hand hielt der junge König einen Schild aus schwarz-weißem Ochsenfell, zwei Wurfspeere und einen kurzen Speer und in der linken einen Knobkerrie.
Ammon, ein Arbeiter aus der Gießerei, opferte für zwanzig Dollar seine Haare, die Locke für Locke von seinem Kopf geschnitten und auf Nkulumanis Kopf befestigt wurden. Die Haare, die bei der Prozedur heruntergefallen waren, wurden eingesammelt und auf die Brust des jungen Königs appliziert. Die dunkelbraunen, aus Amerika importierten Augen, die eigentlich für ein ausgestopftes Warzenschwein vorgesehen gewesen waren, verliehen dem Kriegerkönig einen stolzen, gefährlichen Blick.
Kurz nachdem der Königssohn in die Lodge eingezogen war, fiel mir auf, dass unser Oberkellner Obediah sich neurotischer denn je benahm. Er schlich vorsichtig herein, verpasste dem Boden ein paar blitzschnelle Besenstriche und brachte sich gleich darauf im Esszimmer in Sicherheit.
Einmal fand ich ihn dort auf einem Stuhl vor, das Gesicht in den Händen verborgen. »Dieser Mann!«, stöhnte er mit weit aufgerissenen Augen. »Er kennt mich! Wenn ich mit meinem Besen da reingehe, beobachtet er mich. Und wenn ich fege, verfolgt er mich mit seinem Blick!«
Obadiah war nicht der Einzige, der sich von Nkulumani eingeschüchtert fühlte. Einmal, als wir den Kriegerkönig von einer Wanderausstellung abgeholt hatten und ihn, bis auf den Kopf in Plastikfolie eingewickelt, in unserem Auto nach Hause fuhren, hielten wir in Bulawayo an, um eine größere Menge Eis für eine Party zu kaufen. Rich kam in Begleitung zweier junger Männer, die ihm beim Tragen halfen, zurück zu unserem Toyota und öffnete die hinteren Türen. Die beiden Träger blieben wie angewurzelt stehen.
»Der ist vollkommen ungefährlich«, sagte Rich leichthin. »Er

ist vor ein paar Tagen gestorben, aber das Eis wird ihn kühl halten, bis wir zu Hause sind.«
Die beiden Männer starrten Nkulumani wie gebannt an. »Ich weiß, dass Sie lügen«, sagte einer von ihnen. »Das ist keine echte Leiche!«
»Ihr glaubt mir nicht?«, fragte Rich gespielt beleidigt. »Dann fühlt doch mal an seinem Kopf.«
Vorsichtig streckte einer der beiden eine Hand aus und berührte Ammons wolliges Haar. Im nächsten Augenblick machte er einen Satz rückwärts, und die beiden Burschen ließen ihre Tüten fallen und flüchteten entsetzt in den Laden.
Eines Abends saßen wir kurz vor dem Abendessen mit einigen englischen Gästen in der Lounge zusammen. Eine Frau saß direkt unter Nkulumani, als diesem plötzlich der Schild und die Speere aus der Hand fielen und der Frau auf den Kopf krachten.
Zum Glück war kein Blut geflossen, und nachdem die Frau es sich mit einem frischen Glas Whisky in einem Sessel in sicherer Entfernung von dem Königssohn bequem gemacht hatte, versuchte Rich, die Situation mit einem Scherz zu bereinigen.
»Das war die Rache der Matabele«, sagte er lachend. »Sie müssen mit Rhodes verwandt sein.«
Die Frau wurde noch bleicher. »Das bin ich tatsächlich«, erwiderte sie, und das war kein Scherz.

Als Mzilikazi schließlich wirklich starb, war es keine leichte Aufgabe, einen Erben und Nachfolger zu finden. Es wurden Boten in Richtung Süden geschickt, um nach Nkulumani zu suchen, doch sie kehrten mit widersprüchlichen Berichten zurück. Im Jahr 1870 wurde Lobengula zum neuen König bestimmt, obwohl viele ihn nicht für einen königlichen Nach-

fahren hielten, weil seine Mutter eine Swazi-Prinzessin war. Zwischen zwei Splittergruppen des Stammes brach ein Bürgerkrieg aus, aber am Ende siegten Lobengulas Anhänger, und über zehn Jahre lang herrschte Frieden im Land. Während die Matabele damit beschäftigt waren, Raubzüge ins Mashonaland zu unternehmen, konzentrierten die Europäer sich darauf, zu jagen und Handel zu treiben und machten im Allgemeinen keinen Ärger.
Im Jahre 1865 hatte Mzilikazi eine Entscheidung getroffen, die sein Sohn für immer bereuen würde. Nachdem die Jäger die Elefanten im Matabeleland empfindlich dezimiert hatten, begannen sie, sich für das im Norden gelegene Gebiet zu interessieren. Und als Henry Hartley um die Erlaubnis bat, im Mashonaland jagen zu dürfen, den traditionellen Jagdgründen der Matabele, stimmte der König widerwillig zu. Hartley stieß auf eine Gold führende Quarzader und entdeckte so die alten Goldfelder des Nordwestens wieder. Um 1880 erreichte das Goldfieber seinen Höhepunkt, und Lobengula wurde von untereinander zerstrittenen Europäern bedrängt, die alle um die Schürfrechte buhlten. Der König war ein kluger Politiker, und er wusste, dass sein Stamm sich der Macht der Weißen nicht lange würde widersetzen können. Ihm blieb nichts anderes übrig, als sich auf einen Kompromiss einzulassen.
Am Ende trickste Cecil John Rhodes alle anderen Glückssucher aus. Im Jahr 1880 schwatzten seine Agenten dem König die weit reichenden Schürfrechte ab, die schließlich den Weg bereiteten für die Vorherrschaft der Weißen im ganzen Land. Lobengulas Krieger machten die Situation für den König noch komplizierter, als sie ihn um die Erlaubnis bedrängten, die Weißen zu vertreiben. 1893 zettelten sie einen Aufstand an, doch nach gut zwei Monaten marschierten die siegreichen

Weißen in Lobengulas Hauptstadt Bulawayo ein und hissten die britische Flagge. Allerdings war die Stadt abgebrannt und der König verschwunden. Als Flüchtling im eigenen Land zog Lobengula sich mit seiner Gefolgschaft in den Norden zurück, wo er sich angeblich zusammen mit seinem wichtigsten Berater Magwegwe vergiftet hat.
Drei Jahre später kam es erneut zu einem Aufstand, bei dem sich schätzungsweise fünfzigtausend Matabele in den Höhlen des Matobo versteckten, bis Verletzungen und Hunger sie im September 1896 zwangen, sich Rhodes zu ergeben.
Die weißen Einwohner von Mangwe, etwa hundertfünfzig Holländer und Engländer, suchten während des Aufstands Zuflucht in dem unterirdischen Fort, das im Krieg von 1893 errichtet worden war.
Dieser Aufstand läutete das Ende der fünfzigjährigen Herrschaft der Matabele ein. Rhodes' Zettel mit Lobengulas Unterschrift darauf verwandelte sich auf wundersame Weise in einen königlichen Freibrief, und Rhodesien wurde zu einer Kolonie der britischen Krone. Neunzig kurze, aber ereignisreiche Jahre lang bis zur Unabhängigkeitserklärung im Jahr 1980 herrschten die Weißen über das Land zwischen den beiden großen Flüssen.

Kapitel 13

Ich bin ein Bruder der Drachen geworden
und ein Geselle der Eulen.
Buch Hiob

Nie haben wir genug Käfige. Egal, wie viele wir bauen, das nächste Waisenkind oder der nächste Invalide braucht garantiert einen anderen. Das Nest in der stillen Ecke eines Käfigs, der als perfekte Zuflucht für den verletzten Igel dient, ist völlig ungeeignet für das Buschhörnchenbaby, das Platz zum Klettern und eine hölzerne, vom Dach baumelnde Schlafkiste braucht. Und mit Gehegen für größere Tiere ist es auch nicht einfacher. Halbmondantilopen und Warzenschweine graben sich unter Zäunen durch, Kudus und Elenantilopen springen drüber, und Steinböckchen rennen sie einfach um.

Also kommt es häufig vor, dass es für einen überraschenden Familienzugang keine passende Unterkunft gibt, und dann muss improvisiert werden. In solchen Situationen erweist sich ein geräumiges, spärlich möbliertes Haus, in dem es weder Teppichboden noch Vasen mit frischen Blumen oder bestickte Damasttischdecken gibt, als äußerst praktisch. Unser Ehebett hat schon einmal zwei traumatisierte Koritrappenküken beherbergt, und es ist der sicherste Ort für Buschhörnchenbabys, die ansonsten erfrieren würden. Wir stecken sie in einen Pantoffel aus Schaffell, den wir am Fußende unter die Decke packen, damit keine Gefahr besteht, dass wir sie nachts im Schlaf erdrücken. Unsere kleineren Besucher behalten wir im Auge, indem wir sie ins Büro sperren, und die Gästetoilette ist gut geeignet für die besonders schüchternen unter ihnen, wie das Steinböckchen Nina und den Sekretärvogel Geraldine. Wegen ihres gebrochenen Beins betteten wir Geraldine auf weiche Kissen, die wir in dem vergeblichen Versuch, sie vor dem entsetzlich stinkenden Vogelkot zu schützen, mit Handtüchern bedeckten.

Nicht alle Waisenkinder wurden uns vor die Haustür gelegt. Trotz einer landesweiten Benzinknappheit war Rich bereit, in sein Auto zu springen und sechs Stunden bis Harare zu fahren, um zwei Eulenküken abzuholen, die jemand vor einem Hund gerettet hatte. Er ist verrückt nach allen Vögeln, aber Eulen haben es ihm ganz besonders angetan. Wir hatten uns schon lange gewünscht, dass uns einmal eine »über den Weg laufen« würde und wir sie aufziehen und näher kennen lernen könnten. Zum Glück stellte sich heraus, dass er die lange Autofahrt nicht zu unternehmen brauchte, denn ein Bekannter, der am nächsten Tag nach Harare fliegen wollte, erklärte sich bereit, die Vögel mitzubringen. Da Air Zimbabwe die Eulen allerdings kaum als Passagiere akzeptieren würde, mussten sie im Laderaum transportiert werden. Nach einigen hektischen Telefonaten gelang es Rich schließlich, eine Hundereisebox aufzutreiben, einen handlichen Plastikcontainer mit Luftschlitzen an den Seiten und einer Gitterklappe.

In Harare gingen die Meinungen darüber auseinander, mit welcher Art von Eulenküken wir es zu tun bekommen würden. Während die einen sie für Adlereulen hielten, die größte Eulenart Afrikas, waren andere davon überzeugt, dass es sich um Weißgesichtseulen handelte, die, wenn sie ausgewachsen sind, etwa fünfunddreißig Zentimeter kleiner sind als die großen Adlereulen. Aber als Rich einen ersten Blick auf die beiden flauschigen grauen Küken warf, die ihn mit ihren dunklen, orangeroten Augen ernst anschauten, bestand für ihn nicht der geringste Zweifel.

»Zwei Weißgesichtseulen!«, strahlte er. »Meine Lieblingseulen!«

Es war ein erdrückend heißer Oktobertag. Wir hatten noch den ganzen Tag in der Stadt zu tun, und nachdem Rich den Eulenkäfig in der Nähe eines Ventilators aufgestellt und den Küken liebevoll etwas vorgegurrt hatte, fuhr er los, um noch ein paar wichtige Dinge zu erledigen. In der Zwischenzeit telefonierte ich mit der Zoohandlung, ließ mir deren gesamten Vorrat an Ratten reservieren und bestellte fünfundzwanzig Eintagsküken, die wir am späten Nachmittag abholen würden.

Nach dem Besuch in der Zoohandlung würden wir endlich die Heimfahrt antreten können. Die Ladefläche des Toyota war vollgepackt mit Lebensmitteln für die Lodge, Gasflaschen, Maismehlsäcken, Säcken mit Resten vom Gemüsehändler für die Buschböcke und allem möglichen Krimskrams, den wir jedes Mal aus der Stadt mitnehmen. Aber diesmal hatten wir noch eine besonders wertvolle Fracht, den Käfig mit den Eulenküken, den wir auf dem Rücksitz platziert hatten.

Während David auf die Eulen aufpasste, gingen Rich und ich in die Zoohandlung. Trübsinnig wie immer hockte der Eigentümer in seinem Laden und betrachtete die apathischen Kaninchen und die hechelnden Welpen in ihren Käfigen. Obwohl es schon später Nachmittag war, hatte die Hitze kein bisschen nachgelassen. Der Mann bat einen Mitarbeiter, unsere Ratten und Küken einzupacken, dann deutete er mit einer Kopfbewegung auf ein Regal hinter sich.

»Sehen Sie sich mal an, was ich heute Morgen reinbekommen habe«, sagte er düster. »Könnte Sie interessieren.«

Er nahm einen kleinen, offenen Styroporbehälter und stellte ihn auf den Verkaufstresen. Wir schauten hinein und sahen die Überreste eines alten Putzlappens – schmutzig, grau, leblos.

»Ein kleiner Junge hat sie mir gebracht – er hatte sie in diese Schachtel gesetzt und dann in seine Schultasche gestopft. Und das bei dieser Hitze!« Ungläubig den Kopf schüttelnd fuhr er mit einem Finger über den Putzlappen, der sich ein wenig zu rühren schien.

Dann nahm er die Hälfte des Inhalts aus der Schachtel und hielt uns das Häufchen hin.

»Am besten nehmen Sie sie gleich mit, wo Sie jetzt eine Eulenzucht aufmachen. Ich hab es geschafft, ihnen ein bisschen Futter und Wasser einzuflößen, aber die sind noch lange nicht über den Berg.«

Der Putzlappen verwandelte sich in ein Fleckenuhu-Küken, das uns durch halb geschlossene Lider anstarrte wie ein Reptil. Sein Schnabel war schwarz und stark gekrümmt, die schuppigen Füße riesengroß unter dem grauen Flaum. Es sah aus wie ein kleiner, frisch geschlüpfter Dinosaurier.

»Das da hat wahrscheinlich eine Chance«, sagte Rich, der das andere Küken in der Hand hielt, »aber bei dem hier bin ich mir nicht so sicher. Es bewegt sich kaum noch. Die müssen ja Gott weiß was mitgemacht haben.« Wenigstens gelang es ihm, ein paar Tropfen Wasser seitlich in den Schnabel des Kükens zu träufeln.

Wir packten die Küken und die Ratten zu den Säcken mit den Lebensmitteln, und während Rich fuhr, hielt ich die Dinosaurierbabys in der Styroporschachtel auf dem Schoß. Junge Fleckenuhus sind fast drei Monate lang vollkommen von ihren Eltern abhängig. Sie bleiben etwa sechs Wochen lang in ihrem Nest, und dann, lange bevor sie fliegen können, watscheln sie zum nächsten brauchbaren Baum. Mit Hilfe ihres Schnabels und der kräftigen Klauen klettern sie auf einen Ast, wo sie darauf warten, dass ihre Eltern ihnen die nächste Mahlzeit kredenzen.

Diese beiden waren von einem tumben Glücksritter, der gehofft hatte, in der Stadt ein paar schnelle Dollars zu verdienen, im Alter von weniger als einer Woche aus dem Nest geraubt worden. Wer weiß, wann sie zum letzten Mal etwas zu fressen bekommen und wie lange sie in der brütenden Hitze in der kleinen Schachtel gehockt hatten. Ein Wunder, dass sie nicht erstickt waren.

Jetzt hatten wir also vier Eulen, zwei Kisten mit Hühnerküken, die jedes Mal, wenn wir über einen Buckel fuhren, empört piepsten, und eine Kiste mit Ratten in allen Farben und Größen. Die Ankunft zu Hause war so chaotisch wie immer. Unser Sohn, unempfänglich für die verzweifelten Rufe seiner Eltern, rannte mit leeren Händen und halb nackt mit seinem Labrador um die Wette ins Haus, während wir im Schweiße unseres Angesichts versuchten, den Riesenberg an Krempel aus unserem Toyota zu laden, ohne dabei unter einem der zentnerschweren Maismehlsäcke begraben oder von einer der Gasflaschen erschlagen zu werden, die aussahen wie Atomraketen.

Diesmal allerdings war das Abladen unsere geringere Sorge. Die Ratten mussten aus ihrem muffigen Karton befreit und in einen passenden Käfig verfrachtet werden, bevor sie erstickten, und die fünfundzwanzig piepsenden Küken mussten in eine große Kiste gesetzt und gefüttert werden. Das war mein Job, und ich erledigte ihn in der Küche, die sich hervorragend als Tierpflegestation eignet. Der Inhalt unseres Kühlschranks ist zum Glück ziemlich normal, anders als der der Tiefkühltruhe. Ich gestatte keinem unserer Gäste, sich selbstständig irgendetwas aus ihr zu holen – zu groß war die Gefahr, dass jemand zufällig auf den Beutel mit den gefrorenen Ratten stieß oder auf den Kuckuck vom letzten Sommer, den wir immer noch nicht identifiziert haben, oder auf den Unterkiefer der jungen Rappenantilope, die kürzlich das Zeitliche gesegnet hat.

Aus irgendeinem Grund bin ich immer für das Lebendfutter zuständig, während Rich sich mit unseren glamouröseren Gästen beschäftigen darf, in diesem Fall mit den Eulenküken, die inzwischen mit ihm und David auf der Veranda saßen. Anfangs habe ich mich noch über diese Ungerechtigkeit beschwert, aber da er mit seinen langen, feinfühligen Fingern, seiner ruhigen Hand und seiner Bifokalbrille eindeutig im Vorteil ist, schlucke ich meinen Frust herunter. Offenbar lief alles ganz gut auf der Veranda. Häufig sind Neuankömmlinge völlig verängstigt und verweigern sich jeder Art von Futter, und so war ich erleichtert zu sehen, dass einer der Fleckenuhus nach kleinen Stückchen Fleisch schnappte, die Rich ihm mit einer Pinzette vor den Schnabel hielt. David saß neben ihm, das andere Küken auf dem Schoß.

»Habt ihr ihnen schon Namen gegeben?«, erkundigte ich mich.

»Diesmal darf ich die Namen aussuchen«, verkündete David, womit er Recht hatte. Allerdings musste die endgültige Namensgebung vom Familienrat einstimmig abgesegnet werden, um zu vermeiden, dass uns womöglich demnächst ein King

Kong oder Superman im Haus herumflatterte. »Das Küken, das Dad gerade füttert, soll Marco Polo heißen, weil es so abenteuerlustig ist, und meins soll Hedwig heißen, so wie die Eule, die Harry Potters Briefe abliefert. Und gefüttert ist Hedwig auch schon.«

Rich hielt Marco ein letztes Stückchen Hühnerfleisch hin, nach dem der kleine Racker so gierig schnappte, dass er beinahe zu Boden gefallen wäre. Mein Mann rückte seine Brille zurecht und betrachtete das Küken so hingerissen, als handelte es sich um einen prachtvollen Paradiesvogel.

»Sie sind unglaublich. Hier, halt ihn mal, ich muss die Weißgesichtseulen füttern.«

Mit einem Gesichtsausdruck wie ein Flüchtling in einem Rettungsboot saß Marco auf meinem Schoß, während Rich die Hundebox öffnete und vorsichtig eins der beiden anderen Küken herausnahm.

»Mmm«, murmelte er, als die kleine Eule das Fleischstückchen geschickt von der Pinzette zupfte, »das hier muss Ernst sein. Seine Augen sind ein bisschen gelber als Claudias.«

Tja, jetzt brauchten nur noch die Ratten passende Namen. In einem seltenen Anflug von Inspiration taufte ich das größte Weibchen Cadbury – nach seiner schokoladenbraunen Farbe – und das riesige Albinomännchen Nougat.

Während Rich Ernst fütterte, saß Claudia adrett auf meiner Hand.

»Hast du keine Angst, dass sie wegfliegen?«, fragte ich. »Die sehen doch aus, als wären sie fast flügge.«

Plötzlich drehte Claudia ihren Kopf um hundertachtzig Grad und starrte mich an, als hätte ich gerade etwas unfassbar Idiotisches von mir gegeben. Es ist wirklich unbeschreiblich, wie Eulen ihren Kopf korkenzieherartig umdrehen können, ohne den Rumpf auch nur einen Millimeter zu bewegen.

»Ich glaube nicht, dass sie wegfliegen«, sagte Rich. »Erstens sind sie noch Anfänger, und zweitens sind sie um diese Tageszeit nicht besonders unternehmungslustig.«

Inzwischen hockten Hedwig und Marco nebeneinander in einem mit Zeitungspapier ausgelegten Schuhkarton, eine ziemlich luxuriöse Unterkunft für die beiden Entführungsopfer, die fast den ganzen Tag in einer Styroporschachtel verbracht hatten.

Von Anfang an war nicht zu übersehen, dass beide Eulenpärchen aneinander hingen wie die Kletten. Sie konnten es nicht ertragen, getrennt zu werden. Und offenbar hatten sie viel miteinander zu bereden. Von morgens bis abends flüsterten sie geheimnisvoll miteinander oder klapperten verärgert mit den Schnäbeln, wenn Nandi sie neugierig beschnüffelte.

Ernst und Claudia hatten schon fast ihr vollständiges Erwachsenenfederkleid. Die dunklen Gesichtsfedern, die die stechenden, orangefarbenen Augen einrahmten, würden bald schwarz werden, ihre Gesichter würden heller werden, und in wenigen Monaten würde das Gefieder an ihrer Brust, das jetzt noch aschgrau war, sich cremeweiß färben. Aber selbst als Jungvögel erschienen sie mir perfekt: Sie waren so fein gezeichnet, als hätte ein Künstler mit feinsten Pinselstrichen auf perlgrauem Grund komplizierte Muster gezeichnet.

Am frühen Montagmorgen fuhr ich in unser Büro in der Stadt. Während ich meine erste Tasse Tee trank und gerade in meiner Handtasche nach einem Kamm suchte, rauschte Marina Jackson herein, wie immer perfekt zurechtgemacht.

Sie streckte mir ihre Hände entgegen, in denen sie etwas eingeschlossen hielt. »Ich habe hier ein Baby«, verkündete sie.

»Muss eine Maus sein.«

Sie schüttelte den Kopf, und als sie ihre Hände öffnete, kam ein winziges Weißgesichtseulen-Küken zum Vorschein, das höchstens ein paar Tage alt war. Das klitzekleine, mit grauem Flaum bedeckte Vögelchen saß stocksteif wie ein Zinnsoldat in Marinas Händen.

»Was für ein wundervolles Geschöpf. Wo hast du es gefunden?«

»An einer Tankstelle.« Zärtlich kraulte Marina die Brust des Kükens mit ihrem langen, rot lackierten Fingernagel. Es öffnete ein Auge, schaute sie ernst an und schloss es wieder.

»Wir kamen gerade von einer Wildzählung im Hwange National Park, und während der Tank volllief, sah ich mitten zwischen lauter Perlhühnern etwas kleines Graues sitzen. Es muss aus dem Nest gefallen sein. Am liebsten würde ich es behalten, aber das würde meinen Jack-Russel-Terrier nur eifersüchtig machen.«

Eine Woche später nahmen wir den kleinen Owlie in einem mit Servietten ausgelegten Drahtkäfig mit nach Hause. Am Abend boten wir ihm mit der Pinzette ein paar Stückchen Ratte an. Er kniff die Augen zu und wandte sich angewidert ab. Vor dem Zubettgehen versuchten wir es noch einmal, aber ohne Erfolg.

Am nächsten Morgen rief ich Marina an. »Wir machen uns Sorgen um deinen kleinen Owlie«, sagte ich. »Er will einfach nichts fressen. Wir haben es schon mehrmals versucht, aber es ist einfach zwecklos.«

»Was gebt ihr ihm denn?«

»Rattenstücke.«

»Igittigitt!«, rief Marina. »Ist doch klar, dass er das ekelhaft findet. *Wir* haben ihm immer frisches Filet zu fressen gegeben.«

Innerhalb von nur vier Tagen hatten die Fleckenuhus ihr Gewicht verdoppelt und lugten neugierig über den Rand ihres Schuhkartons. Aber sie waren immer noch ziemlich wackelig, und jedes Mal, wenn wir den Karton hochhoben, fielen sie auf den Rücken. Rich hielt die täglichen Fortschritte der einzelnen Küken in einem Tagebuch mit Kommentaren fest wie: »Abends halb verdautes Futter herausgewürgt« oder »Durchfall – braun und dünn«. Lauter kleine Unfälle, die den Fußboden im Büro in ein Minenfeld verwandelten. Nur wenige menschliche Babys erfreuen sich einer derart leidenschaftlichen Beobachtung durch ihre Eltern.

Während der gleichen Zeit überwachte Rich die Entwicklung zweier wilder Adlereulenküken, die auf einem nahe gelegenen Felsvorsprung hockten. Auch diese beiden wurden auf die Waage gesetzt, um Vergleichswerte für Marco und Hedwig zur Verfügung zu haben.

Eine Woche später versuchte ich gerade, Claudia ruhig zu halten, damit ich sie wiegen konnte, als das Telefon klingelte. »Ich brauche euren Rat«, sagte ein Freund, der aus der Stadt anrief. »Ich habe eine Eule gefunden ...«

Jetzt hatten wir also sechs. Der neueste Zugang war noch ein gerade flügge gewordener Fleckenuhu, den man halb tot vor Hunger und Erschöpfung in einem Graben gefunden hatte. Wir gaben ihm den Namen Disraeli. Er erhielt eine Junggesellenwohnung in einem Käfig vor unserem Schlafzimmer, wo er sich so lange erholen durfte, bis wir ihn freilassen konnten.

Schon bald wurde uns klar, dass bei Owlie die Liebe nicht durch den Magen, sondern durch die Füße ging. Wir hatten schon bei beiden Eulenpärchen beobachtet, dass sie sich gegenseitig die Füße kraulten, also wollten wir es natürlich auch einmal versuchen. David legte sich vor Hedwig auf den Bauch und kitzelte ihre Zehen, woraufhin sie kokett auf seine Hand krabbelte und begann, an seinen Fingern zu knabbern.

Auch Owlie reagierte auf die »Reflexzonenmassage«. Er

schmiegte sich dem Wohltäter in den Nacken und gurrte wie ein verliebter Täuberich. Dann knabberte er zärtlich an unseren Ohren und Haaren und schließlich am Mundwinkel, was ein nahezu berauschendes Erlebnis war, weil sein Atem so ähnlich duftete wie der eines Geiers.

Da Owlie seine leibliche Mutter nur ein paar Tage lang gekannt hatte, hielt er sich für einen Menschen und glaubte, er sei Teil unserer Familie. Wenn er nicht gerade auf der Schulter oder dem Schoß von irgendjemandem saß, hockte er vor dem Spiegel über der Frisierkommode, plusterte sich zu doppelter Größe auf, riss die Augen auf, legte die Ohrbüschel an wie eine wütende Katze und schnitt seinem Spiegelbild hässliche Fratzen.

Eines Morgens, als ich an meinem Schreibtisch saß, hörte ich einen Affen übers Dach flitzen. Im nächsten Augenblick landete er auf einem Ast des *Cassine* vor dem Fenster und fing an, sich nur wenige Handbreit von Owlie entfernt das Maul gierig mit Früchten vollzustopfen. Sofort richteten sich Owlies Ohrbüschel auf, und er starrte den Eindringling mit funkelnden Augen an. Dann stieß er einen wütenden Schrei aus, breitete die Flügel aus und wiegte sich drohend hin und her. Vor Schreck ließ der Affe die Frucht fallen, die er gerade in den Händen hielt, und bleckte ängstlich die Zähne. Etwa eine Minute lang hielt er stand, aber das diabolische Gesicht hinter der Fensterscheibe war zu viel für ihn. Schließlich sprang er vom Baum herunter und verschwand über den Zaun.

Unser Schlafzimmer war Owlies Hauptquartier, und vom Fenster aus hielt er wachsam Ausschau nach ungebetenen Gästen, zu denen seiner Meinung nach alle außer uns zählten. Selbst der Anblick eines harmlosen Kanarienvogels, der auf dem Rasen herumhüpfte, versetzte ihn in Rage. Zu meiner großen Freude entpuppte er sich wenigstens als Liebhaber guter Bücher. Wenn ich mich nach dem Mittagessen auf Davids Bett legte und ihm aus den *Chroniken von Narnia* vorlas, machte Owlie sich in meinen Haaren ein gemütliches Nest und ließ sich zu einer Siesta nieder.

Ende Oktober waren die Fleckenuhus auch ihrer dritten Kiste schon fast entwachsen. Als ich eines Nachmittags ins Büro ging, um nach den beiden zu sehen, ragte die Kiste gefährlich weit über die Kante des Aktenschranks hinaus, während die beiden Küken völlig schockiert in einer Ecke kauerten.

Egal, was die Eulen taten, es hatte meist etwas Komisches an sich. Hedwig zum Beispiel spielte gern mit Grashalmen, die sie mit einem Fuß festhielt und dann durch ihren Schnabel zog. Wenn Marco Polo dann zu ihr hineilte, um mitzuspielen, stolperte er regelmäßig über die Beine der Verandasessel. Beide Eulen wachten ängstlich über ihre riesigen Füße, als gehörten sie eigentlich jemand anderem und könnten sich jeden Augenblick aus dem Staub machen.

Nach drei Wochen hatten die beiden Uhuküken ihre grauen Putzlappen gegen gesprenkelte Morgenmäntel und weiße, wollige Liebestöter eingetauscht. Ihre Kiste zu säubern war meist ziemlich einfach gewesen, weil die beiden während der Prozedur friedlich auf dem Boden hocken blieben und höchstens die eine oder andere Landmine fallen ließen. Aber jetzt watschelten sie zu zweit los, nahmen Anlauf, schlugen mit ihren daunigen Flügeln und taten so, als würden sie fliegen. Einmal raste Marco Polo in vollem Tempo an mir vorbei, während ich mich gerade zum fünfzehnten Mal bückte, um Eulenkacke aufzuwischen. Aber offenbar hatte er sich verschätzt, und anstatt abzuheben, kollidierte er mit der untersten Treppenstufe. Doch ich war mir sicher, dass sie es am Ende schon schaffen würden.

Der Frühling in Afrika stellt einen grausamen Kontrast zu seinem europäischen Pendant dar. In der nördlichen Hemisphäre springen neugeborene Lämmer über saftige, grüne Wiesen, während wir in der brütenden Oktoberhitze fast vergehen, verhöhnt von Wolken, die Regen versprechen und dann doch nichts hergeben. Einmal rief Rich mich mittags ins Büro, wo Hedwig und Marco mit ausgebreiteten Flügeln auf dem Bauch lagen.

»Den Arsch in der Luft und die Beine von sich gestreckt«, sagte er. »Wie zwei fette Damen am Strand. Vielleicht können wir sie draußen ein bisschen abkühlen.«

Von dem Tag an gehörte der »Wassertanz« zum täglichen Ritual für alle Eulen. »Hu-huu!«, riefen sie beglückt, wenn Rich sie mit dem Gartenschlauch berieselte. Sie drehten ihre Köpfe, wackelten mit den Schwänzen und breiteten ihre Flügel aus, um jedes Tröpfchen Wasser abzubekommen. Wenn sie besonders ausgelassen waren, marschierten sie mit Grashalmen in den Schnäbeln im Gänsemarsch durch den Regen und versuchten, Kopfstände zu machen.

Wir bemühten uns, die Eulen so gut wie möglich in unseren Tagesablauf zu integrieren. Mein Tagebucheintrag vom 9. November lautet:

> *Hatten die Uhus gestern Abend zum Abendessen zu Besuch. Und sie haben sich vorbildlich betragen, wenn man von Hedwigs kleinem Unfall mit dem Weißweinglas absieht, mit dem sie zusammenstieß, als sie einen beinlosen Grashüpfer quer über den Tisch verfolgte.*
>
> *Wenn man die armen Insekten verstümmelt, schaffen beide Uhus es, sie zu fangen. Zuerst starren sie ihre Beute ein paar Minuten lang wie gebannt an, dann, bevor sie sie verspeisen, trippeln sie mehrmals im Kreis um*

sie herum, wahrscheinlich, um sich zu vergewissern, dass sie nicht beißt.

Zum Glück waren die Grashüpfer das einzige Lebendfutter, das wir ihnen gaben. Und selbst dabei hatten wir ein ungutes Gefühl. Falls es ein Leben im Jenseits gibt, werden Hunderte dieser glücklosen Insekten in unterschiedlichsten Stadien der Verstümmelung Vergeltung an uns üben.

Jeden Abend gegen sechs Uhr breitete Owlie seine Flügel aus, streckte erst das eine, dann das andere Bein und sah sich nach einer Beschäftigung um. Das Badezimmer war immer besonders verlockend. Er marschierte hinein, blieb stehen und sah sich stirnrunzelnd um. Dann setzte er zu einem kurzen Flug an und ließ sich auf dem Duschkopf nieder, von wo aus er denjenigen, der gerade unter der Dusche stand, gut beobachten und sich gleichzeitig wie in der Sauna fühlen konnte. Während man sich abtrocknete, schnappte er sich entweder ein Handtuch, das er auf dem Boden herumschleifte, oder warf sämtliche Fläschchen und Döschen aus dem Medizinschrank ins Waschbecken. Eines Abends rief Rich mich ins Bad.

»Du darfst dir was aussuchen«, sagte er, während Owlie uns aus der leeren Badewanne provozierend anstarrte. »Badesalz oder Badeeule?«

Kapitel 14

Deinen Namen weiß ich noch,
aber an dein Gesicht kann ich mich nicht erinnern.
Reverend W. A. Spooner

Nur selten brauchen unsere geflügelten oder vierbeinigen Gäste eine besondere Einladung. Die meisten spazieren einfach herein und lassen sich häuslich nieder, wie zum Beispiel die dicke Raubspinne, die ihr Netz zwischen dem Wohnzimmervorhang und dem Sofa spannte, oder wie Poombi, die sich als Frischling so gern auf eben diesem Sofa räkelte und heimlich zwischen die Kissen pinkelte. Selbst wenn wir schlafen gehen wollen, werden wir regelmäßig von tierischen Gästen belagert. Jeden Abend trippelt, wenige Minuten nachdem wir das Licht ausgemacht haben, eine Familie winziger, aber dafür umso gefräßigerer Spitzmäuse über die Kissen und macht sich über die Insekten her, die aus der Deckenlampe gefallen sind.

Natürlich teilen nicht alle Gäste unsere Faszination für jede Art von Haustieren. George aus Yorkshire zum Beispiel. Er fiel uns gleich durch seine laute Stimme und sein knallrotes Golfhemd auf, als wir die Stufen zur Lodge hochgingen, um eine Gruppe neu eingetroffener Gäste zu begrüßen.

»Der sieht aus, als wäre er von einem Löwen angefallen worden«, murmelte Rich.
»Schsch, Liebling«, beschwichtigte ich ihn automatisch, obwohl ich wusste, dass nichts meinen Mann davon abhalten konnte, seine Meinung kundzutun.
Wir schüttelten den vier in Khaki gekleideten Gästen die Hände und warteten, während George etwas in seinem Koffer suchte. Schließlich richtete er sich auf, so dass wir das knallrote Hemd, das sich gefährlich über seine enorme Wampe spannte, näher betrachten konnten, und wedelte mit einem unserer Prospekte vor Richs Nase herum.
»Ich habe eine Frage an Sie, Mr. Safari-Führer«, sagte George. »Ich möchte mal gern wissen, was wir hier tun sollen.«
Ich sah, wie Richs Kinn sich gefährlich vorschob. »Was genau schwebt Ihnen denn vor?«, fragte er eisig. »Die meisten unserer Gäste sind zufrieden, in einer der spektakulärsten Landschaften der Welt herumzuwandern oder -zufahren und sich die vierundvierzig Säugetierarten und die über zweihundert Vogelarten anzusehen, die es hier gibt. Aber vielleicht ist denen ja irgendetwas entgangen.«
Rich warf einen demonstrativen Blick auf Georges Bauch. »Wie wär's denn mit Bungee-Jumping?«
Einen Moment lang durchbohrten die beiden Männer einander mit wütenden Blicken.
»Was das Wildwasserpaddeln angeht«, fuhr Rich fort, inzwischen voll in Fahrt, »muss ich Ihnen leider mitteilen, dass die Flüsse hier zurzeit vollkommen ausgetrocknet sind, aber …«
Er wurde durch ein lautes Krachen und Scheppern unterbrochen, als Jowels Teetablett mit der Hintertür der Lounge kollidierte. Noch nie war mir dieses Geräusch so willkommen gewesen.

»Möchte jemand Tee?«, fragte ich, nahm Jowel das Tablett aus den Händen und hielt es George vor die Nase.
Er stopfte sich ein paar Kekse in den Mund. »Ich sage Ihnen, was ich tun will«, fauchte er, während lauter Krümel auf den Prospekt rieselten. »Ich will einen verdammten Leoparden sehen! Hier auf Ihrem Prospekt ist einer abgebildet, aber *sie* hat mir eben eröffnet, dass Sie schon seit Monaten keinen mehr zu Gesicht bekommen haben!«
Ich drehte mich zu Ursula um, die die Leute vom Flughafen abgeholt hatte und gerade mit finsterem Blick Tee einschenkte. Sie verdrehte die Augen.
»Ganz recht«, sagte Rich. »Und falls Sie einen entdecken, sind Sie ein echter Glückspilz. Leoparden gehören zu den scheuesten Wildkatzen Afrikas, und hier in dieser zerklüfteten Landschaft finden sie ausreichend Möglichkeiten, sich zu verbergen. Die kommen nicht auf Befehl aus ihren Verstecken, wissen Sie.« Mit einer ausholenden Geste zeigte er auf eine große Spießbockherde in der Nähe der Lodge. »Aber es gibt eine Menge anderer interessanter Dinge zu sehen.«
»O nein«, entgegnete George. »Ich bin schon so oft in Afrika gewesen, dass ich es nicht mehr zählen kann. Ich habe Löwen beobachtet und Büffel gejagt und bin auf Elefanten geritten – das ganze Programm. Jetzt fehlt mir nur noch ein Leopard. Und wenn ich keinen zu sehen kriege, dann werden Sie von meinem Anwalt hören!«
Man braucht nur wenige Monate im Tourismus zu arbeiten, um zu wissen, dass es mit Gästen, die so anfangen, nur noch schlimmer werden kann.
Auf Safarifahrten fläzte sich George auf dem Beifahrersitz des Toyota und gab lauthals abfällige Kommentare von sich, was die anderen Gäste zur Weißglut brachte. Als wir im nahe gelegenen Nationalpark eine weiße Nashornkuh mit einem

jungen Kalb entdeckten, schlief er gerade, und wir machten uns nicht die Mühe, ihn zu wecken, denn wir wussten sowieso, was er sagen würde: »Immer noch kein verdammter Leopard? Alles andere hab ich schon gesehen.«

Das Einzige, was Georges fleischigem Gesicht ein Lächeln entlocken konnte, war Essen, und erst als er an seinem dritten und letzten Abend gerade mit seiner Suppe beschäftigt war, bekamen wir Gelegenheit, ihm seine Unverschämtheiten heimzuzahlen.

Zufällig sah ich, wie sie aus dem Brotkorb stieg und dann, strotzend vor Gesundheit und Selbstbewusstsein einen Augenblick innehielt, um ihren Auftritt auszukosten. Meiner Erfahrung nach ist das der beste Moment, um sie zu erwischen, aber ich hatte zu lange gewartet. Als ich meine Hand hob, bemerkte sie den todbringenden Schatten und ging blitzschnell in Deckung. »Keine Sorge, die beißen nicht«, sagte ich. »Das ist bloß eine ...«

»Kakerlake!«, kreischte eine Amerikanerin am Kopfende des Tischs.

»Igittigitt!«, röchelte George, als die Schabe unter seinen Teller kroch, und warf seinen Löffel so schwungvoll in die Gemüsesuppe, dass sich die Hälfte der Kartoffel- und Möhrenstücke auf sein Hemd ergoss. Es kostete ihn einige Mühe, seine zwischen Tischkante und Stuhl eingeklemmte Wampe zu befreien, um auf die Füße zu kommen.

Irgendjemand musste etwas unternehmen. Ich wollte gerade aufspringen, als ich eine Hand auf der Schulter spürte.

»Ich mach das schon«, sagte Rich ruhig, schnappte sich eine saubere Serviette vom Tisch und reichte sie George seelenruhig.

»Pech gehabt, alter Junge. Sieht so aus, als würden Sie keine Insekten mögen.«

»Ekelhafte Viecher!«, stammelte George, während er sich hektisch Gesicht und Hemd betupfte.
»Ha! Da ist sie ja!« Rich machte einen Satz in Richtung Tür. »Erwischt!«
Er bückte sich und hob die Schabe vom Boden auf. Dann hielt er sie zwischen Daumen und Zeigefinger, um sie George zu zeigen. »Was würden Sie sagen, wenn ich Ihnen erklärte, dass Sie sich gewaltig irren? Ihnen mag dieses Insekt hässlich erscheinen, aber es handelt sich um ein Exemplar der *Periplanata americanus*, eine vollkommen harmlose Verwandte der lieblichen Gottesanbeterin. Diese erstaunlichen Insekten sind so erfolgreich, dass sie in unveränderter Form seit über dreihundert Millionen Jahren existieren, stellen Sie sich das mal vor! Nicht die Tiere sind verkehrt, George, sondern Ihre Wahrnehmung.«
Rich trat einen Schritt näher, damit George die Kakerlake noch besser in Augenschein nehmen konnte.
»Das reicht!«, schrie George und versuchte, Rich und die Schabe mit einer Serviette zu verscheuchen.
»Natürlich«, fuhr Rich unbeirrt fort, »ist die Periplanata äußerst gefräßig, aber dafür sollten wir sie nicht verurteilen, nicht wahr, George? Sehen Sie, das tun wir hier. Wir bieten allen Kreaturen ein sicheres Zuhause, ganz egal, wie sie aussehen. Wenn Sie mich also jetzt entschuldigen wollen, ich bringe das kleine Tierchen nur schnell wieder dorthin zurück, wo es hingehört.«
Rich trug die strampelnde Schabe nach draußen. George ließ sich sprachlos auf seinen Stuhl sinken, und nachdem ich einen kurzen Blick unter die Schüsseln geworfen hatte, um mich zu vergewissern, dass wir mit keinem weiteren Überraschungsgast aus dem Tierreich rechnen mussten, servierte ich das Roastbeef.

Als wir an dem Abend unser Haus betraten, konnten wir endlich nach Herzenslust losprusten.
»Was hast du mit dem ekligen Biest gemacht?«, fragte ich Rich.
»Natürlich zertreten«, erwiderte er. »Aber Georges Gesicht war doch einfach göttlich.«

Wenn die Insekten in Scharen auftauchen und David stundenlang damit beschäftigt ist, Atlasspinner, Stabschrecken, Bockkäfer und all die anderen aufregenden Geschöpfe zu beobachten, die sich an warmen Sommerabenden von den Lichtern in der Lodge unwiderstehlich angezogen fühlen, dann wissen wir, dass es endlich Regen gibt. Hin und wieder allerdings kann es auch zu viel des Guten sein. An einem Nachmittag im September stand ich vor dem Haus, als ich aus der Ferne ein lautes Dröhnen hörte, so als näherte sich eine Staffel Kampfjets. Am Himmel war weit und breit nichts zu sehen. Doch das Dröhnen wurde immer lauter, und dann plötzlich erschien über dem Dibe eine riesige schwarze Wolke, schob sich über die Felsen und rollte ins Tal. Es waren Tausende von Stinkkäfern, die um mich herum in die Bäume prasselten wie schwarze Hagelkörner. Und das war kein vorübergehender Besuch, sondern eine Invasion mit anschließender Okkupation, die sich über mehrere Monate hinzog. Es war eine Sache, wenn sich hin und wieder mal eine Küchenschabe auf den Esstisch verirrte, aber nicht einmal der eifrigste Entomologe hätte die krabbelnde schwarze Masse ertragen, die den Teppichboden und die Wände bedeckte, jederzeit bereit, bei der geringsten Provokation einen grauenhaften Gestank zu verbreiten.
Wir waren gezwungen, zu verzweifelten Maßnahmen zu greifen. Bewaffnet mit einer Dose Insektenspray, ein Ta-

schentuch über Mund und Nase gedrückt, rannten wir in ein Zimmer nach dem anderen, sprühten um uns, was das Zeug hielt, und flüchteten wieder nach draußen. Vier Stunden später erschien dann einer der Angestellten mit Besen und Eimern, und kurz darauf türmte sich draußen ein Haufen schwarzer Käferleichen. Aber kaum öffneten wir die Fenster, um die Räume zu lüften, krochen Hunderte von trauernden Verwandten aus den Ritzen, und der Kampf begann von Neuem.

Neben meinem Schreibtisch liegen zwei dicke Ordner mit Briefen und Karten von ehemaligen Gästen, von denen viele mit der Zeit zu Freunden geworden sind.

Darunter liegt ein dünner Ordner mit der Aufschrift »Beschwerden«. Zwar hat es bisher nur wenige gegeben, aber erstaunlicherweise erinnern wir uns haargenau an jeden unangenehmen Vorfall, selbst wenn es sich um eine Lappalie gehandelt hat.

Für eine gesichtslose Firma in New York, die, sagen wir mal, Kondome nach Kamerun liefert, mag Kritik keine große Rolle spielen, denn solche Firmen brauchen sich weder mit ihrer fehlerhaften Ware noch mit den aufgebrachten Kunden direkt auseinanderzusetzen. Aber Lodgebesitzer wie wir, die letztlich ihr Haus für Fremde öffnen, müssen sich mit deren Beschwerden auf ganz persönliche Weise herumplagen. Um solch eine heikle Situation zu entschärfen, tut man gut daran, sich wortreich zu entschuldigen – egal, ob man im Recht oder im Unrecht ist –, nach Möglichkeit Abhilfe zu schaffen und anschließend weiterzumachen, als wäre nichts geschehen, damit nur ja kein weiterer Gast auf die Idee kommt, irgendeinen Grund zur Klage zu finden. Oder man geht die Sache ganz direkt an.

Auszug aus einem Brief von Mr. und Mrs. Jenkins an ihre Reiseagentur:

Von Stone Hills waren wir zutiefst enttäuscht! Die Zimmer besaßen den Charme einer Jugendherberge, und es wimmelte nur so von Insekten. Der Swimmingpool war schmutzig …

Auszug aus dem Antwortschreiben des Managers J. R. Peek:

Der Swimmingpool: Ich war zufällig dabei, als unsere Verwalterin Ursula von Mr. Jenkins gebeten wurde, ein paar Fliegen aus dem Wasser zu entfernen, die tragischerweise an einer Chlorvergiftung verendet waren. Mr. Jenkins erklärte, er fürchtete, gestochen zu werden – möglicherweise leidet er an einer Insektenphobie. Mein fünfjähriger Sohn war Ursula behilflich und fischte einige der Übeltäter mit bloßen Händen aus dem Pool. Das Wasser im Pool war kristallklar. Mr. und Mrs. Jenkins sollten sich fragen, warum sie unbedingt in Afrika Urlaub machen wollen, wenn sie sich vor Insekten fürchten.
Insekten: Ja, wir hatten eine Hitzeperiode, und es gab tatsächlich Insekten im Haus. Alle Betten sind mit Moskitonetzen ausgestattet, und in jedem Zimmer steht eine Dose Insektenspray. Natürlich könnte man die Lodge auch in den Schwarzwald verlegen, wo die einzigen auffindbaren Insekten sicher in Bernstein eingeschlossen sind.

Mit wenigen Ausnahmen sind Engländer auf liebenswerte Weise verschroben, vor allem, wenn es um Tiere geht. Nur in

London würde ein Polizist den Verkehr auf einer befahrenen Straße anhalten, damit eine dicke Spinne heil über die Straße kommt. Und nur dort würde die Menge begeistert applaudieren, sobald die Spinne auf der anderen Straßenseite angekommen ist.

Die Idee, eine Libellengesellschaft zu gründen, konnte also nur auf englischem Boden geboren werden, und nur dort konnte es passieren, dass Hunderte von Libellenfans der Gesellschaft beitreten und weite Reisen unternehmen, um diese Juwelen der Gewässer zu beobachten. Fast jeden Sommer kommt die Libellengesellschaft in Gestalt von Ray und Kay Thomson nach Stone Hills. Wir geben den beiden jedes Mal dieselben Zimmer, das obere mit Blick auf die Wasserstelle und die farbenprächtigen Hügel rund um das Pundamuka-Tal und das darunter, wo die beiden Hobbyforscher ihre Fotoausrüstung unterbringen können. Ray und Kay sind sehr bescheiden. Nach dem Frühstück machen sie sich, ausgerüstet mit einem gut gefüllten Picknickkorb, in unserem alten Landrover auf den Weg und kehren abends braun gebrannt und glücklich zurück. Vor dem Zubettgehen trinken wir meist noch einen Gin Tonic auf der Veranda.

Sooft wir können, nehmen wir unsere Ferngläser und Kameras und machen uns auf die Suche nach diesen beiden ruhigen, gelassenen Menschen. Für ein perfektes Foto von einer Libelle nimmt Kay klaglos Hitze, Hunger und Unbequemlichkeit jeder Art in Kauf. Wie zwei Suchscheinwerfer entdecken ihre grünen Augen noch das winzigste Insekt.

»Da drüben!«, ruft sie aus, wenn sie uns kommen sieht. »Seht euch das an!«

Dann tritt sie von ihrem Stativ zurück, und durch ihre Kameralinse sehen wir nur Millimeter vor uns den dicken, gestreiften Leib von Argiope, der Radnetzspinne. In den klebrigen Fäden ihres Netzes hat sich eine Fliege verfangen, und die Spinne ist gerade dabei, ihre Beute säuberlich mit Seide zu umwickeln, bevor sie das lähmende Gift injiziert. Ihr winziger Gatte sitzt derweil unauffällig weiter oben im Netz und wartet, bis sie sich über ihr Festmahl hermacht. Dann lässt er sich vorsichtig zu ihr herunter und setzt sich behutsam für einen Quickie auf ihren Hinterleib, denn falls sie ihn bemerkt, läuft er Gefahr, von ihr zum Nachtisch verspeist zu werden. Über das ganze Netz verteilt glitzern Agyrodes, Kugelspinnen, wie tausend Tautropfen. Während das Spinnenweibchen frisst, schleichen sich diese kleinen Kleptoparasiten (von Griechisch »kleptes«, Dieb) an und warten geduldig auf ihre Chance, sich an den Resten gütlich zu tun.

Libellen gibt es seit über dreihundert Millionen Jahren auf der Erde, länger als fast alle anderen heute lebenden Insekten. Die schnellen und aggressiven (aber für den Menschen harmlosen) Drachen der Lüfte sind die gefährlichsten Räuber der Insektenwelt, doch ihre Namen klingen wie aus einem Märchen: Die große Königslibelle fliegt auf ihrer endlosen Pirsch an uns vorbei und wirft einen Schatten auf die Wasseroberfläche, aus dem Schilf steigt der Phantom-Flutterer und zeigt die violetten Punkte auf seinen zarten Flügeln, und da drüben huscht die Wanderlibelle am Ufer entlang.

Mit Kay und Ray verbringen wir fast den ganzen Tag lang mehr oder weniger reglos am Flussufer, während um uns herum das Leben summt und brummt. Am Mittag tragen wir unseren Picknickkorb zu einem Baum, strecken uns in seinem Schatten aus und lauschen den Geschichten, die Ray mit seiner weichen Stimme erzählt. So ruhig und geduldig, wie er ist, stelle ich mir den perfekten Arzt vor, und genau das ist sein Beruf. Mit diesen beiden ganz besonderen Menschen am Flussufer zu sitzen ist für mich jedes Mal, als würde ich zum ersten Mal entdecken, wie man diese verwirrenden dreidimensionalen Bilder entziffert. Es heißt, wenn man sie richtig und lange genug betrachtet, kommt das eigentliche Bild irgendwann zum Vorschein, und plötzlich sieht man klar. In unserem Fall verwandelt sich dann ein ganz normales, langweiliges Stück Flussufer plötzlich in eine komplexe Miniaturwelt voller unglaublicher Geschöpfe, die man an einem normalen Tag völlig übersehen würde.

Für mich ist das Schönste am Leben im Busch, aus unserem Haus in eine andere, mysteriöse Welt treten zu können. Natürlich ist mir das nicht ständig bewusst, vor allem dann nicht, wenn ich unterwegs in die Lodge bin, um das Frühstück zuzubereiten, und mir bereits schwant, dass uns mal wieder die Eier ausgegangen sind, oder wenn Rich an einem besonders hektischen Tag den Generator reparieren muss. Denn diese andere Welt kommt uns nicht entgegen, sondern wir müssen sie in aller Ruhe suchen, indem wir unsere Sinne von jeglicher Ablenkung befreien. Wenn wir dann nach Hause kommen, machen wir uns eine Kanne Tee, legen die Füße hoch und gehen einen Stapel Tierbücher durch, um Antworten auf unsere vielen Fragen zu finden. Anfangs waren diese Bücher für mich die Bibel, aber Rich, der sie mit den Augen des Wissenschaftlers betrachtet, hat mich schnell eines Besseren belehrt. »Verlass dich nicht nur auf die Bücher«, riet er mir. »Vertraue deiner eigenen Beobachtungsgabe.« Und mit der Zeit dämmerte mir, dass wir in einem natürlichen Forschungslabor wohnen und unser Leben mit Geschöpfen teilen, über die kaum etwas bekannt ist. Wir besitzen jede Menge Nachschlagewerke, sieben verglaste Regale voll mit Büchern zu jedem Thema der Naturgeschichte, aber sie dienen nur als Ausgangspunkt.

Eins meiner Lieblingsbücher ist *Skaife's Insects of Southern Africa*. Es enthält zahlreiche Hochglanzfotos und ist sehr unterhaltsam geschrieben, man spürt die Begeisterung des Autors für sein Thema. Aus diesem Buch lernte ich, dass Insekten (und Spinnen) ein äußerst gefährliches und von Ungerechtigkeiten geprägtes Leben führen. Nirgendwo sonst im Tierreich wird der Krieg zwischen den Geschlechtern auf so brutale Weise ausgefochten.

Nehmen wir beispielsweise den winzigen Sackträger, ein harmloses Geschöpf, das sich in einem seidenen, raffiniert mit kleinen Zweigen und Blättern getarnten Kokon verpuppt. Die männlichen Sackträger schlüpfen und fliegen sofort los, um nach einer Partnerin zu suchen, doch die Weibchen bleiben im Kokon zurück und warten auf das einzige Vergnügen, das ihnen in ihrem kurzen, zweitägigen Leben vergönnt ist. Für einen ganz kurzen Augenblick schiebt das Männchen seinen Hinterleib in den Kokon, um dem Weibchen einen Quickie zu verpassen, und fliegt davon. Sie bleibt zurück, legt ihre Eier ab und stirbt, ohne jemals einen Sonnenstrahl auf ihrem armen Körper gespürt zu haben.

Der Gerechtigkeit halber muss ich allerdings hinzufügen, dass es meistens die Weibchen sind, die die Oberhand bewahren. Manche Arten von Stabschrecken beispielsweise kommen sogar gänzlich ohne Männchen aus. Sie ziehen die jungfräuliche Geburt vor und legen unbefruchtete Eier, aus denen wie auf wundersame Weise lebensfähige Nachkommen schlüpfen.

Und dann gibt es noch die Glühwürmchen. Die unterschiedlichen Arten benutzen verschiedene Leuchtsignale, um paarungswillige Partner anzulocken. Die Weibchen einer besonders raffinierten Spezies imitieren sogar die Signale anderer Arten, und wenn die Männchen in der Hoffnung auf ein bisschen Spaß angeflogen kommen, werden sie kurzerhand verschlungen.

Um mehr über ein Tier zu erfahren und es dadurch näher kennen zu lernen, muss man zuerst seinen Namen ausfindig machen. Der wissenschaftliche Name eines Tiers oder einer Pflanze enthält häufig wertvolle Informationen, mit der Ausnahme, so fürchte ich, von *Homo sapiens* (weiser Mensch), der eher etwas über unsere Arroganz aussagt.

Der wissenschaftliche Name des Buschbocks, *Tragelanphus scriptus sylvaticus*, sagt uns, dass es sich um eine Antilopenart mit spiralförmig gedrehten Hörnern und einer auffälligen Zeichnung handelt und dass die Tiere bevorzugt in bewaldetem Gebiet leben.

Aber das reicht uns Menschen ja nicht. Wenn wir einen Buschbock erst einmal persönlich kennen gelernt haben, verpassen wir ihm auch noch einen Kosenamen, wie das bei Mary der Fall war. Indem wir sie taufen, nehmen wir sie in den Kreis unserer Familie auf. Für uns Menschen ist das so wichtig, dass wir unseren Kindern häufig schon Namen geben, bevor sie überhaupt geboren sind. Und wir alle wissen, wie schwierig es ist, mit jemandem zu plaudern, dessen Namen wir nicht kennen. Unser Name ist ein fundamentaler Teil unserer Identität.

Auch Kinder sind auf Namen fixiert. Mein stolzester Augenblick während der zwei qualvollen Jahre als Hauslehrerin war der Tag, an dem ich meinen Sohn und einzigen Schüler bat, mir einige Dinge aufzuzählen, die mit »P« anfangen. Ohne zu zögern sagte er: »Pterocarpus rotundifolia« und zeigte auf den rundblättrigen Kiaatbaum im Garten.

Einmal fuhr ich David und einige seiner Freunde mit dem Toyota auf der Farm herum, als plötzlich auf den hinteren Sitzen ein lautes Geschrei ausbrach.

»Iihh!«, schrie einer der Jungen. »Das ist ein Mistkäfer – der frisst Scheiße! Wirf ihn raus!«
Ich hielt an und brachte den Käfer in Sicherheit. »Ach, das ist ja der kleine Jack«, sagte ich. »Den hab ich ja schon ewig nicht mehr gesehen. Soll ich euch von ihm und seiner Familie erzählen?«
Alle wollten die Geschichte hören.

Kapitel 15

Das Schwein, mein Kind, ich schwör es dir,
ist mir das allerliebste Tier.
Roald Dahl

Die Zeit, in der Poombi in ihrer Villa am Flussufer wohnte, war einfach wunderbar. Jeden Tag fuhr ich hinaus, um Abel sein Mittagessen zu bringen, und häufig warteten die beiden schon auf mich.

Aus Gründen, die jedem einleuchten werden, konnte ich Abel den Topf mit seinem dampfenden Inhalt nicht einfach so überreichen. Auch konnte er sein Mittagessen nicht in Sicht- oder Riechweite seiner unersättlichen Gefährtin zu sich nehmen. Also lenkten wir Poombi irgendwie ab, und dann stieg Abel schnell ins Auto, kurbelte die Fenster hoch und machte sich über seine Mahlzeit her. Wenn ich verhindert war und jemand anders die Lieferung übernehmen musste, blieb Abel nichts anderes übrig, als sich entweder mit seinem Essen in Poombis Haus einzuschließen oder auf einen Baum zu klettern.

Zu Poombis großem Leidwesen brachten wir ihr nichts zu fressen. Es war wichtig, dass sie lernte, mit dem auszukommen, was die Natur zu bieten hatte. Wenn sie sich darauf ver-

ließ, dass wir sie fütterten, würde sich das auf unser Verhältnis auswirken und womöglich dazu führen, dass sie die Küche in der Lodge überfiel, was die Gäste in Angst und Schrecken versetzen oder sogar in Gefahr bringen konnte.
Selbst im tiefsten Winter sind die Tage im Matabeleland manchmal mild. Eines Nachmittags traf ich etwas später am Flussufer ein, weil wir mit ein paar Gästen ausgiebig zu Mittag gegessen hatten, und prompt waren Abel und Poombi nicht da.
Im Schatten eines Ahnenbaums lag ein Haufen weicher Reetgraswedel, die so verlockend aussahen, dass ich mich einfach darauf legte und einschlief. Als ich eine halbe Stunde später aufwachte, lag Poombi selig angekuschelt neben mir und schlief tief und fest.

Zu allen Jahreszeiten gab es am Fluss etwas Neues zu entdecken. Ausgerüstet mit seinem Kescher und einem schweren Knobkerrie, um uns alle gegen gefährliche Tiere zu verteidigen, sprang David von der Ladefläche und legte sich, den Hut tief in die Stirn gezogen, am Ufer auf die Lauer nach Kaulquappen und Libellenlarven für sein Aquarium. Für Rich und mich bestand das größte Vergnügen darin, die unterschiedlichsten Libellen zu beobachten, die über der Wasseroberfläche hin und her flitzten. Bewaffnet mit unseren Kameras machten wir uns wie Großwildjäger auf die Jagd nach den schillernden Insekten.
Wie alle Labradore war Nandi eine begeisterte Schwimmerin, und häufig setzte sie unserer Pirsch ein jähes Ende, wenn sie übermütig ins Wasser sprang. Es gelang ihr jedoch nie, Poombi zum Mitspielen zu überreden, denn deren Erfahrungen auf dem Gebiet des Wassersports waren eher unangenehmer Natur gewesen.

Das erste Unglück passierte auf einer von Davids Expeditionen. Zusammen mit Ursula und Poombi, die beiden Hunde im Schlepptau, hatte er sich auf den Weg zu dem kleinen Stausee am Hape River gemacht.
Poombi, damals noch ein junger Frischling, war an jenem Morgen besonders streitsüchtig gewesen, und unterwegs lauerte sie unserer armen, alten Lora immer wieder auf und fiel sie hinterrücks an, nur um anschließend jämmerlich quiekend hinter den anderen herzulaufen, bis sich jemand erbarmte und sie auf den Arm nahm. Am Fluss angekommen, ließen David und Ursula Poombi und die Hunde auf der Staumauer zurück und gingen auf die andere Seite, wo sie den Kescher langsam durch das seichte Wasser zogen. Schon bald hatten sie einen Wasserskorpion gefangen, ein längliches Insekt mit einem Schwanz wie ein Skorpion und Vorderbeinen wie eine Gottesanbeterin. Allerdings sitzt bei diesem Tier der tödliche Stachel nicht im Schwanz, der nur zum Atmen da ist, sondern in den Vorderbeinen. Am nächsten Morgen musste David bestürzt feststellen, dass das gefräßige Biest zehn von seinen kostbaren Kaulquappen gepackt und ausgesaugt hatte.
In dem Augenblick, als der Skorpion ins Netz ging, war ein lautes Platschen zu hören, und als sich die beiden Entomologen umdrehten, sahen sie den Kopf des wütenden Frischlings aus dem Wasser auftauchen – während die beiden Hunde auf dem Damm saßen und vollkommen unschuldig dreinblickten. Poombi schaffte es ohne Hilfe zurück ans Ufer, verhielt sich jedoch für den Rest des Tages auffällig still. Wir alle waren davon überzeugt, dass Lora, die die ewigen Schikanen leid war, Poombi in einem unbeobachteten Moment einfach ins Wasser geschubst hatte.
Aber diesmal fühlte Poombi sich nur in ihrem Stolz verletzt,

während ihre Begegnung mit dem Krokodil wirklich übel hätte ausgehen können. Während der Monate, die er mit Poombi verbrachte, vertrieb Abel sich die Zeit, indem er in der Bibel las. Möglicherweise war er über einem der längeren Psalmen eingeschlafen, jedenfalls kann er an jenem Tag nicht sehr konzentriert gewesen sein, denn wir hatten ihm eingeschärft, niemals mit Poombi in die Nähe des Stausees zu gehen, wo die beiden Krokodile lagen. Sie waren damals noch nicht besonders groß, vielleicht einen Meter sechzig lang, aber sie waren bereits äußerst geschickte Jäger. Davon abgesehen war es weiß Gott keine große Kunst, sich an ein fettes, durstiges Warzenschwein anzuschleichen, das arglos zum Trinken ins Wasser watete.
Eines der Krokodile schnappte nach ihr, nachdem sie genug getrunken hatte und gemütlich durch das seichte Wasser spazierte, doch bevor es ihr Hinterbein richtig erwischen konnte, schritt Abel ein und verscheuchte das gefräßige Reptil. Die einzigen Blessuren, die Poombi davongetragen hatte, waren glücklicherweise nur ein paar kleine Bissstellen, die mit Hilfe von desinfizierenden Verbänden schnell verheilten. Doch das Erlebnis war ihr eine Lehre gewesen, und zwar eine, die ein intelligentes Mädchen wie Poombi nicht so schnell vergessen sollte.
Im Winter ist es am Fluss nicht weniger spannend. Mit Nandis begeisterter Unterstützung hatte David angefangen, ein kompliziertes Tunnelsystem zu graben, während wir anderen (wozu zur Siestazeit natürlich auch das Schwein gehörte) uns faul auf dem warmen Sand am Ufer ausgestreckt hatten. Dass Poombi nicht mehr in unserem Garten wohnte, änderte nichts an der Freundschaft zwischen ihr und Nandi. Es kam manchmal vor, dass wir, wenn wir mit Abels Mittagessen kamen, eine Weile auf ihn warten mussten. Nandi schnüffelte

dann an allen möglichen Stellen herum – bis sie plötzlich erstarrte, weil sie entdeckt hatte, dass sich etwas im hohen Gras bewegte. Im Handumdrehen verwandelte sich unser gemütlicher Labrador in einen gefährlichen Jagdhund. Den Kopf gesenkt und die Rute gerade ausgestreckt, schlich sie sich an ihre Beute an, und solange ihr Schwanz zu sehen war, konnten wir genau verfolgen, was sich abspielte. Irgendwann begann sie dann unvermittelt, mit Schwanz und Hinterteil zu wackeln, im nächsten Augenblick tauchte der riesige Kopf des Warzenschweins aus dem hohen Gras auf, und dann rasten die beiden aufeinander zu, bis sie fast miteinander kollidierten.

Tagsüber, wenn das Wasser im Sonnenlicht glitzerte und Schmetterlinge über dem Schilf tanzten, wirkte der Matanje sicher und ungefährlich, aber ich machte mir Sorgen wegen der Nächte und fürchtete, dass ein Leopard sein Glück in der Schweinevilla versuchen könnte. An unseren Flussufern gibt es Leoparden, die nachts auf die Jagd gehen – die Berichte der Scouts enthalten immer wieder Angaben über entsprechende Spuren.

Als wir Poombi eines Abends für die Nacht in ihr Haus sperrten, fragte ich Abel, ob er auf seinen Spaziergängen mit ihr manchmal Anzeichen für die Anwesenheit von Leoparden entdeckte.

»O nein«, erwiderte er treuherzig, »überhaupt nicht. Wir bekommen hier sowieso nicht so viel zu sehen, stimmt's, Poombi?«

Er gab ihr einen liebevollen Klaps, dann schloss er das Tor.

Kaum waren wir zehn Meter weit gegangen, stieß ich mit dem Fuß gegen einen großen, haarigen Kothaufen, die Hinterlassenschaft eines Leoparden, die offenbar schon seit Wochen dort vor sich hin trocknete. Aber wir fanden nie Spuren,

oben: Unsere Lodge in Stone Hills
unten: Hongwe Tekwana, die schwebenden Felsen –
der Blick aus unserem Schlafzimmerfenster

oben: Ich genieße die Aussicht vom Stone Hills View Point bei unserer Lodge
unten: Richard und Bookey Peek

oben: David und Poombi bei einer ihrer Lieblingsbeschäftigungen: im Matsch baden
unten: Im Winter kommen die Kudus an unsere Terrasse, um gefüttert zu werden

oben: Tuli, der junge Giraffenbulle
Mitte: Abel, der Mann, der mit den Tieren sprechen kann, mit seiner Poombi
unten: Über dem Hongwe Tekwana verfärbt sich der Himmel vor dem Gewitter in eindrucksvollem Blau

oben: Claudia, die Weißgesichtseule, und David lesen begeistert zusammen auf unserer Terrasse
unten: Claudia beim Wiegen.
Anfangs wohnten alle unsere Eulen im Büro

oben: David kümmert sich liebevoll um Nutsy,
das kleine Buschhörnchenbaby
unten: Ein seltener Gast: ein Leopard auf einem der Kopjes

oben: Die Sonne durchdringt nur schwer den morgendlichen Nebel über unserer Lodge
Mitte: Der Eisvogel präsentiert im Flug sein prächtiges Gefieder
unten: Das junge Zebra steht uns noch etwas skeptisch gegenüber

oben: Mit Poombi, dem schönsten Warzenschwein der Welt, das nach warmem Honig riecht
unten: Endlich gibt es Familienzuwachs: Gruntable und Squeak

die darauf schließen ließen, dass irgendein Tier gewaltsam in Poombis Villa einzudringen versuchte, und tagsüber war Abel ja da, um sie zu beschützen. In manchen Gegenden gibt es tatsächlich Leoparden, die sich auf Warzenschweine spezialisieren und lernen, geduldig auf der Lauer zu liegen, bis die Schweine sich ahnungslos ihrer Höhle nähern oder aus ihr herauskommen. Zum Glück für Poombi und wahrscheinlich, weil es auf unserer Farm nur wenige Warzenschweine gibt, frisst unser Leopard anscheinend lieber Antilopenfilet als Schweineschinken.

Poombi war also in ihrem Haus in Sicherheit. Aber es gab noch andere Aspekte, über die wir uns Gedanken machten. Ein Warzenschwein benutzt in der Regel bis zu zehn verschiedene Höhlen. Warum war es für die Tiere so wichtig, ihr Quartier häufig zu wechseln? Wahrscheinlich verhinderten sie auf diese Weise, dass sich Parasiten wie Flöhe und Läuse allzu sehr vermehren konnten. Deswegen sprühten wir Poombis Haus regelmäßig mit einem Insektizid ein. Nicht die ideale Lösung, aber die einzige, die uns einfiel.

Wenn ich früher Poombis Kiste gesäubert hatte, war mir häufiger aufgefallen, dass sie mit ihren Vorderfüßen Gras und Laub in ihre Höhle scharrte. Als das Wetter gegen Ende Juni kälter wurde, sah ich, wie sie dasselbe am Matanje versuchte, allerdings ohne großen Erfolg, da es nicht viel Gras und Laub in der Nähe gab.

Glücklicherweise war kurz zuvor überall auf der Farm das Gras geschnitten worden, und so sammelten Abel und ich bergeweise Grashalme ein und trugen sie zu Poombis Haus. Natürlich wollte sie mitspielen und trottete wichtigtuerisch vor uns her. Dann, an ihrer Villa angekommen, veranstaltete sie einen Zirkus wie eine Hausfrau, die ein paar begriffsstutzige Handwerker beaufsichtigt. Schon bald wurde uns klar, dass wir es ihr einfach nicht recht machen konnten, und so warfen wir das Gras kurzerhand in einem großen Haufen vor den Eingang der Höhle. Falls sie das Zeug brauchte, konnte sie es sich jederzeit holen.

Zwei Tage später begann der Juli – und kam gleich mit Macht über uns. Er trieb dunkle Wolken und kalten Regen vor sich her, eine tödliche Mischung für junge, alte oder kranke Tiere. Ich stand beim ersten Morgenlicht auf und fand Abel in der Küche vor, wo er sich die Hände warm rieb. Während wir durch den Regen fuhren und die Scheibenwischer die braune Brühe auf der Windschutzscheibe verteilten, machte ich mir Vorwürfe, dass wir in der Schweinevilla keine Zentralheizung eingebaut hatten. Auf den dreieinhalb Kilometern bis zum Matanje bekamen wir kein einziges Tier zu Gesicht. Wahrscheinlich hatte sich jedes vernünftige Geschöpf mit eingezogenem Schwanz am Fuß eines Kopje in Sicherheit gebracht. Als ich das Tor zu Poombis Haus öffnete, fiel mir der riesige Grashaufen vor dem Eingang zu ihrer Höhle auf. Dahinter, im Dunkeln, sah ich ein Paar spitze Ohren zucken. Ganz langsam räumte ich so viel von dem Gras weg, bis die lange, haarige Schnauze eines zufriedenen Schweins zum Vorschein kam. Wieder einmal hatte sie auf hervorragende Weise selbst für sich gesorgt.

Gegen Ende Juli hatten wir den Eindruck, dass Poombis Zitzen leicht angeschwollen waren, und dass sie noch launischer war als gewöhnlich – was natürlich auch an dem scheußlichen Wetter liegen konnte. Das Problem war, dass sie natürlich den ganzen Tag im Bett bleiben konnte, um dem Wetter zu entkommen, aber irgendwann wurde sie vom Hunger übermannt, und dann musste sie nach draußen rennen, um sich wütend über den nächsten Grasbüschel herzumachen. Aus lauter Mitleid und mit Rücksicht auf ihren Zustand brachte

ich ihr an besonders schlimmen Tagen eine Ladung Kohlköpfe, die sie innerhalb weniger Minuten verschlang, indem sie den Kopf durch den Grashaufen vor ihrer Höhle streckte und sich sofort wieder ins Bett verzog.
Wie nicht anders zu erwarten, sparte sie sich ihr nächstes Bravourstück für den Tag auf, an dem der arme Billiard wieder seinen Dienst bei ihr tat. Billiard rief mich zu Hause an und berichtete voller Panik, dass das Warzenschwein in ein Loch unter dem einzelnen Eukalyptusbaum gekrochen war und sich nicht dazu bringen ließ, wieder herauszukommen. Offenbar hatte Poombi sich trotz aller Lockversuche mit Trockenfutter am Flussufer von ihrem Bewacher abgesetzt, und er war ihren Spuren zu dem tiefen Loch unter dem Baum gefolgt. Als ich dort eintraf, saß Poombi schon seit eineinhalb Stunden in dem Loch. Das war äußerst merkwürdig. Da Billiard völlig verzweifelt war, gab ich ihm sein Mittagessen und sagte, er solle eine ausgiebige Pause machen. Dann steckte ich meinen Kopf in das düstere Loch und gab beruhigende Geräusche von mir, die das Schwein jedoch gänzlich ignorierte. Schließlich kam Poombi mit einem verträumten Blick in den Augen heraus, begrüßte mich flüchtig und verschwand sogleich wieder im Rückwärtsgang in ihrer Höhle.
Am späten Nachmittag kam sie dann widerwillig mit zum Fluss. Sie trank ausgiebig, doch als ich mich gerade verabschieden wollte, warf sie Billiard einen verächtlichen Blick zu und trottete zurück zu dem Loch unter dem Eukalyptusbaum, das sie sich so sorgfältig für die Nacht ausgesucht hatte.
Wieder einmal zog ich meine Bücher zurate. Dr. David Cummings, der in der Sengwa Wildlife Research Area Warzenschweine beobachtet hat, schreibt, dass seine weiblichen Studienobjekte ihre Familien bis zu sechs Wochen vor der

Niederkunft verlassen. Aber wir hatten August, und es waren noch mindestens acht Wochen, bis Poombi ihre Frischlinge zur Welt bringen würde – falls sie überhaupt trächtig war. Vielleicht hatte ihr Verhalten also gar nichts mit ihrem körperlichen Zustand zu tun, sondern war lediglich ein Anzeichen dafür, dass sie das Bedürfnis hatte, sich von ihren menschlichen Aufpassern zu befreien.

Selbst nach Abels Rückkehr änderte sich nichts an dem Muster. Er rief an, um zu berichten, dass Poombi »verschwunden« war (was für mich immer so klang, als hätte sie sich mit einem Knall in Luft aufgelöst), und dann blieb sie meist den ganzen Tag und manchmal auch die Nacht über fort. Allerdings fiel uns auf, dass sie stets innerhalb der Grenzen ihres Territoriums blieb, ein Gebiet von etwa sechs Quadratkilometern, das die Schweinevilla, das Elen-Gehege, das Quartier unserer Mitarbeiter und den Haupteingang zur Farm umschloss. Das bedeutete zumindest, dass sie nie allzu lange aus unserem Blickfeld verschwand. Zwischendurch hatte sie dann wieder ruhigere Zeiten, in denen sie mehrere Tage am Stück am Fluss blieb und ihrem gewohnten Tagesablauf nachging.

Auf das Mittagessen am Fluss folgte jedes Mal eine Diskussion über Poombis körperlichen Zustand. Während sie leise quiekend dalag, zupften wir an ihren Zitzen, hoben ihren Schwanz, befühlten vorsichtig ihre Unterseite, legten ein Ohr an ihren Bauch und lauschten auf eine Bestätigung für unseren Verdacht, dass sie trächtig war. Aber da sich die Symptome von Tag zu Tag änderten, waren wir uns nie ganz sicher.

Diese ausgiebigen Untersuchungen gaben mir reichlich Gelegenheit, unser Schwein in seiner Ganzheit zu bewundern. Poombis Körper ist zwar einerseits mehr oder weniger nackt, andererseits ist sie doch ein ziemlich haariges Tier, und ihr Schmuckstück ist ihre prächtige, mit kastanienbraunen Strähnen durchsetzte Mähne, die selbst einen Löwen mit Stolz erfüllen würde. Sie trägt sie von den Ohren bis zu den Schultern glatt anliegend, und wenn sie sich aufregt, richtet sie sie auf wie ein Stachelschwein seine Stacheln. Wenn man ihr den Bauch krault, stellt sich die Mähne sofort auf, ebenso wenn sie sich erschrickt oder wütend wird. Ihr Fell (soweit man es als solches bezeichnen kann) ist grau meliert, aber ihre Vorderbeine sind oberhalb und unterhalb der von Hornhaut bedeckten Knie dicht schwarz behaart – vielleicht zum Schutz für die Beine, die über den Boden schleifen, wenn das Warzenschwein sich zum Fressen auf die Knie begibt.

Ihr Schnurrbart ist ein Mysterium. Bei einem Frischling ist er schneeweiß und gezwirbelt wie bei einem Offizier der Armee, aber mit der Zeit verlieren die Locken ihre Spannkraft, und das Weiß vergilbt allmählich. Die Wimpern sind unverschämt lang und dicht, die empfindlichen Haare an der Nase kurz und stachelig. Ach, und ihr Duft. Glauben Sie ja nicht, dass Warzenschweine stinken. Wenn Poombi gut gelaunt ist und sich freut, uns zu sehen, verströmt sie einen warmen, würzigen Duft.

Poombi hat nur zwei ganz kleine persönliche Merkmale. An ihrem rechten Ohr hängt ein kleiner Hautlappen, der schon da war, als sie als Frischling zu uns kam, und in ihrem unteren rechten Hauer hat sie einen kleinen Kratzer. Die Wunden von dem Kampf mit dem Krokodil sind längst verheilt und haben keine Narben hinterlassen. Eigentlich finde ich das ungerecht. Ein Schwein mit einer so ausgeprägten Persönlichkeit und so viel Charisma müsste eigentlich irgendetwas Besonderes haben, das es von allen seinen Artgenossen unterscheidet.

Etwa fünfzehn Kilometer von Stone Hills entfernt befindet sich ein merkwürdig geformter Hügel. Er heißt *Aikonjwa* (»der, auf den man nicht zeigen darf«), und es gibt in der Gegend noch mehr Berge, die diesen Namen tragen. Wenn man auf einen von diesen Bergen zeigt, so behaupten die Einheimischen, gibt es schlechtes Wetter, und während des strengen Winters von 1997 kam es uns vor, als hätte irgendein boshafter Mensch nichts anderes zu tun gehabt, als auf diesen verfluchten Bergen herumzuklettern. Zugvögel, die im September zurückkehrten, wurden von eisigem Wind und klirrender Kälte empfangen. Rauchschwalben flogen tief über Wiesen und Flüsse, auf der vergeblichen Suche nach ein wenig Futter. Ein paar von ihnen kamen sogar in unsere Küche geflogen und ließen sich erschöpft auf den Balken nieder. In jenem Jahr verloren wir viele Tiere, vor allem junge Rappenantilopen, die noch nicht ganz von der Muttermilch entwöhnt waren und sich noch nicht allein vom Äsen ernähren konnten. Deshalb hatten sie noch keine ausreichenden Reserven, um die bitterkalten Tage und Nächte durchzustehen.

Poombi strotzte natürlich vor Gesundheit, aber meine Tagebucheintragung vom 15. September lautet lapidar: *Launisches kleines Schwein.* Wenn sie besonders schlecht gestimmt war, kam es vor, dass sie einen Reifen des Toyota attackierte und vor ihrer Höhle herumtobte wie Rumpelstilzchen. Und immer noch wussten wir nicht, ob sie trächtig war.

Am 13. Oktober, als der Himmel endlich für ein paar Tage aufgeklart hatte, rannte Poombi hinter zwei jungen Warzenschweinen her, die sie auf ihrem Spaziergang mit Abel entdeckt hatte. An jenem Abend kam sie nicht nach Hause, und am nächsten Morgen um sechs Uhr fand Abel sie vor einer ihrer neuen Höhlen. Sie schien zwar guter Dinge zu sein, aber ein schleimiger Ausfluss deutete auf mögliche Komplikationen hin. Auch am nächsten Tag bemerkte Abel diesen Ausfluss. Doch plötzlich war alles, was wir als Anzeichen für eine Trächtigkeit gedeutet hatten, verschwunden, und wir mussten uns damit abfinden, dass es in diesem Jahr keine Frischlinge geben würde. Wir waren ziemlich enttäuscht (ich war, ehrlich gesagt, am Boden zerstört), aber wir sagten uns, dass es wahrscheinlich besser so war, denn im nächsten Winter würde sie ein Jahr älter und um ein Jahr erfahrener und insgesamt besser gewappnet sein für die Strapazen der Mutterschaft.

Zum Glück hatten wir nicht versucht, Poombi näher an unserem Haus unterzubringen, denn im Nachhinein ist mir klar, dass sie unsere Wohnsitzwahl nicht akzeptiert hätte. Im August des folgenden Jahres, als sie wirklich trächtig zu sein schien, entdeckte ich wenige hundert Meter von unserem Haus entfernt ein Erdloch und malte mir schon aus, dass wir bei der Geburt dabei sein und sie während dieser verletzlichen Zeit beschützen könnten. Vor meinem inneren Auge sah ich sie, wie sie sich erschöpft zurücklehnte und huldvoll Trauben und Pralinen von ihrer in sie vernarrten Familie entgegennahm. Wie wenig wir sie doch kannten.

Am Ende ihrer Schwangerschaft – eingebildet oder echt – war sie wieder ganz die Alte, und wenn sie sich nicht gerade irgendwo in der Gegend herumtrieb, war sie unglaublich anhänglich und umgänglich. Und ihr Freundeskreis hatte sich beträchtlich erweitert.

Wenn Abel sich auf die Suche nach ihr machte, nachdem sie sich mal wieder auf eine ihrer Extratouren begeben hatte, fand er sie nicht selten in Gesellschaft anderer Warzenschweine, wenn auch nicht unbedingt im Zentrum der Aufmerksamkeit ihrer Artgenossen. Dann beobachtete Scout Mabhena eines Tages etwas Seltsames.

Auf einem seiner Rundgänge am Matanje ging er einem Geräusch nach, hinter dem er kämpfende Paviane vermutete. Von seinem Versteck hinter einem Felsbrocken aus konnte er eine Lichtung übersehen, wo er fünf Warzenschweine erblickte, unter ihnen Poombi. Während die anderen friedlich grasten, umkreisten sich Poombi und ein Keiler, wobei sie merkwürdige Geräusche von sich gaben, allerdings, so schien es, nicht mit aggressiven Absichten. Das ging etwa fünf Minuten lang so, bis eins der Warzenschweine Mabhenas Witterung aufnahm und die vier wilden Schweine die Flucht ergriffen. Anstatt den anderen zu folgen, legte Poombi sich Mabhena zu Füßen, um sich von ihm kraulen zu lassen. Womöglich wollte sie sich auch beruhigen lassen, denn normalerweise suchte sie nur äußerst selten Körperkontakt mit den Scouts.

In Simbabwe werden Warzenschweine nur einmal im Jahr brünstig, und zwar im Mai oder Juni, aber falls Poombi tatsächlich eine Fehlgeburt gehabt hatte, sendete sie womöglich immer noch Signale aus, die einen Keiler anzogen. Vielleicht war es aber auch einfach nur ein warzenschweinisches Gesellschaftsspiel. Auf jeden Fall waren es Anzeichen dafür, dass sie sich immer mehr von uns löste und die Gesellschaft ihresgleichen suchte.

An einem brütendheißen Nachmittag im Oktober kamen wir zu einem Familientreffen zusammen, das – was wir damals noch nicht ahnten – unser letztes sein sollte. Wir versammelten uns an einer unserer Lieblingsstellen am Flussufer, einem kleinen Teich, der inmitten der braunen, völlig ausgetrockneten Umgebung wie eine Oase glitzerte, und zwar zu einem Zeitpunkt, als wir, wie jedes Jahr, glaubten, es würde nie wieder regnen.

An jenem Nachmittag waren wir alle ziemlich beschäftigt.

David hatte ein glückloses Insekt mit einem Stock aufgespießt, das er über das Wasser hielt, um die Sumpfschildkröte anzulocken, die in dem Tümpel lebte, Poombi schnüffelte lustlos im heißen Sand herum, und Nandi war auf der Suche nach irgendetwas und zum Glück außer Sichtweite. Abel lag schlafend unter einem Baum, den Hut übers Gesicht gelegt, was mir eine gute Idee zu sein schien. Ich legte mein Fernglas weg, lehnte mich an eine Weißdornakazie und lauschte dem Summen der Bienen in den goldenen, stark duftenden Blüten und dem Gebrumm der Käfer, die in der Krone des Baumes umherschwirrten. Aber irgendjemand musste das Idyll natürlich zerstören. Plötzlich tauchte Nandi am anderen Ufer auf und schien zu dem Schluss zu kommen, dass wir ein bisschen Unterhaltung brauchten. Sie stürzte sich ins Wasser, dass es nur so spritzte. David, der seine Schildkrötenjagd sofort vergessen hatte, warf seinen Stecken ins Wasser, damit Nandi ihn zurückbringen konnte, und wenn er zu langsam war, tauchte sie unter und brachte ihm stattdessen ein Maul voll Schlamm.

Vom Ufer aus sah Poombi den beiden nachdenklich zu. Dann legte sie sich auf den Bauch, wackelte ein bisschen mit dem Hintern und robbte sich bis ans Ufer. Nandi sprang über sie hinweg, schlug ihr mit dem Stock auf den Kopf und nahm sein Spiel mit David wieder auf.

Etwas entschlossener kletterte Poombi die Uferböschung wieder hinauf, legte sich quer auf den Bauch und ließ sich bis ans Wasser rollen. Unser begeisterter Applaus bestätigte ihr, dass sie endlich die Aufmerksamkeit bekam, die sie haben wollte.

Wenige Wochen später, am 27. Oktober, suchte Abel den ganzen Tag lang nach Poombi und fand sie schließlich einen halben Kilometer vom Fluss entfernt im hohen Gras. Sie war in Gesellschaft von vier Warzenschweinen, und um die nicht zu verscheuchen, rief Abel leise aus der Entfernung nach ihr. Sie blickte auf, um zu zeigen, dass sie ihn gehört hatte, aber zum ersten Mal kam sie nicht zu ihm. Abel sah zu, wie sie sich zusammen mit den anderen Warzenschweinen auf den Weg machte. Er rief sie nicht noch einmal. Nach zweiundzwanzig Monaten hatte sie genau das getan, was wir gehofft und geplant hatten. Sie hatte sich entschieden.

Kapitel 16

Wenn ich es je müde werde,
einem Kaffernadler beim Fliegen zuzusehen,
dann bin ich des Lebens selbst müde.
Peter Steyn

Obwohl Rich an Höhenangst leidet, geht er jeden Winter in die White Hills, klettert eine fürchterlich hohe, wackelige Leiter hinauf und steigt in eine Kiste, die über einem tiefen Abgrund baumelt. Dort sitzt er dann mit blauen Lippen und einer Decke über den kalten Beinen und wartet auf eine geflüsterte Funknachricht von einem Scout, der sich unter ihm am Boden befindet.

Der Vogel kommt lautlos, lässt sich auf dem Ostwind treiben und landet sicher in dem Horst, knapp vier Meter von Richs Kameralinse entfernt. Dann hält das Adlerweibchen den toten Dassie, den es mitgebracht hat, mit ihren riesigen Krallen fest und reißt mit dem Schnabel kleine Stücke ab, die es seinem flaumigen weißen Küken füttert. Was Rich immer wieder besonders rührt, ist die mütterliche Zärtlichkeit, die er in den schwarzen Augen sieht.

Aber so idyllisch sich das auch anhören mag, in Wirklichkeit ist das, was Rich beobachtet, der Schauplatz eines Ritualmordes: Wenige Tage nach dem Schlüpfen hackt das kräftigere der zwei Küken das schwächere tot. Dieses hässliche kleine Drama ist bekannt unter der Bezeichnung »Kain-und-Abel-Syndrom«, und wenn Rich seine ersten Fotos macht, liegen nicht selten noch Abels blutige Überreste im Nest. Es mag einem unnatürlich und herzlos erscheinen, dass die Adlermutter nicht eingreift, dass sie keinen Versuch unternimmt, ihr schwächeres Küken am Leben zu erhalten. Aber egal, wie wir es aus der menschlichen Perspektive beurteilen, es handelt sich nicht um einen Akt willkürlicher Grausamkeit, sondern um eine Strategie, die sich über Jahrtausende entwickelt hat, um die Überlebenschancen des kräftigsten Adlerkükens zu erhöhen. Das zweite Ei könnte man als eine Art Rückversicherung bezeichnen für den Fall, dass ein Ei nicht befruchtet ist.

Der Kaffernadler, *Aquila verreaux*, hat die gefiederten Beine des Steinadlers, des Aristokraten unter den Raubvögeln. Mit seinem makellos mitternachtsschwarzen Federkleid und dem weißen V, das wie ein Umhang um seine Schultern liegt, gilt er gemeinhin als der edelste Adler.

Nirgendwo auf der Welt gibt es so viele große Adler wie in den Matobo-Bergen, denn hier finden sie perfekte Bedingungen vor. Das riesige, felsige Terrain bietet ihnen nicht nur gute Nistplätze, sondern auch Schutz und Nahrung für die Dassies, die über neunzig Prozent der Nahrung der Adler ausmachen.

Von dem Tag, an dem das Adlerpaar beginnt, sein Nest herzurichten, bis zu dem Tag, an dem das Adlerküken flügge wird und das Nest verlässt – und zwar nicht etwa aus eigener Entscheidung, sondern weil die Eltern es verscheuchen –, vergehen neun Monate.

Vielleicht ist die ausgesprochen lange und intensive Brutpflege der Grund dafür, dass Kaffernadlerpaare einander ein Leben lang treu bleiben. Wir beobachten sie beim gemeinsamen Jagen, wenn sie in großer Höhe ihre Kreise fliegen, um dann ganz plötzlich wie zwei Bomber im Sturzflug auf einen Kopje nach unten zu schießen und die Dassies in Panik auseinanderstieben zu lassen. Stundenlang sitzen sie auf dem höchsten Berggipfel, um ihr Territorium zu überwachen, und ab und zu heben sie zu eindrucksvollen Schauflügen ab, um Konkurrenten auf Distanz zu halten. Am Himmel sind sie aufgrund ihrer unglaublichen Größe und ihrer blattförmigen Schwingen unverkennbar.

Nur die Brutpflege kann sie vorübergehend voneinander trennen. Während dieser Zeit ist das Weibchen ausschließlich damit beschäftigt, ihre Küken zu beschützen. Wenn sie brütet, macht sie es sich im Nest bequem und rollt ihre todbringenden Klauen zu harmlosen Fäusten zusammen. In den ersten Wochen der Brutzeit hat ihr Gatte im Nest nichts zu suchen. Wenn er sich mit Futter nähert, fliegt sie ihm entgegen, um es ihm abzunehmen, oder er lässt es einfach im Vorbeifliegen ins Nest fallen – damit zieht er sich allerdings die Schelte seiner Holden zu, die fürsorglich die Flügel über ihre Jungen ausbreitet.

Valerie Gargett, die seit zwanzig Jahren das Verhalten der Adler in den Matobo-Bergen erforscht, hat festgestellt, dass jeder Vogel individuelle Züge hat. Ein Weibchen beispielsweise ging sofort zum Angriff über, als sie sich dem Nest näherte, während ein anderes sich problemlos an ihre regelmäßigen Besuche gewöhnte. »Ich schlich mich ganz langsam an«, schreibt Valerie, »und schob vorsichtig meine Hand unter die Brustfedern des Adlerweibchens, bis meine Fingerspitzen das Ei berührten. Ich nahm das Ei vorsichtig heraus, wog und vermaß es, notierte die Ergebnisse und legte es zurück. Und das Weibchen ließ das alles geschehen, ohne mit der Wimper zu zucken.«

Selbst nachdem die Küken geschlüpft waren, ließ die Mutter es zu, dass Valerie sie unter ihr hervorzog, um sie zu wiegen und zu vermessen. Und auch als sie den Kropf der Mutter betastete, wurde der Vogel nicht aggressiv. Die Forscherin war zutiefst beeindruckt. »Es war ein überwältigendes Gefühl, von einem wilden Raubvogel derart akzeptiert zu werden«, schreibt sie. »Vielleicht hatte sie sich einfach an mich gewöhnt, nachdem ich mich so viele Jahre lang mit ihr beschäftigt hatte. Ich streichelte sie, packte meine Sachen und verschwand wieder.«

Obwohl Richards Versteck sich so dicht an dem Adlerhorst befindet, haben wir nicht den Eindruck, dass es die Vögel stört. Es besteht aus Fiberglas und sieht einem Felsbrocken so ähnlich, dass einer der beiden Adler sich tatsächlich darauf niederließ, nachdem wir es angebracht hatten. Und erst wenn Kain Abel ins Jenseits befördert und seine Position als verwöhntes Einzelkind gesichert hat, erklimmt Rich die gefährliche Leiter, um das Nest näher in Augenschein zu nehmen.

Neben dem Menschen können dem Kaffernadler nur Paviane gefährlich werden, die allzu gern die Eier oder die Küken aus dem Nest stehlen, wenn es ihnen gelingt, es zu erreichen. Einmal sahen wir vom Auto aus, wie sich ein paar Halbstarke aus einer Pavianhorde an dem Felsvorsprung hochhangelten, auf dem sich der Adlerhorst befand. Das Küken hockte in seinem Nest und beobachtete, wie die Paviane Zentimeter um Zentimeter näher kamen.

Dann hörten wir hoch über uns einen schrillen Schrei, und Sekunden später huschte ein riesiger Schatten über unsere Köpfe hinweg, als der Adler im Sturzflug angeschossen kam,

die Fänge ausgestreckt, um den Angreifern den Garaus zu machen. Diesmal waren es die Paviane, die schrille Schreie ausstießen. Erst sah es so aus, als würden sie in die Tiefe stürzen, aber dann schafften sie es irgendwie, sich in Sicherheit zu bringen.
Der Kaffernadler und die Dassies sind die eindrucksvollen Symbole des Lebens im Matobo. Unser Adlerhorst, wahrscheinlich der einzige in Stone Hills, wird wahrscheinlich schon seit tausend, womöglich sogar seit zehntausend Jahren von zahllosen Generationen von Adlern benutzt. Und wahrscheinlich haben sie alle die Vorfahren der Dassies gejagt, die sich heute auf den Felsen sonnen und nach ihren Feinden Ausschau halten.

Häufig bin ich in Versuchung, das todgeweihte zweite Küken aus dem Adlerhorst zu stehlen und es zu Hause aufzuziehen. Auf diese Weise könnte ich unseren armen Buschböcken endlich einmal zu einer ruhigen Mahlzeit verhelfen. Denn wenn ich in der kühlen Morgendämmerung hinausschleiche, um ihnen einen Eimer frisches Grünzeug zu bringen, kann ich regelrecht spüren, wie die Dassies mich aus ihren Verstecken zwischen den Felsen beobachten. Sie rühren sich nicht, bis die Sonne aufgeht, aber dann stürmen sie los und stürzen sich auf das Futter wie eine Horde All-inclusive-Urlauber an der Costa del Sol.
Den ganzen Tag lang bin ich damit beschäftigt, die Dassies auszutricksen. Mal lege ich das Futter für die Buschböcke vor dem Haus aus, mal dahinter. Manchmal werfe ich es den verblüfften Tieren vom Badezimmerfenster aus an den Kopf, oder ich halte, wenn der Feind gerade außer Sichtweite ist, den Eimer mit dem Grünzeug im Wohnzimmer hoch und schlage mit einem Kochlöffel dagegen, damit die Buschböcke

sehen, wohin ich das Futter trage. Aber die Dassies lassen sich nicht so leicht hinters Licht führen. Sie hören, wenn ich das Fenster öffne, sie hören, wenn der Kohl auf den Boden klatscht, sie hören, wenn ich das Trockenfutter unter das Grünzeug mische. Und egal, wohin ich gehe, ich kann mich darauf verlassen, dass Scar Chops, dieser Satansbraten, spätestens ein paar Minuten später ebenfalls aufkreuzt, ein diabolisches Grinsen im Gesicht und mindestens zwanzig von seinen Kumpels im Schlepptau. Die Buschböcke fürchten sich vor fast allem. So ein Dassie braucht sie nur streng anzusehen und sie ein bisschen anzufauchen, und schon flüchten sie sich zitternd in die nächste Ecke.

Davon abgesehen, dass sie uns manchmal zur Weißglut bringen, sind Dassies faszinierende Tiere. Sie brauchen die Sonnenwärme, um Energie aufzuladen, und lange Zeit war man der Meinung, dass es sich dabei um eine primitive Methode zur Regulierung der Körpertemperatur handelt. Aber wenn das stimmt, wie kommt es dann, dass Dassies sich in so unterschiedlichen Lebensräumen wohl fühlen, in warmen, auf Meereshöhe gelegenen Gegenden ebenso wie auf den schneebedeckten Gipfeln des Drakensberg-Gebirges?

In Wirklichkeit ist ihre Unfähigkeit, eine konstante Körpertemperatur aufrechtzuerhalten, einer der größten Vorteile der Dassies. Wenn wir Menschen frieren, dann zittern wir, oder wir wärmen uns auf, indem wir uns bewegen. Ein Dassie löst das Problem auf viel einfachere Weise. Er passt einfach seine Körpertemperatur der Außentemperatur mehr oder weniger an, und prompt verbraucht er weniger Energie, um sich warm zu halten. Und wenn er sich auf einem Felsen sonnt, tankt er neue Energie, um mir mal wieder einen ganzen Tag lang das Leben zur Hölle zu machen. Ein raffiniertes System, das aber auch seine Nachteile hat. Denn zum Sonnenbaden müssen sich die Dassies an ziemlich exponierte Stellen begeben, wo sie natürlich für Adler zu einer leichten Beute werden. Und auch Adler sind nicht dumm. Da ihre Brutzeit im Winter liegt, können sie mit einer großen Anzahl junger, unerfahrener Dassies rechnen, die sich auf den Felsen räkeln, wenn die Kopjes kahl sind, oder die sich leicht erwischen lassen, wenn der Hunger sie auf die Wiesen hinaustreibt.

Dassies sind, mit Ausnahme ihrer Jungtiere, die mürrischsten und am wenigsten sozialen Tiere, denen ich je begegnet bin. Was allerdings kein Wunder ist, wenn man bedenkt, in was für einem gestörten sozialen Umfeld sie leben. Die Jungen dürfen auf den Rücken der Mutter klettern, um sich zu wärmen oder in Sicherheit zu bringen, aber damit hat sich's auch schon mit Körperkontakt. Im Gegensatz zu den meisten anderen Säugetieren betreiben die Dassies keine gegenseitige Fellpflege, und sie spielen auch kaum miteinander. Das sind schon mal schlechte Voraussetzungen. Wenn es kalt wird, kuscheln sie sich vernünftigerweise aneinander, stapeln sich notfalls sogar aufeinander, aber immer Rücken an Rücken, immer auf der Hut vor Blickkontakt mit den anderen. Ein Blick im falschen Augenblick kann leicht dazu führen, dass man angespuckt, angefaucht und gebissen wird.

Als wir nach Stone Hills zogen, waren die Dassies noch ziemlich scheu und blieben in ihren Verstecken zwischen den Felsen. Als ein BBC-Team die Tiere auf unserer Farm filmen wollte, wurde Monate vorher ein Forscher hergeschickt, der eine Kolonie von Dassies in der Nähe des Mathole River an die Gegenwart von Menschen gewöhnen sollte. Der Mann wurde fast verrückt. Denn wenn die Bedingungen gut sind, verbringen Dassies nicht mehr als eine Stunde am Tag mit Fressen. Ansonsten liegen sie herum, kratzen sich, streiten sich oder starren ins Leere. Wäre die BBC doch nur ein paar

Jahre später auf die Idee gekommen, einen Film über diese Tiere zu drehen! Heute marschieren sie in Scharen in unserem Garten herum und gehen nicht mal aus dem Weg, wenn einer von uns vorbeigeht. Und nachdem Nandi einmal beinahe nähere Bekanntschaft mit den gefährlichen Nagezähnen eines Männchens gemacht hat, hat sie es aufgegeben, sie zu verscheuchen und zieht es vor, das Treiben der Dassies von der sicheren Veranda aus mit finsteren Blicken zu verfolgen.

Ich bin mir nie sicher, wer sich vor wem versteckt, wenn Rich sich auf die Lauer legt, um Vögel zu fotografieren. Aus gutem Grund bemühe ich mich, ihn nicht zu stören, aber manchmal lässt es sich nicht vermeiden – wie zum Beispiel an dem Vormittag, als der Elektriker Anweisungen für die Verkabelung der neuen Hütte brauchte, und Nigel, der in der Lodge aushalf, ins Haus kam, um mir zu berichten, dass die Toilette in Nummer 5 verstopft war. Irgendetwas musste unternommen werden, und zwar auf der Stelle, denn gegen Mittag erwarteten wir einen ganzen Bus voller Gäste. Rich saß drei Meter hoch auf dem Gerüst hinter der Wäscherei und wartete darauf, dass das Kardinalspechtweibchen mit Futter für seine Jungen zurückkehrte. Violet, eins unserer Zimmermädchen, hängte gerade Wäsche auf und sang vor sich hin. Nigel und ich warteten einen Augenblick ab, bis wir uns sicher waren, dass sich in der Spechthöhle nichts tat, dann näherten wir uns, um Rich unser Anliegen vorzutragen.

»Mist!« Über uns polterte es, als irgendetwas auf die hölzerne Plattform fiel.

Dann begann das ganze Gerüst zu wanken, und wir hörten Rich einen Schwall von Flüchen ausstoßen. Violet, die bis zu diesem Augenblick nichts davon geahnt hatte, dass Rich drei Meter über ihrem Kopf in einer kleinen Holzkiste hockte, erschrak sich fürchterlich. Wir drei standen da wie demütige Bittsteller vor dem Orakel von M'limo, während Rich das ganze Stone Hills verfluchte.

Er hat in seinem Leben schon Hunderte von Stunden bei Wind und Wetter damit zugebracht, Vogelnester zu beobachten, in der Hoffnung ein Foto schießen zu können, aber meistens passiert überhaupt nichts. Wenn es heiß ist, schläft er häufig beim Lesen fast ein, und er muss sich zwingen, wach zu bleiben, um den entscheidenden Augenblick nicht zu verpassen. Da er stets dafür sorgt, dass er völlig unsichtbar ist, verhalten sich die Vögel ganz natürlich und geben ihm die Möglichkeit, sie aus der Nähe kennen zu lernen. Aufgrund seiner Engelsgeduld (die er lediglich Vögeln gegenüber an den Tag legt) hat er einige einzigartige Entdeckungen gemacht. Zum Beispiel hatten wir keine Ahnung, dass der Madagaskarkuckuck – einer der am wenigsten erforschten Vögel Afrikas – in unserer Gegend heimisch ist, bis Rich ein Küken entdeckte, das breit und bräsig im Nest eines Rostbauchwürgers hockte, nachdem es die rechtmäßigen Insassen hinausbefördert hatte. Und als wir ihm mal nicht dazwischenfunkten und die Tour vermasselten (wie er sich ausdrückte), hat er beobachtet, wie der Kardinalspecht seinen Jungen, damit sie genug Kalzium bekamen, Eierschalen aus unseren Küchenabfällen und Skelette von Riesentausendfüßlern fütterte, die während der Regenzeit hier überall umherkrabbeln.

Manche Vögel bauen ihre Nester an den unmöglichsten Stellen. Das Rotbauchschmätzermännchen ist ein adrettes Kerlchen mit einer leuchtend orangefarbenen Brust und weißen Epauletten. Früher zogen die Rotbauchschmätzer ihre Jungen in den verlassenen Lehmnestern der Maidschwalben auf, aber seit diese Schwalben nicht mehr bei uns auftauchen, sind derartige Behausungen zur Mangelware geworden, und die

Schmätzer müssen sich ihre Nester selbst bauen. Häufig sind ihre Brutversuche allerdings zum Scheitern verurteilt. Wenn die Affen ihre Eier oder Küken nicht stehlen, dann werden sie von Schleich- oder Ginsterkatzen gefressen. Und häufig finden wir Eierschalen, die eine eierfressende Schlange ausgewürgt hat, nachdem sie den Inhalt verschluckt hat.
Alle Vögel leiden unter der Gefräßigkeit der überall lauernden Raubtiere, denen neunzig Prozent der Eier und Küken in offenen Nestern zum Opfer fallen. Einige der schlaueren unter den Flugkünstlern haben jedoch eine Möglichkeit entdeckt, ihre Brut zu schützen.
Als Rich eines Tages beobachtete, dass die Rotbauchschmätzer im Generatorschuppen ein und aus flogen, sah er sich drinnen um und entdeckte in einer Ecke ein aus Zweigen gebautes Nest mit drei Eiern darin. Kluge Vögel, dachte er, dass sie sich einen Nistplatz ausgesucht hatten, der sowohl vor Nesträubern als auch vor schlechtem Wetter Schutz bot. Aber alles hat einen Haken – selbst in der Vogelwelt. Jeden Abend um Punkt sieben drückt Rich auf den grünen Knopf, und dann fängt der Generator an zu knurren und zu brüllen wie ein Löwe in einem Käfig. Wenn die Tür geschlossen ist und der ganze Schuppen vibriert, muss es sich da drinnen anhören, als würde die Schlacht an der Somme über ein Megaphon übertragen. Aber die tapferen Schmätzer haben schon zweimal im Generatorschuppen genistet und wahrscheinlich zwei Generationen stocktauber Küken großgezogen.

Rich nimmt wirklich alle möglichen Strapazen auf sich, um ein perfektes Foto zu schießen. Doch manchmal steht ihm seine Höhenangst im Weg. Als die Habichtsadler im Wipfel eines einzelnen Eukalyptusbaums in der Nähe der Ruinen des ehemaligen Farmhauses zu brüten begannen, schleppte er sein Metallgerüst zu dem Baum und baute es auf – ganz allmählich, um die Vögel nicht zu stören. Das Gerüst wurde von Tag zu Tag ein Stückchen höher. Es wurde mit Stahlseilen befestigt, und schließlich befand es sich auf gleicher Höhe mit dem Nest – knapp achtzehn Meter über dem Boden. Scout Mapfumo, Mafiras Sohn, kletterte fröhlich pfeifend hinauf, brachte das aus Tarnleinen gefertigte Zelt für Richard an und kletterte wieder herunter. Rich fuhr zufrieden zum Nachmittagstee nach Hause. Als er zwei Tage später den Aufstieg in Angriff nehmen wollte, wehte ein scharfer Wind. In sechs Metern Höhe wankte der Turm, und in siebeneinhalb Metern Höhe schwankte er gefährlich. Hoch oben über seinem Kopf hörte Rich die Zeltplane im Wind knattern. Rich kam nie bis oben, und nach zwei weiteren stürmischen Tagen fanden die Scouts zwei zerbrochene Eier unter dem Baum.

Die Habichtsadler sind die reinsten Luftpiraten, und sie jagen – meist kleinere Vögel – mit absoluter Effizienz. Als Rich einmal zwei eine Woche alte Afrikahabichtküken filmte, hörte er plötzlich hinter sich ein merkwürdiges Geräusch. Ein Habichtsadler landete auf dem Nest und breitete seine Flügel darüber. Naturliebe hin oder her, Rich konnte nicht an sich halten. Er begann laut zu schreien, worauf der Adler aus dem leeren Nest flüchtete, verfolgt von den wütenden Altvögeln. Als Rich aus seinem Zelt kroch, sah er den Adler in der Nähe auf einem Ast hocken, allerdings mit leeren Klauen. Sofort machte er sich auf die Suche nach den beiden Küken und fand eins mit einer Wunde in der Brust unter dem Baum. Das andere baumelte kopfüber an einem Bein wie eine flaumige graue Frucht an einem dünnen Zweig. Da er die Küken unmöglich wieder ins Nest setzen konnte, nahm er sie kurzerhand mit nach Hause. Als Venture alt genug war, richtete er sie ab, und ihre Schwester Snatch schenkte er Ron Hartley,

Simbabwes berühmtestem Falkner, der ein Talent hat, mit Vögeln umzugehen, von dem andere Leute nur träumen können.

Harriet, ein prächtiges erwachsenes Kampfadlerweibchen, war Rons ganzer Stolz. Jemand hatte sie völlig erschöpft auf der Straße gefunden. Aufgrund eines gebrochenen und verkrüppelten Unterschnabels hatte sie nicht fressen können und war halb verhungert. Sie würde in der freien Natur nicht überleben können. Damit Harriet fressen konnte, beschnitt und feilte Ron regelmäßig ihren Schnabel, bis sie schließlich so viel Vertrauen zu ihm hatte, dass er ihre Brust kraulen durfte, wenn sie auf seinem Lederhandschuh saß. Wenn er einen ihrer Füße nahm, legte der große Vogel ihn vorsichtig in seine Hand und rollte die Klauen ein, um ihn nicht zu verletzen. Ron gelang es sogar, sie für einen BBC-Dokumentarfilm abzurichten. Wenn Sie also das nächste Mal einen Kampfadler im Fernsehen erblicken, kann es gut sein, dass sie die unglaubliche Harriet bei der Arbeit beobachten.

Venture war eine habgierige kleine Jägerin, und sie merkte nicht, wenn Vögel, die viel größer waren als sie, wie zum Beispiel ein Perlhuhn oder ein Frankolin, ihr bei Weitem überlegen waren. Leider hatte sie Buschhörnchen zu ihrer Lieblingsspeise auserkoren, possierliche Tierchen, die mir besonders am Herzen lagen.

Das Erste, was wir von Nutsy hörten, war ein Schnattern irgendwo im Haus. Da wir es gewohnt waren, dass die Buschhörnchen in unserem strohgedeckten Dach geräuschvoll ihre Nester bauten, kümmerten wir uns nicht weiter darum. Aber als das Schnattern immer lauter wurde, ahnten wir, dass jemand von zu Hause ausgebüchst war. Nutsy hockte in einer Ecke hinter dem Esszimmerschrank, rief um Hilfe und wedelte aufgeregt mit seinem buschigen braunen Schwanz. Er war höchstens drei Wochen alt und hatte ohne seine Mutter keine Überlebenschance.

Also setzten wir ihn an eine schattige Stelle hinter dem Haus und warteten darauf, dass seine Mutter ihn holen kam. Als sie sich zwei Stunden später immer noch nicht hatte blicken lassen, holten wir das Buschhörnchenbaby ins Haus. Nutsy wickelte uns alle ziemlich schnell um den Finger. Nach kürzester Zeit lag er gemütlich auf Davids Schoß und nuckelte an einer mit Milch und Pro-nutro gefüllten Spritze, und wenn er satt war, schloss er die Augen, hob ein Vorderbeinchen und ließ sich genüsslich den Bauch kraulen. Die Milch war er schon bald leid. Nach wenigen Tagen machte er sich über Bananen, Kürbiskerne, Beeren, Blumen und Mandeln her, nicht nur seine, sondern auch meine Lieblingsknabbereien. Als er etwas älter war und sich auf kurze Ausflüge nach draußen begab, nahm er stets eine Mandel mit, und nachdem er sich vergewissert hatte, dass niemand ihn beobachtete, grub er schnell ein kleines Loch im Boden, schob die Mandel mit der Nase hinein, machte das Loch wieder zu und klopfte die Erde mit den Pfötchen fest, damit niemand es entdecken konnte. Aber meistens war er sehr freigiebig, auch wenn wir das, was er uns anbot, nicht immer zu schätzen wussten. Buschhörnchen leben in kleinen, eng zusammenhängenden Verbänden, und nachdem Nutsy uns als seine Angehörigen akzeptiert hatte, unterstrich er die familiäre Bindung immer wieder, indem er sich mit seinem Anus in unsere Haare drückte und unsere Köpfe mit kleinen Urinspritzern bedachte, um dafür zu sorgen, dass wir alle denselben Duft verströmten.

Zum Glück fand er sich ziemlich schnell damit ab, dass wir uns nicht entsprechend revanchierten, und anstatt sich von unserer seltsamen Anatomie irritieren zu lassen, suchte er nach Möglichkeiten, das Beste aus der Situation zu machen. Wenn meine Haare erst einmal gründlich parfümiert waren, gaben sie ein hervorragendes Nest für ihn ab, vor allem, wenn ich gerade im Bett lag. Und wenn er gerade eine Mandel übrig hatte, versuchte er, sie hastig in meine Nase oder mein Ohr zu stopfen, damit sie ihm niemand wegnehmen konnte.

Abgesehen von ihrer hohen Intelligenz haben Nagetiere ein weiteres typisches Merkmal, nämlich ihre stets nachwachsenden, sich selbst schärfenden Nagezähne. Nutsy konnte ordentlich zubeißen, vor allem, als er noch klein war, aber zum Glück entwickelte er nicht dieselbe unangenehme Angewohnheit, die wir von einem anderen zahmen Buschhörnchen kannten: Wenn Mickey Thompson, nur mit einem Sarong bekleidet, vor dem Fernseher saß, schlich sich sein liebes kleines Haustier an, sprang auf seinen Schoß und biss ihm in die Eier.

Nutsy hingegen nagte an allem: zuerst unsere Finger, später sämtliche Gegenstände im Haus, die ihm in die Quere kamen: Angelruten, Bücher, Kabel, nichts blieb verschont. Er trippelte über die Computertastatur und kroch in den Drucker, dann fand er plötzlich Geschmack an Kugelschreibertinte. Und da nichts ein entschlossenes Buschhörnchenbaby von dem abbringen kann, was es sich einmal in den Kopf gesetzt hat, zog ich den Kugelschreiber über das Papier, während Nutsy die Spur aufleckte.

Wieder einmal wurde Nandi von einem tyrannischen Hausgenossen in den Hintergrund gedrängt. In der Hoffnung, dass die beiden sich anfreunden könnten, rief ich die Hündin hin und wieder zu mir, damit sie an Nutsy schnüffeln konnte, wenn ich ihn in den Händen hielt. Aber eine Freundschaft zwischen den beiden ungleichen Tieren kam offenbar nicht in

Frage. Nandi saß nur zitternd und mit tränenden Augen vor mir und flehte mich um ein bisschen Zuwendung an. Selbst heute brauche ich nur in einem bestimmten Tonfall »Nutsy, Nutsy!« zu rufen, und sie springt auf und schnüffelt im ganzen Haus herum, in der Hoffnung, das kleine Biest endlich zu erwischen.

Kaum ließen wir Nutsy aus dem Käfig, machte er sich sofort auf die Jagd nach Insekten. Insbesondere Fangheuschrecken machten ihn völlig verrückt. Die Erste, die er sich schnappte, kniff ihn zwar ordentlich in die Nase, aber nachdem er erst einmal ein bisschen Übung hatte, entging ihm keine mehr. Er flitzte hinter den Biestern her, schnappte sie sich mit seinen kleinen Pfoten und biss ihnen den Kopf ab, ehe sie eine Chance hatten, sich zur Wehr zu setzen.

Weil er so winzig war, ging er natürlich häufig verloren – wir fanden ihn in einer Handtasche, in einer Kaffeetasse und einmal sogar zusammengerollt in einem Rotweinglas. Eines Abends entwischte er nach draußen und kam trotz aller Lockrufe nicht zurück. Aber als wir am nächsten Morgen traurig am Frühstückstisch saßen, kam plötzlich ein kleines Geschöpf mit hängendem Schwanz auf meinen Schoß geklettert.

Wir erlaubten Nutsy nie, ohne Aufsicht draußen zu spielen, und wenn wir in die Stadt fahren mussten, sperrten wir ihn deshalb in einem Hinterzimmer ein. Als wir einmal aus der Stadt zurückkamen, hörten wir jemanden im Badezimmer hämmern. Ich fand einen unserer Scouts im Bad vor, wo er vor der Frisierkommode auf dem Boden kniete, während meine Eltern sich besorgt über ihn beugten.

»Gott sei Dank bist du da«, sagte meine Mutter. »Nutsy steckt irgendwo da drin, und wir mussten Max rufen, um ihn zu befreien.«

»Aber …«, setzte ich vorsichtig an, wurde jedoch übertönt vom Lärm zerberstenden Holzes, als Max das Brecheisen ansetzte und das Waschbecken aus dem hölzernen Unterschrank löste.
Ich klopfte ihm auf die Schulter, als er nach seinem Hammer griff.
»Ich möchte dir ja nicht reinreden, aber bist du dir ganz sicher, dass Nutsy da drin ist?«
»Kein Zweifel«, erklärte mein Vater entschieden. »Wir haben ihn da reinkriechen sehen, und er ist nicht wieder rausgekommen. Der arme kleine Kerl.«
»Bookey«, rief meine Mutter plötzlich aus dem Schlafzimmer. »Rate mal, wen ich gefunden hab!«
Und siehe da, Nutsy hockte fröhlich auf der Gardinenleiste.
Abgesehen davon, dass wir das Badezimmer wieder in Ordnung bringen mussten, hatte ich Nutsy eine Menge zu verdanken. Mit seiner Hilfe konnte ich mich von einer Phobie befreien, die ich entwickelt hatte, als ich Ende der sechziger Jahre in Indien lebte.
Nach sechs langweiligen Monaten in London hatte ich in der *Times* eine Anzeige entdeckt, in der eine Reise auf dem Landweg nach Nepal angeboten wurde, pauschal für einhundert Pfund. Zu elft fuhren wir in einem blau-weißen Bedford durch Europa, durchquerten die Türkei, den Iran, Afghanistan, Pakistan und Indien, bis wir in Katmandu eintrafen. Dort trennten wir uns, und ich stand da mit einer kleinen Reisetasche und in Begleitung eines mittelgroßen englischen Bauleiters namens Peter. Wir nahmen den Zug nach Indien und mieteten in der Nähe von Bombay eine Hütte am Strand von Juhu.
Das war die goldene Zeit der Flower-Power-Bewegung, aber für so etwas war ich viel zu spießig. Egal, ob wir unter dem

Bedford oder am Strand schliefen, ich trug stets das pinkfarbene Nylonnachthemd, das meine Mutter mir zum Abschied geschenkt hatte.

Der Strand von Juhu war bevölkert von Ratten, die vor Jahrhunderten als blinde Passagiere die Welt erobert haben. Diejenigen Ratten, die sich an die Hindus halten, haben es natürlich gut, denn da diese jede Art von Lebewesen achten, fangen sie sie in Käfigen, anstatt ihnen mit einem Knüppel eins überzubraten. Wir konnten oft beobachten, wie Inder in ihren weißen *Dhotis* am Strand entlanggingen, sich flüchtig umsahen und dann die Ratten aus den Käfigen ließen – als würde eine Ratte, deren Vorfahren mit Schiffen übers Meer gekommen waren, nicht innerhalb von Minuten wieder nach Hause finden. In unserer kleinen Hütte wimmelte es von den Biestern, aber das machte uns nicht allzu viel aus. Wenn ich von ihrem Gequieke aufwachte, warf ich einfach einen Schuh in die Dunkelheit und zog mir die Decke über den Kopf. Dann, eines Nachts, spürte ich, wie etwas Haariges an meinem Rücken herumkrabbelte. Im Traum sah ich meinen süßen Harvey vor mir, den Hamster, der längst das Zeitliche gesegnet hatte. Doch als die Ratte dann versuchte, in mein Rüschennachthemd zu kriechen, war ich plötzlich hellwach. Schreiend fuhr ich hoch und spürte ihre Krallen an meiner Haut, als sie sich durch meine Haare schlängelte und auf den Boden sprang. Es gelang mir, wieder einzuschlafen, aber etwa eine Stunde später erwachte ich im Schockzustand, zitterte und schwitzte unkontrollierbar. Das war der Anfang. Von da an konnte ich nie wieder eine Ratte oder auch nur eine Maus anfassen. Vor allem ekelte ich mich vor ihren nackten, schuppigen Schwänzen.

Bis Nutsy zu uns kam. Eines Abends hielt ich ihn in den Händen und küsste seinen kleinen Kopf, als Rich eine

Bemerkung machte, die mich endgültig von meiner Phobie befreite.

»Ich hoffe, du bist dir darüber im Klaren«, bemerkte er grinsend, »dass das kleine Tierchen, das du gerade in den Schlaf wiegst, nichts anderes ist als eine Ratte im Pelzmantel.«

Kapitel 17

Ich verlange nichts als frei zu sein.
Schmetterlinge sind frei.
Charles Dickens

Eulen mögen weise sein, aber manche, wie Ernst und Claudia, sind zweifellos Akademiker. Wenn Ernst verächtlich auf uns herabblickte, einen Fuß unter die Weste geschoben, wirkte er wie ein Professor, der ein paar besonders begriffsstutzige Studenten vor sich hat. Zum Glück gefiel ihm die neue Voliere, die wir draußen hinter dem Schlafzimmer gebaut hatten und in der es alle möglichen Bäume gab, in denen die Eulen sich verstecken konnten. Es gab sogar eine kleine wettergeschützte Ecke für Regentage und eulenhafte Meditationen über den Sinn des Lebens.

Bis Owlies Käfig fertig war, hing immer ein Schild mit der Aufschrift »Achtung, frei fliegende Eule!« an der Tür unseres Schlafzimmers, wo er sich die meiste Zeit aufhielt, sein Gefieder putzte und alle, die sich vor dem Fenster blicken ließen, mit lautem Gekrächze bedachte. Aber im Gegensatz zu seinen beiden Vettern milderte unsere kleinste Eule ihren natürlichen Ernst mit einem Schuss grimmigen Humors.

Ständig war Owlie damit beschäftigt, unser Schlafzimmer zu

verschönern und alles zu zerstören, was entfernt nach Kunst und Kultur roch. Ein paar gezielte Schnabelstöße reichten aus, um den Schutzumschlag von *Chambers Dictionary* kleinzukriegen, und Owlie brauchte nur wenige Minuten, um einen kleinen Tontopf zu zerdeppern, an dem ich ganz besonders hing, und mein armseliges Gesteck aus getrockneten Gräsern zu zerfetzen.

Wir verstanden sogar, wenn Owlie mit uns redete. Wenn er uns mit einem *Pip-pip-pip!* oder einem *Kwih* begrüßte, hieß das, dass er Futter und Aufmerksamkeit haben wollte. Ein kurzes, leises Pfeifen bedeutete Angst, und wenn Fremde auftauchten, gab er ein anhaltendes *Prtprtprt!* von sich, machte sich dünn wie einen Zweig, verengte die Augen zu Schlitzen und wackelte mit dem Kopf wie ein Chinese mit Schnurrbart.

Kaum waren Hedwig und Marco Polo flügge, trugen wir sie in ihrer Kiste nach draußen und setzten sie auf den Rasen. Eine ganze Weile blieben sie, aufgeplustert wie Teddybären, reglos nebeneinander hocken, während sie zum ersten Mal die Geräusche um sich herum wahrnahmen und den Wind in ihrem Gefieder spürten. Als Rich sich neben sie ins Gras legte, kuschelten sie sich schutzsuchend in seinen Bart und gaben leise Pieptöne von sich. Hedwig, die extrovertiertere, breitete als Erste die Flügel aus, und schon nach wenigen Wochen waren die Adlereulen kaum zu bremsen, wenn wir ihre Kiste öffneten; mit gesenktem Kopf und hochgezogenen Schultern flogen sie los wie zwei Amateurdetektive, die eine heiße Spur aufgenommen hatten.

Ehe sie mir allzu abenteuerlustig wurden, nahm ich die Eulen tagsüber lieber mit auf die Veranda, wenn ich am Computer arbeiten musste. Dann saß Owlie jedes Mal wie eine fedrige

Epaulette auf meiner Schulter, während Hedwig und Marco Polo schläfrig auf einer steinernen Säule hockten, auf den Fersen wippten und hin und wieder ihre Füße inspizierten. Weit entfernt davon, ihrem Ruf als mürrische Nachtvögel gerecht zu werden, genossen die Adlereulen ihr Leben in vollen Zügen. Abends ließen sie sich von Rich auf seinem Bürostuhl wie auf einem Karussell im Kreis drehen und schlugen aufgeregt mit den Flügeln. Und bis David dagegen protestierte, zogen wir seine Spielzeugmaus an einem Stück Schnur über den Boden, während die beiden Eulen hinterherwatschelten und vergeblich versuchten, die Maus mit ihren Klauen zu erwischen.

»Ah, *Sikova!*«, rief Johnson kopfschüttelnd, als er die Eulen eines Nachmittags im Garten herumtollen sah. »Sehr böse Vögel!«

Ich wusste, dass Eulen bei vielen Afrikanern einen schlechten Ruf haben, aber »sehr böse« war eine äußerst unpassende Beschreibung für diese liebenswürdigen Clowns. Deshalb sprach ich Khanye darauf an.

»Wir fürchten uns nicht vor allen Eulen«, sagte er. »Eigentlich nur vor den Adlereulen.«

»Aber warum jagen euch ausgerechnet diese Eulen Angst ein? Die sind doch einfach zum Schießen.«

»Ebenso wie wir glauben, dass Hexen auf Hyänen und Erdferkeln reiten, sind wir davon überzeugt, dass sie Eulen benutzen, um ihre Flüche und schlechten Omen zu verbreiten. Wenn eine Eule in der Nähe unseres Hauses auf einem Ast sitzt und *Huhuu* ruft, dann bedeutet das, dass jemand aus der Familie bald sterben wird. Deswegen jagen wir die Vögel fort.«

»Glauben das denn alle?«, fragte ich.

»Die meisten. Viele von denen, die hier auf der Farm arbeiten, können nicht verstehen, warum Sie sich Eulen halten, wenn Sie sie nicht für Zauberei brauchen.«
Ich stellte mir vor, wie ich mit schwarzen Zähnen und einer großen Nase an unserem Eingangstor stand, auf jedem Arm eine Eule, und zusah, wie alle, die versuchten, in die Farm einzudringen, bei unserem Anblick um ihr Leben rannten.
»Na ja, vielleicht werde ich demnächst ein paar Flüche aussprechen«, erwiderte ich. »Die Eulen können unsere Farm beschützen.«
»Ich fürchte, das wäre zwecklos«, sagte Khanye. *»Mukhinawas* lassen sich nicht verhexen, und zaubern können sie auch nicht.«
Die nächste Frage konnte ich mir einfach nicht verkneifen. Khanye hat sein ganzes Leben im Busch verbracht, er ist ein ausgezeichneter Naturkundler und ein hervorragender Führer.
»Und was ist mit Ihnen, Khanye? Was meinen Sie denn dazu?«
Er ließ sich Zeit mit seiner Antwort. »Nun, ich weiß, dass Eulen die Nähe des Menschen suchen, denn unsere Abfälle locken Ratten an, und Vögel nisten unter unseren Dächern. Erst vorgestern Abend habe ich beobachtet, wie eine Adlereule am Eingangstor einen Star jagte.«
»Und was haben Sie getan?«
»Na, was glauben Sie wohl?« Khanye lachte. »Ich hab sie fortgejagt.«

Es war eine Schande, dass ich als weiße Hexe keine Chance hatte, denn damals hätten wir ein bisschen Magie gut gebrauchen können. Die Landfrage beherrschte mal wieder die Nachrichten, und die Regierung forderte schärfer denn je von den Weißen, ihre Farmen den landlosen Bauern zu überlassen. Die meisten ausländischen Zeitungen betrachteten das Thema lediglich als eine gerechte Methode der Wiedergutmachung für während der Kolonialzeit begangenes Unrecht. Die *Newsweek* berichtete beispielsweise, dass das enteignete Land unter 100 000 erfahrenen schwarzen Bauern verteilt würde.

Anfangs wirkten die Forderungen durchaus vernünftig. Niemand, nicht einmal die »Commercial Farmers Union«, konnte leugnen, dass eine Landreform vonnöten war. Das Ministerium stellte Kriterien für die Zwangsenteignungen von Landbesitz auf, zum Beispiel sollten nur Farmen, die kaum genutzt wurden oder deren Besitzer im Ausland lebten, an den Staat zurückfallen. Daraufhin bot die CFU Tausende Hektar gutes Land an. Ihr Angebot wurde ignoriert. Schließlich ordnete Präsident Mugabe eine Volksabstimmung an, um eine Verfassungsänderung absegnen zu lassen, die der Regierung unter anderem die Möglichkeit geben würde, Land ohne Entschädigung zu enteignen. Aber zu seiner großen Verblüffung wandte sich sein Volk zum ersten Mal offen gegen ihn. Die Antwort lautete deutlich »Nein«, und das hatten wir dem MDC (»Movement of Democratic Change«) zu verdanken, der ersten Opposition, die seit der Unabhängigkeit diesen Namen verdiente.

Natürlich wurde die Opposition von den wenigen Weißen unterstützt, die noch im Land verblieben waren, und von weißen Geschäftsleuten und Farmern finanziert. Das erboste Mugabe dermaßen, dass er sein Volk dazu aufrief, sich als Vergeltungsmaßnahme das Land kurzerhand selbst anzueignen.

Rich war nicht da, als ich meine E-Mails abrief und im CFU-Rundbrief las, dass fünf Farmen im Manicaland besetzt worden waren. Ein paar Minuten lang starrte ich wie benommen auf den Bildschirm und versuchte zu begreifen, dass es tatsächlich angefangen hatte. Aber dann schob ich den Gedanken beiseite. Es handelte sich um einzelne Vorfälle, die sich in einem ganz anderen Teil Simbabwes abgespielt hatten, redete ich mir ein. Meilenweit von uns entfernt. Aber zwei Wochen später war die Zahl der besetzten Farmen bereits auf 70 angestiegen, und bis Ende des Monats waren 561 Farmen teilweise mit Gewalt übernommen worden, und zwar nicht von »erfahrenen Bauern«, sondern von Kriegsveteranen, Jugendlichen und einem von der Regierung aufgewiegelten Mob. Bis auf ihre einfachen Spitzhacken hatten diese Leute nichts, womit sie Landwirtschaft hätten betreiben können. Sie besaßen weder Kapital noch Saatgut, keine landwirtschaftlichen Geräte oder auch nur Erfahrung. Mitten in einer schrecklichen Dürreperiode blieben große Flächen kultivierten Landes unbearbeitet, weil die Landbesitzer entweder vertrieben worden waren oder sich in ihren Häusern verbarrikadiert hatten. Die Polizei hatte den Befehl erhalten, sich aus dem Konflikt herauszuhalten.

Die Besetzungen breiteten sich bis ins Mashonaland aus – das politische Hinterland der Regierungspartei und das fruchtbarste Gebiet des Landes. Inzwischen wurde die Regierung von der Weltbank und der EU offen dafür kritisiert, dass sie in Zeiten der größten wirtschaftlichen Krise des Landes die Landwirtschaft ruinierte und die Menschenrechte missachtete.

Wir waren noch nie gern in die Stadt gefahren, aber jetzt war es uns unangenehmer denn je. Es wurde über nichts anderes geredet als über die Besetzungen, die Gefahr und die Gewalt. Freunde hoben Zeitungsausschnitte für uns auf, um uns auf dem Laufenden zu halten.

Mir wäre es lieber gewesen, sie hätten uns im Dunkeln gelassen. Was für eine Erleichterung war es jedes Mal, wenn wir der Stadt den Rücken kehren, über die offene Landstraße (die wegen der Benzinknappheit umso leerer war) brausen und eine Stunde später durch unser Tor fahren konnten. Und was war es für eine Freude, von einer Herde Impalas umzingelt zu werden oder anhalten zu müssen, weil ein Zebra sich gerade mitten auf der Straße im Staub wälzte. Für uns wurde unser Tor zur Grenze zwischen der wirklichen Welt und einem schöneren, sichereren Ort.

Dann, endlich, ließ sich die Stimme des Gesetzes vernehmen. Das Oberste Gericht von Simbabwe erklärte die Besetzung von Farmen für gesetzeswidrig und verfügte, dass alle Eindringlinge die besetzten Ländereien innerhalb von vierundzwanzig Stunden räumen müssten. Der Spuk würde bald vorbei sein.

Zum Glück sorgten unsere Tiere für reichlich Ablenkung. Abends unterhielt ich Owlie mit Grashüpfern, um seinen Jagdinstinkt zu trainieren, aber es war ein langsamer Prozess. Wenn Blicke töten könnten, hätte er sie alle mit den Laserstrahlen aus seinen Augen verbrutzelt, aber bis er sich endlich entschloss, sich in Bewegung zu setzen, hatten sie längst die Flucht ergriffen. Eines Abends saß ich neben Owlie auf der Bettkante, während er ein paar Grashüpfer beobachtete, die auf dem Boden vor uns verführerisch mit ihren Fühlern wedelten. Doch als er sich gerade bereit machte, um sich das erste Opfer einzuverleiben, sahen wir etwas Braunes vorbeihuschen, und dann fehlte eine Heuschrecke. Sekunden später flitzte eine Spitzmaus, die kaum größer war als die Heuschrecken, zwischen unseren Füßen hervor, schnappte sich das zweite Insekt und verschwand wieder unterm Bett. Eine

Minute später stürzte Owlie sich mit glühenden Augen und äußerster Präzision auf den leeren Teppich.
Ernst und Claudia blieben ohne Probleme in ihrer Voliere, bis wir sie im folgenden Sommer in die Freiheit entließen. Unsere kleinste Eule hingegen, die sich als vollwertiges Familienmitglied verstand, empfand das Leben in einer Voliere als reine Zumutung. Den ganzen Tag verbrachte Owlie schmollend in einer Ecke, und abends, wenn der Generator zu knattern begann und die Lichter angingen, saß er vor dem Büro auf der Fensterbank und begehrte Einlass. Ihn zu ignorieren war vollkommen unmöglich. Man hatte irgendwie ein seltsames Gefühl, und wenn man sich umdrehte, dann hockte er mit angelegten Ohren auf der Fensterbank und durchbohrte einen durch die Scheibe mit seinem finsteren Blick.
In meinem früheren Leben waren Büros durchorganisierte Orte, wo Telefone klingelten, Aktenordner in alphabetischer Reihenfolge in Regalen standen und Schubladen ausreichend Briefpapier und Briefumschläge enthielten. Owlie war einfach ein Teil des Chaos unseres so genannten Büros, dem Zimmer, wo wir alle wichtigen Dinge aufbewahren. Das Problem ist, dass wir einfach nichts wegwerfen können. Wie auch? Unsere Buchführung ist so katastrophal, dass selbst der winzigste Kassenzettel eines Tages die lebensrettende Information für unseren Steuerberater enthalten könnte. Das andere Problem ist, dass wir Simbabwer sind. Seit Ian Smith 1965 Rhodesien einseitig für unabhängig von England erklärte, ist in diesem Land immer irgendetwas knapp. Also horten wir vorsichtshalber alles: von alten Autoreifen, die man noch für alte Eselskarren gebrauchen oder aus denen man Schuhsohlen herstellen kann, bis hin zu säckeweise Plastiktüten, die man wiederverwenden oder aus denen man bunte Körbe flechten kann. Simbabwer, die das Glück haben, eine Flug-

reise zu machen, nehmen das Plastikbesteck aus dem Flugzeug als Geschenk für ihre Freunde mit, und beim Aussteigen sammeln sie in der Business-Class im Vorbeigehen die Tütchen mit den Süßigkeiten und Knabbereien ein, die die undankbaren Reichen zurückgelassen haben.

Rich, das praktische Genie, kann jedes Gerät zum Laufen bringen und dafür sorgen, dass es auch weiterhin funktioniert. Damit wir unsere Computer tagsüber, wenn der Generator ausgeschaltet ist, trotzdem benutzen können, hat er sie an ein ganzes Arsenal von Batterien angeschlossen, ebenso wie die Außenlampen, die Drucker, den Kopierer und seine Wetterstation, die auf einem Kopje steht und den ganzen Winter über funktioniert, bis sie beim ersten Frühlingsgewitter vom Blitz getroffen wird. Kabel verschiedener Länge hängen an den Wänden des Büros wie die Luftwurzeln eines Feigenbaums, und alle sind einer ganz bestimmten Steckdose zugeordnet.

Da wir vor lauter Angst, etwas durcheinanderzubringen, nichts anzurühren wagen, ist unser Büro ein Paradies für Spinnen und für Haselmäuse, die im Dach nisten und ständig auf der Jagd nach Insekten über den Boden flitzen. Die Mäuse stören uns nicht im Geringsten, es sei denn, sie hauchen in irgendeiner dunklen Ecke ihr Leben aus, und wir müssen das halbe Büro absuchen nach der Quelle des Gestanks, der ihre Verwesung begleitet. Owlie saß gern auf einem Schrank und sah mir dabei zu, wie ich auf Händen und Knien nach etwas suchte. »Irgendjemand«, sagte Rich gern, wenn er den Riesenstapel Papiere betrachtete, der sich auf seinem Schreibtisch türmte, »muss meinen Stift/mein Buch/meine Schlüssel haben. Ich weiß ganz genau, dass ich ihn/es/sie vor einer halben Stunde da abgelegt habe.« Mich bringt diese Bemerkung jedes Mal auf die Palme, da ich schließlich der einzige *irgend-*

jemand bin, der gemeint sein kann. Deshalb suche ich oft stundenlang nach dem vermissten Gegenstand, um meine Unschuld zu beweisen.

Oben auf dem ganzen Durcheinander thront das Telefon, das nie klingelt. Jahrelang hatten wir so einen schweren schwarzen Apparat mit einem Hörer an einem langen Kabel und einer altmodischen Wählscheibe. Dann stellte ich eines Tages fest, dass Meg, Richs Exfrau, in ihrem Haus in Bulawayo ein hübsches neues Modell mit Tasten besaß. Meg versicherte mir, ich bräuchte nur bei der Telefongesellschaft anzurufen und mir so ein Telefon zu bestellen. Nun, unser Telefon mochte vielleicht nicht funktionieren, aber für den Fall, dass es irgendwann einmal so weit sein sollte, mussten wir schließlich vorbereitet sein. Also rief ich gleich am nächsten Tag (aus der Stadt) dort an.

»Guten Morgen. Ich hätte gern ein Tastentelefon. Können Sie mir ein paar Informationen dazu geben?«

»Selbstverständlich. Einen Augenblick bitte, ich verbinde Sie.«

»Hallo. Was kann ich für Sie tun?«

»Ich hätte gern ein Tastentelefon. Könnten Sie mir bitte ein paar Informationen dazu geben?«

»Selbstverständlich. Einen Augenblick bitte, ich verbinde Sie.«

Das wiederholte sich mindestens fünf Mal, bis schließlich jemand sagte:

»Aber selbstverständlich. Ich kann Ihnen alle Informationen geben, die Sie brauchen. Welche Farbe darf es denn sein?«

Ich konnte mir die Farbe aussuchen? Das war etwas ganz Außergewöhnliches in einem Land, wo man, wenn überhaupt, nur eine einzige Sorte Klopapier kaufen konnte. Rot war mir zu auffällig. Weiß würde zu schnell verschmutzen.

Blau wäre fehl am Platze, also musste es grün sein. Ich war begeistert.

»Welche Farben gibt es denn?«

»Überhaupt keine«, sagte die Stimme am anderen Ende trocken. Dann war die Leitung tot.

Wenn wir schlafen gingen, war Owlie regelmäßig in Topform, und es wurde immer schwieriger, ihn durchs Fenster in seine Voliere zu scheuchen. Um ihn einzufangen, hatten wir eine kleine Leiter im Büro, aber jedes Mal, wenn wir mit ausgestreckten Armen hinaufkletterten, flog Owlie einfach in die nächste Ecke. Wenn es ihm zu langweilig wurde, uns beim Arbeiten zuzusehen, begann er, das Stroh aus dem Dach zu rupfen.

Dann, völlig unerwartet, fiel er im Sturzflug über Richs Kopf her. Rich, den von Anfang an eine ganz besondere Freundschaft mit unserer kleinsten Eule verbunden hatte, war angesichts dieses Übergriffs am Boden zerstört. Aber als Owlie ihn kurz darauf ein zweites Mal angriff, gewöhnte er sich an, im Büro einen Hut zu tragen, was ziemlich merkwürdig wirkte.

Bis dahin hatten wir nie feststellen können, ob Owlie ein Männchen oder ein Weibchen war, aber die Frage wurde uns beantwortet, als er eines Tages anfing, sich triumphierend kreischend sexuell an meinem Hinterkopf zu betätigen.

»Er versucht, dich zu füttern«, sagte Rich eines Abends, nachdem Owlie mir hinter der Tür aufgelauert hatte und mich verliebt mit einem Stückchen Hühnerfleisch im Schnabel angurrte.

Damit die beiden sich wieder miteinander versöhnen konnten, hielt ich mich eine Zeit lang aus dem Büro fern und überließ es Rich, sich um den straffällig gewordenen Owlie zu kümmern und ihn zu füttern. Die Taktik schien zu funktionieren.

Eine Woche später ging ich ins Büro und machte das Fenster auf, um Owlie hereinzulassen. Er empfing mich mit schmachtendem Blick, und erst als er schon drinnen war, sah ich, dass er ein Rattenbaby in den Klauen hatte. Bevor ich reagieren konnte, landete er mit dem Abendessen im Schnabel auf meiner Schulter. Er rückte ein bisschen näher, betrachtete auf der Suche nach meinem Mund liebevoll mein Gesicht, und versuchte schließlich, mir die Ratte ins Ohr zu stopfen.

»Nein, Owlie!«, schrie ich und schob ihn weg. Erst als er auf meinem Kopf saß, stieg mir der ekelhafte Geruch in die Nase, und mir wurde klar, dass es keine junge, sondern eine *halbe* Ratte war, die er mir in die Haare rieb. Gott sei Dank hatte ich den Schnabel nicht aufgemacht.

Owlie brachte alles durcheinander, weil er auf Menschen konditioniert war. Zuerst auf Marina, die ihn kurz nach dem Schlüpfen gerettet hatte, und dann auf uns, seine Adoptiveltern. Es war Frühling, und während unsere anderen Eulen mit Balzen und Possenreißen beschäftigt waren, hatte Owlie sich unsterblich in mich verliebt. Mit der halben Ratte, die er versucht hatte, mir in den Schnabel zu stopfen, wollte er mir dasselbe sagen wie ein Mann, der seiner Angebeteten einen Diamantring an den Finger steckt. Wenn ich ihn an jenen Frühlingstagen durch das Badezimmerfenster begrüßte, floss er über vor Verliebtheit, aber sobald er Rich erblickte, begann er wütend zu kreischen, lauter und lauter, fast bis zur Erschöpfung. In der Zwischenzeit saßen Ernst und Claudia in trauter Zweisamkeit in der warmen Sonne und riefen beglückt *Huhuu!*, wenn wir aus dem Haus kamen.

Das Geschlecht von Vögeln zu bestimmen ist sehr schwierig,

wenn Männchen und Weibchen dasselbe Federkleid tragen. Bei vielen Raubvögeln ist das Weibchen größer als das Männchen, aber da Eulen kaum Größenunterschiede aufweisen, beschlossen wir eher willkürlich, die etwas größere Hedwig für das Weibchen zu halten.
Die ganze Sache wurde noch verwirrender, als Rich eines Morgens vor die Tür trat und sah, wie Marco Polo um eine flache Kuhle in der Ecke der Voliere herumstolzierte und ein *Tschugu, tschugu, tschugu!* von sich gab, das verdächtig nach einem Balzruf klang. Am darauf folgenden Morgen machte Hedwig in der anderen Ecke der Voliere eine weitere Kuhle, und zwei Tage später legte Marco Polo ein großes, weißes Ei hinein. Beide Eulen wechselten sich mit dem Brüten ab, und an dem Zirkus, den sie veranstalteten, konnte man deutlich erkennen, dass es sich um ihr erstes Kind handelte. *Wudu, wudu, wudu*, gurrten sie im Chor, während derjenige, der gerade mit Brüten an der Reihe war, das Ei immer wieder vorsichtig mit dem Schnabel umdrehte. Einmal hob Hedwig das Ei sogar mit einem Fuß auf, betrachtete es hingerissen und krähte stolz vor sich hin. Wir hatten uns gründlich geirrt – Marco war zweifellos das Weibchen und Hedwig wahrscheinlich ihr Gatte.

14. Oktober

Owlie ist offenbar ziemlich enttäuscht von mir. Nach all dem Balzen und Werben habe ich immer noch nicht angefangen, ein Nest zu bauen, geschweige denn, ein Ei zu legen.
Irgendetwas tut sich bei den Adlern. Marco Polo hockt mit aufgestelltem Schwanz auf dem Ei und stößt anhaltende Rufe aus, Hedwig drückt sich am Nestrand herum und ist so aufgeregt, dass er vor lauter Bedürfnis,

nahe bei Marco zu sein, fast auf sie drauffällt. Er trippelt auf und ab wie ein werdender Vater vor dem Kreißsaal, und siehe da, am Abend liegt ein zweites Ei im Nest.

Am nächsten Tag sitzen sie beide aufgeplustert im Nest und putzen einander das Gefieder, sogar die kleinen Federn im Gesicht und auf den Augenlidern. Hin und wieder gibt es ein bisschen Gezänk, und die Körpersprache ist eindeutig: Pass auf das Ei auf, du Tölpel!

Und dann lagen plötzlich drei Eier im Nest. Hedwig wirkte richtig ernst, als er Rich am Abend begrüßte. Drei Kinder!, schien er zu sagen. Wie um alles in der Welt soll ich bloß ihre Ausbildung finanzieren? Aber als die Anzahl der Eier sich dann auf vier erhöhte, dämmerte uns, was hier gespielt wurde.

Adlereulen legen normalerweise zwei Eier, manchmal drei und ganz selten vier, und beim ersten Mal ist die Wahrscheinlichkeit groß, dass es nur zwei sind. Hedwig und Marco Polo waren einfach zwei halbwüchsige Mädchen, die Mutter, Vater, Kind spielten.

Die Adlereulen waren im Frühjahr zu uns gekommen, und ein Jahr darauf konnten sie es kaum erwarten, uns zu verlassen.

15. Oktober

Die Adler haben einen Freund. Marco sitzt auf der Tonne und ruft nach einem Männchen, ein ganz neuer Schrei, der von einem dunklen Kopje aus mit einem Huuu! beantwortet wird. Jede Nacht hören wir draußen die Eulen im Chor singen, und nichts könnte

unheimlicher und schöner klingen. Letzte Nacht fiel sanfter Regen auf unser Strohdach, und heute Morgen ließ der aufsteigende Nebel die Kopjes aussehen wie rauchende Vulkane.
Heute Nacht ist Vollmond, und morgen werden wir Hedwig und Marco in die Freiheit entlassen.
Die Kudus kommen an den Zaun, als wollten sie uns Gute Nacht sagen, anschließend verschwinden ihre dunklen Gestalten in der Abenddämmerung. Der Mond wirft lange Schatten auf den Rasen, und dann beginnt die Nachtmusik mit dem endlosen Quaken der Frösche und dem Zirpen der Grillen.
Niemand schert sich um das Urteil des Obersten Gerichts, und immer mehr Farmen werden besetzt.
Manchmal wünschte ich, diese perfekte Welt würde mich einfach verschlucken und mich auf ewig in ihrem friedlichen Rhythmus wiegen.

Jetzt, wo der Sommer angefangen hatte, gab es reichlich Insekten und kleine Nager als Leckerbissen für hungrige Eulen. Aber unsere beiden Tölpel waren noch nie einer lebendigen Ratte begegnet, ganz zu schweigen davon, dass sie selbst eine erlegt hätten. Rich nagelte kleine Bretter an die Ecken der Veranda, auf denen die Eulen sitzen und ihre Umgebung beobachten konnten.
Damit wir nicht unerwartet fliegenden Besuch ins Haus bekamen, versahen wir die größeren Fenster vorsichtshalber mit schützendem Maschendraht.
Als Rich Hedwig eines Nachmittags gegen vier aus der Voliere holte, saß er ganz gesittet auf seinem Handschuh. Wie geplant hüpfte er auf das Brett an der Veranda, und wenige Minuten später gesellte sich Marco Polo zu ihm. Dann hock-

ten sie mit aufgerichteten Ohrbüscheln da und schauten uns traurig an.

»Sie wirken so verletzlich«, sagte Rich bedrückt. »Ich wünschte, wir hätten sie besser auf all das vorbereiten können.«

Um fünf Uhr flog Marco Polo auf den Zaun des Buckingham Palace. Ein gelber Staublappen war auf den Rasen geweht. Marco beäugte ihn neugierig, dann wandte sie sich ungläubig ab wie eine Nonne, die eine Ausgabe des *Kamasutra* unter dem Weihnachtsbaum gefunden hat. Sie drehte ihren Kopf erst nach links, dann nach rechts – und stürzte sich auf den Lappen. Hedwig ließ sich nicht lumpen, und gemeinsam rissen sie das fürchterliche Ding in Fetzen. Alle applaudierten. Jetzt war Hedwig an der Reihe, eine neue Beute aufzuspüren. Unvermittelt watschelte sie auf die verblüffte Mary zu, hob ab und landete auf ihrem Rücken. Mary machte vor Schreck einen Satz, und Hedwig flog aufs Dach. Das machte Spaß! Mit ausgebreiteten Flügeln und gesenktem Kopf rannten unsere »Adler« auf die verängstigten Buschböcke zu und jagten sie durch das Gehege. Allmählich wurde es dunkel, und kurz bevor wir uns ins Haus zurückzogen, rutschten unsere Waisenkinder über das Strohdach wie ein paar Rotznasen, die man auf einem Spielplatz losgelassen hatte.

Bevor wir uns schlafen legten, stellten wir etwas Futter für die beiden Eulen oben auf die Voliere, wo sie es nicht übersehen konnten. Als wir am nächsten Morgen feststellten, dass sie das Futter nicht angerührt hatten, nahmen wir an, dass das Herumtollen ihnen den Appetit verdorben hatte. Doch als wir sie vier Tage lang überhaupt nicht mehr zu Gesicht bekamen, fingen wir allmählich an, uns Sorgen um sie zu machen. Abgesehen von ihrer allerersten Woche auf dieser Welt waren sie ihr Leben lang vollkommen abhängig von uns gewesen. Ohne unsere Hilfe würden sie womöglich kläglich verhungern, denn schließlich beschränkte sich ihre Erfahrung mit der Jagd darauf, beinlose Grashüpfer einzufangen, und selbst dabei hatten sie sich ziemlich dusselig angestellt. Nachdem sie eine Woche lang nicht aufgetaucht waren, nahmen wir an, dass sie entweder tot oder von anderen Eulen verscheucht worden waren. Eine andere Erklärung konnte es nicht geben.

Dann, mitten in der Nacht, rüttelte Rich mich wach.

»Sie sind wieder da!«, rief er aufgeregt. »Ich kann sie hören.«

Wir gingen nach draußen, wo mein Mann, splitternackt bis auf die Grubenlampe auf seinem Kopf, verzweifelt nach unseren Eulen rief.

»Huhuu!«, schienen sie zu antworten, bis ihre Rufe immer leiser wurden und schließlich überhaupt nicht mehr zu hören waren.

Nach einer Weile begannen sie, uns abends zu besuchen, und das tun sie heute noch. Dann sehen wir sie im Mondlicht auf dem Dibe hocken oder lautlos ums Haus fliegen. Eine Zeit lang hatten sie uns ihr Vertrauen und vielleicht sogar ihre Zuneigung geschenkt, aber inzwischen brauchen sie uns überhaupt nicht mehr – wir gehören nur deshalb zu ihrem Leben, weil wir zufällig in ihrem Territorium wohnen.

Freiheit. Wir Menschen nehmen sie als heiliges Recht in Anspruch, wir sind bereit, für sie zu kämpfen und womöglich sogar zu sterben. Bis auf die Todesstrafe gibt es keine schlimmere Strafe für den Menschen, als ihm die Freiheit zu nehmen. Und dennoch haben wir kein Problem damit, ein wildes Tier sein Leben lang in einen Käfig zu sperren, in dem Glauben, dass es, solange wir ihm Futter, Wasser und Sicherheit bieten, ganz zufrieden sein wird. Oder machen wir uns einfach gar keine Gedanken darüber? Tatsache ist, dass wir nur sehr wenig über Tiere und deren Bedürfnisse wissen, und in der Wissenschaft wie auf jedem anderen Gebiet menschlicher Erkenntnis ist die Wahrheit von heute vielleicht schon morgen nichts mehr wert.

Heutzutage mag einem das seltsam vorkommen, aber im 17. Jahrhundert hielten Naturforscher Tiere für »hirnlose Geschöpfe« und für unfähig, Schmerz zu empfinden. Und noch bis vor kurzem hielt man das Grummeln von Elefanten für Verdauungsgeräusche, bis sich herausstellte, dass sie auf diese Weise miteinander kommunizieren und sich sogar mit Hilfe von Tönen, die weit unter dem von Menschen hörbaren Frequenzbereich liegen, über weite Entfernungen miteinander austauschen können.

Aufgrund der Beobachtungen von Forschern wie Jane Goodall mussten Naturwissenschaftler zähneknirschend einräumen, dass Menschenaffen wie Schimpansen ähnliche Gefühle haben wie wir. Genetisch betrachtet sind Menschen sowieso zu achtundneunzig Prozent Schimpansen, weswegen es gar nicht so schwer sein sollte, uns vorzustellen, dass sie Gefühle haben. Aber auch wenn die Gefühle von Tieren, die uns weniger ähnlich sehen, schwerer zu interpretieren sind, gibt uns das noch lange nicht das Recht, sie zu ignorieren.

Mit Tierversuchen lässt sich beispielsweise nicht beweisen, dass Hunde Freude empfinden können, aber wir brauchen keinen Experten, um zu wissen, wie unser Labrador sich fühlt, wenn er uns abends schwanzwedelnd an der Haustür begrüßt.

Niemand kann beweisen, dass unsere Eulen glücklich waren über die Freiheit, zu fliegen und zu jagen, wo sie wollten. Mit Sicherheit wissen wir nur, dass ihre Instinkte sich in dem Augenblick durchsetzten, als wir sie aus der Voliere ließen,

obwohl die Vögel von uns Menschen aufgezogen worden waren. Es gab keinen Kompromiss – als wir ihnen die Freiheit gaben, verließen sie uns endgültig, trotz Hunger, Gefahr und all der Risiken des Lebens in der Wildnis.
»Was man liebt, muss man loslassen«, heißt es. Bei einem Tier, das die Chance auf ein erfülltes Leben in freier Natur hat, bleibt einem nichts anderes übrig.

Kapitel 18

'Mid pleasures and palaces though we may roam,
be it ever so humble, there's no place like home.
J. H. Payne

Nachdem Poombi sich für die Freiheit entschieden hatte, gaben wir ihr keine Chance, es sich noch einmal anders zu überlegen. Abel stand sein Jahresurlaub zu, und er reiste an dem Tag ab, als sein Schützling uns verließ. Es war eine schwere Zeit für Abel, denn seine sehr junge Frau hatte vor kurzem eine Fehlgeburt erlitten, und ich hatte das Gefühl, dass das nicht das Einzige war, was ihm auf der Seele lag. Nicht dass er je ein Wort darüber verloren hätte, und doch lag manchmal etwas Trauriges und Sorgenvolles in seinen Augen.

Was Poombi anging, so verbrachte sie ihre Tage offenbar lieber allein als in Gesellschaft ihrer neuen Freunde. In den Scoutberichten tauchten immer wieder Bemerkungen über sie auf, und ich machte mich oft auf den Weg, um nach ihr zu suchen, nicht nur ihretwegen, sondern auch meinetwegen. Denn sie fehlte mir fürchterlich. Die Mittagspausen am Flussufer waren mir zur lieben Gewohnheit geworden, und es fiel mir schwer zu akzeptieren, dass diese Zeit für immer vorbei sein sollte. Nie wieder würde ich das ungleiche Paar den Hügel heraufkommen sehen, nie wieder würde das Warzenschwein schnurstracks auf mich zutrotten, um mir zur Begrüßung grunzend die Schnauze an die Nase zu drücken. Von nun an würden wir uns nur noch zufällig begegnen, und häufig vergingen mehrere Tage, ehe wir uns wiedersahen.

Fast zwei Wochen nach Abels Abreise stattete Poombi uns zum ersten Mal einen Besuch am Haus ab. Ich hörte Nandi am Tor hysterisch bellen, und als ich nachsehen ging, stand Poombi auf der anderen Seite und begehrte Einlass. Wenn weder Flehen noch Betteln half, legte sie sich resigniert da, wo sie war, auf den Boden. David und ich waren stundenlang damit beschäftigt, Poombi von den zahllosen Zecken zu befreien, die überall an ihr hingen, sogar auf der Innenseite ihrer Lippen. Ich fragte mich, ob sie erwartete, dass wir sie auch noch nach Hause fuhren, und wo dieses Zuhause wohl sein mochte. Bislang hatte noch niemand ihre Höhle entdeckt, allerdings hatte ich den Scouts auch nicht den ausdrücklichen Auftrag gegeben, sie zu suchen. Wie jeder junge Erwachsene, der zum ersten Mal seine Unabhängigkeit auskostet, brauchte sie ihren eigenen Platz. Aber um vier Uhr zog sie wieder ab. Bemüht, nicht allzu aufdringlich zu erscheinen, machte ich um halb sechs eine kleine Spazierfahrt und fand Poombi beim Grasen auf dem Weg in der Nähe des Elen-Geheges. Nachdem sie mich kurz begrüßt hatte, fraß sie in aller Seelenruhe weiter, was mich vermuten ließ, dass ihre Höhle nicht weit weg sein konnte.

Das Gehege und der Gemüsegarten waren die begehrtesten Plätze in Poombis Territorium. Vor allem der Gemüsegarten wurde regelmäßig zum Opfer von Invasionen – von Poombi, einer Horde grüner Meerkatzen, den Dassies, einiger Rand-Wollschwanzhasen und der Elenantilopen. Die Affen waren am schwersten vom Garten fernzuhalten, bis wir mehr oder weniger per Zufall entdeckten, wovor sie sich am meisten fürchteten. Als Rich eines Tages aus der Stadt zurückkehrte, sah er in den Bäumen am Straßenrand eine Horde Meerkatzen kreischend auf und ab springen. Sie schienen in seine Richtung zu blicken, woraufhin er verblüfft anhielt, um der Sache auf den Grund zu gehen. Dadurch machte er alles noch schlimmer. Mit zurückgezogenen Lippen, die Zähne vor Angst gebleckt, rückten die Affen dichter zusammen und schrien noch lauter. Es dauerte eine Weile, aber schließlich begriff Rich, was das Problem war. Unser Emblem für die Lodge ist ein Leopardenkopf, und der Anblick dieses Leopardenkopfs auf beiden Seiten des Toyota versetzte die Affen in Angst und Schrecken. Als Rich sich vor das Emblem stellte, so dass die Affen es nicht sehen konnten, beruhigten sie sich augenblicklich.

Das brachte die Lösung. Rich suchte ein paar große Pappstücke zusammen und zeichnete fauchende Leoparden darauf. Diese nagelte er an den Zaun, der den Gemüsegarten umgab, und für die nächsten Monate hatten wir Ruhe vor den Affen.

Nachdem Poombi sich für die Freiheit entschieden hatte, tauchte sie regelmäßig zur abendlichen Fütterungszeit am Gehege auf. Die Scouts hatten mir den Tipp gegeben, und als ich nachsehen ging, entdeckte ich sie prompt, wie sie sich zwischen neun mit Hörnern bewehrte Antilopen drängte, denen sie gerade mal bis an die Kniescheiben reichte, und sich einen Platz am Futtertrog erkämpfte.

Elenantilopen sind die größten Antilopen Afrikas, und sie sind nicht gerade für ihre Toleranz gegenüber anderen Tieren bekannt. In einem Nationalpark, wo Rich einmal stationiert gewesen war, hatte eine Elenantilope mit einem einzigen Stoß das Herz eines Pferdes durchbohrt. Unser mickriges Schwein fand jedoch offenbar überhaupt nichts dabei, täglich für einen Leckerbissen sein Leben aufs Spiel zu setzen. Wir stellten neue Tröge auf, halbierte Fässer auf hölzernen Stützen, so hoch, dass sie sich außerhalb von Poombis Reichweite befanden, und wir nahmen an, das Problem sei gelöst. Wie üblich irrten wir uns.

»Ihr werdet nicht glauben, was Poombi sich jetzt schon wieder in den Kopf gesetzt hat«, sagte Ursula, als sie einmal vom Gehege zurückkam. »Sie hat Tsamba den Krieg erklärt.«

Ursula hatte Poombi und unseren jungen Elenbullen vor dem Schuppen mit den Futtervorräten angetroffen, wo sie beide dabei waren, die Stückchen aufzusammeln, die regelmäßig beim Abmessen herunterfielen. Tsamba schien sich an der Gegenwart des Warzenschweins nicht zu stören, wogegen Poombi die Konkurrenz offenbar nicht ertragen konnte. Wütend kreischend ging sie auf Tsamba los, der verblüfft ein paar Schritte zurückwich.

»Poombi war mächtig stolz auf sich und machte sich wieder über die Futterreste her«, sagte Ursula. »Aber Tsamba war natürlich sofort wieder da.«

Während Poombi ihre Muskeln spielen ließ, bereitete sich ein weiterer unserer Schützlinge auf seinen Aufbruch in die Freiheit vor. Tsessil, eine Tsessebe-Antilope, war inzwischen fast ein Jahr alt, und in der freien Wildbahn würde er bald vom Leitbullen aus der Herde verjagt werden. Er war ein sanftes, liebenswertes Geschöpf, aber auch ein bisschen unterbelichtet, und kein anderes Tier hatte uns jemals so viel Ärger gemacht. Ich konnte es kaum erwarten, ihn gehen zu lassen.

Tsessils Problem war, dass er nicht so recht wusste, wohin er gehörte – wahrscheinlich, weil er seine Mutter nie gekannt hatte. Als er auf Stone Hills eintraf, war er knapp fünf Tage alt, noch ziemlich wackelig auf seinen staksigen Beinchen und trug, wie alle seine Artgenossen, einen verwirrten Ausdruck auf seinem langen, ernsten Gesicht. Der Farmer, der so beherzt zum Messer gegriffen und ihn per Kaiserschnitt zur Welt gebracht hatte, hatte versucht, ihm Milch zu trinken zu geben, sich aber nach einigen stressigen Tagen gesagt, dass die Peeks ein Antilopenkalb dringender brauchten als er. Schon die Fütterung von Tsessil erwies sich als echtes Problem. Er sollte seine mit einem Vitaminsirup gemischte Milch aus einer Zwei-Liter-Cola-Flasche mit einem für Kälber gedachten Sauger trinken. Aber Tsessil schien davon überzeugt zu sein, dass der Sauger der nahrhafteste Teil der Mahlzeit war, und wenn es mir gelang, das Gummiding festzuhalten, damit er es nicht komplett verschluckte, biss er wenigstens ein paar Stücke davon ab. Ich hatte Horrorvisionen davon, wie sich die Gummisauger in Tsessils Eingeweiden verfingen, aber zum Glück passierte ihm nie etwas.

Nachdem er das mit dem Nuckeln endlich kapiert hatte, war er begeistert. Miep! Miep!, rief er, als wäre er Road Runner aus den Zeichentrickfilmen – was eigentlich passte, denn Halbmondantilopen sind die schnellsten Antilopen der Welt. Vor lauter Ungeduld, an die Flasche zu gelangen, trat er mir auf den Füßen herum, und dann, wütend, weil es so lange dauerte, bis ich ihn von mir weggeschoben hatte, fing er an, mit dem Kopf von unten gegen die Flasche zu stoßen. Mittlerweile lag ich häufig längst von oben bis unten mit Milch getränkt auf dem Boden und klammerte mich an die leere Flasche. In der Regel versetzte Tsessil mir dann eine heftige Kopfnuss und blökte herzzerreißend. Diese Tortur musste ich fünf Mal pro Tag über mich ergehen lassen, manchmal sogar noch häufiger, wenn der erste Fütterungsversuch fehlgeschlagen war. Jedes Mal, wenn Tsessil gefüttert werden

musste, hatte Rich ganz zufällig irgendetwas Wichtiges zu erledigen, und selbst Abel hatte es ungewöhnlich eilig, sich mit Poombi auf den Weg zu machen, wenn er befürchten musste, dass ich ihn um Hilfe bei Tsessils Fütterung bitten würde.
Nach einem Monat war ich mit meiner Geduld am Ende. Und die Kälbersauger waren auch allesamt zernagt. Wir mussten uns etwas anderes einfallen lassen. Ich füllte eine rote Plastikschüssel halb mit Wasser, halb mit Milch, und trug sie vorsichtig nach draußen. Miep! Miep! Ungeschickt, wie er war, kam Tsessil auf mich zugestürmt und schlug mir die Schüssel aus den Händen. Nächster Versuch. Diesmal tauchte ich meine Finger in die Milch und hielt sie ihm mit flehendem Blick entgegen. Dann wandte ich mich ab. Tsessil blieb dicht vor mir stehen, lief um mich herum, auf der Suche nach der Quelle des Milchdufts, während ich mich im Kreis drehte und verzweifelt versuchte, ihm die Schüssel vor die Nase zu halten – aber wie sollte ich mit der schnellsten Antilope der Welt mithalten? Plötzlich war er hinter mir, schob den Kopf zwischen meinen Beinen durch und warf mich mit einem Stoß zu Boden, so dass ich auf dem Hintern und der Inhalt der Schüssel in meinem Schoß landete. So in etwa lief es jedes Mal ab. Wenn Tsessil es schaffte, meine Finger zu finden und daran zu lecken, führte ich seinen Kopf hinunter zur Milchschüssel, woraufhin er anfing, mit viel Ruckeln und Schnaufen die Milch zu trinken und meine Finger am Boden der Schüssel wund rieb. Als ich meine rechte Hand kaum noch bewegen konnte, fing ich an, Gummihandschuhe zu benutzen, aber die schmeckten ihm offenbar ebenfalls hervorragend.
Die Worte *armer kleiner Tsessil* tauchten immer wieder in meinem Tagebuch auf. Niemand wollte sein Freund sein. Die beiden Buschböcke hatten nichts gegen Nina, das kleine

Steinböckchen; sie durfte aus ihrem Trog fressen und bei ihnen liegen. Mary, unser Buschbock, protestierte nicht einmal, als Nina versuchte, an einer ihrer Zitzen zu trinken, nachdem ihre Flasche leer war. Aber wenn Tsessil dasselbe versuchte, wurde er von zwei wütenden Buschböcken zurück in seine Ecke unter unserem Schlafzimmerfenster gescheucht. Wenn Mary eine Gefahr witterte und Alarm schlug (das übernahm stets sie und nicht etwa Nyami, das Männchen), rührte es mich jedes Mal, dass Tsessil nicht etwa bei den Buschböcken, sondern bei mir Schutz suchte. Ich mochte vielleicht eine unfähige Mutter sein, aber ich war die einzige, die er hatte.

Nina, das Häuflein Elend, das ich zusammen mit Poombi aus dem Laden mitgebracht hatte, war im Alter von einem Jahr so weit, dass wir sie in die Freiheit entlassen konnten. Wie die anderen beiden Steinböckchen, die wir großgezogen hatten, war sie mit der Flasche gefüttert worden.

Aber kaum war sie von der Milch entwöhnt, hatte sie keinen weiteren Bedarf an menschlichem Kontakt. Bis ich eines Abends das Tor öffnete und eine Spur Trockenfutter auslegte, um sie aus dem Gehege zu locken, war sie zu einem kräftigen, lebensfrohen Geschöpf herangewachsen.

Als ich am nächsten Morgen die Buschböcke aus ihrer Einfriedung entließ, sah ich zu meiner großen Freude, dass das Trockenfutter vor dem Tor zum Gehege verschwunden war. In Gefangenschaft aufgewachsene Tiere tun sich zu Anfang meist schwer, ihr sicheres Zuhause zu verlassen, und Steinböckchen sind eine ganz besonders scheue Antilopenart. Aber nein, Nina war immer noch im Gehege, und bei ihr war Poombi, die auf ihrer Schweinewanderung mit Abel plötzlich einen appetitlichen Duft wahrgenommen und einen Abstecher zum Antilopengehege gemacht hatte. Beim dritten Versuch klappte es endlich. Nina war über Nacht verschwunden.

Ihre winzige Spur führte durch das Tor hinaus in eine neue, gefährliche Welt.

Noch monatelang riefen wir ihren Namen, wenn wir ein weibliches Steinböckchen in der Nähe des Hauses sahen, und manchmal blieb sie sogar kurz stehen und schaute uns an. Aber wir konnten uns nie sicher sein, dass es wirklich Nina war.

»Wäre es nicht wunderbar«, fragte ich mich wehmütig, während ich mir die blauen Flecken rieb, die der gute Tsessil mir beigebracht hatte, »wenn Tsessil es ihr einfach nachmachen könnte?«

Aber mit Tsessil war eben nichts einfach. An einem warmen Sonntagnachmittag saß ich im Schulzimmer und bereitete gerade den Unterricht für den nächsten Tag vor, als ich ein lautes Krachen hörte, gefolgt von einem fürchterlichen Schrei. Ich blickte erschrocken auf und sah meine Mutter mit dem weinenden David in den Armen am Wohnzimmerfenster stehen.

»Tsessil hat versucht, durchs Fenster in Davids Zimmer zu springen!«, rief sie.

Der arme Tsessil. Im Gegensatz zu Nyami, der es vorzog, das Haus durch ein offenes Fenster zu betreten, hatte er sich entschlossen, durch die Scheibe zu brechen, und nur das Metallgitter hatte verhindert, dass er tatsächlich in Davids Bett landete.

Das Fenster war kaputt, und Tsessil stand kleinlaut und mit gesenktem Kopf am Zaun. Wie Rich später bemerkte, war es wahrscheinlich ein Glück, dass er einen leichten Dachschaden hatte, denn jede andere Antilope hätte garantiert einen Schock davongetragen. Tsessil betrachtete nur verwirrt die tiefen Schnitte in seinen Beinen und Schultern. Unter den Scherben der Fensterscheibe fanden wir Blut und Fellfetzen, und auf der Fensterbank ein Stückchen weiße Sehne. Es war schon fast dunkel, als nach zwei Stunden Dr. Johnny Robinson eintraf. Er spritzte Tsessil, der sich kein bisschen wehrte, ein Beruhigungsmittel, dann führten wir ihn zu einer Plane, die wir unter Davids erleuchtetem Fenster (oder dem, was davon übrig war) ausgebreitet hatten. Dort blieb Tsessil vier Stunden lang laut stöhnend liegen, während ich seinen Kopf hielt und Rich Johnny beim Zusammenflicken der schrecklichen Wunden zur Hand ging.

Schließlich stand Johnny auf und streckte seine schmerzenden Glieder. »Ich fürchte, ich kann für nichts garantieren«, sagte er. »Selbst wenn er die Nacht überlebt, bleibt zu befürchten, dass er nie wieder richtig laufen kann.«

Er reichte Rich ein paar Fläschchen und einige Spritzen. »Entzündungshemmende Mittel und Antibiotika. Er braucht jeden Tag eine Spritze – falls er jemanden nah genug an sich ranlässt –, und in zehn Tagen müssen die Fäden gezogen werden.«

Als Johnny gegen elf Uhr abends losfuhr, wickelten wir Tsessil in warme Decken ein und stellten eine Barriere gegen den Wind auf. Bei Tagesanbruch war er schon wieder auf den Beinen. Als er mich in der Tür stehen sah, fing er an zu blöken und humpelte auf mich zu. Aber über eines der Vorderbeine, das sich beim Gehen nach hinten bog, schien er keine Kontrolle mehr zu haben.

Wir verwöhnten ihn, wie wir nur konnten. Denn jeden Tag musste Rich ihm das Antibiotikum spritzen, eine schmerzhafte Angelegenheit mit einer dicken Nadel, was Tsessil jedoch gleich darauf wieder vergaß, denn offenbar war er jedes Mal von neuem überrascht, wenn der Schmerz kam. Als Rich am zehnten Tag die Fäden zog, rechnete er mit dem Schlimmsten, doch Tsessil war fügsam wie ein Lämmchen und hielt die ganze Zeit still. Die Wunden waren gut verheilt, nur das Gehen fiel ihm noch schwer, und das Vorderbein, das sich immer noch nach hinten bog, war ein Problem. Wir wussten, wenn Tsessil sich nicht normal bewegen konnte, würde er nie in der Wildnis überleben können. Die Vorstellung, dass er sein Leben in einem Käfig verbringen und nie sein ganzes Potenzial als Halbmondantilope entfalten würde (so eingeschränkt es auch sein mochte), war fürchterlich. Doch irgendwie hat ihn das Glück, das ihm hold war, seit der geistesgegenwärtige Farmer ihn ans Licht der Welt befördert hatte, nie verlassen. Vier Monate nach seinem todesmutigen Sprung lief Tsessil wieder ganz normal auf beiden Vorderbeinen herum, und nur wenn er rannte, konnte man ein leichtes Hinken ausmachen. Selbst die Narben verschwanden allmählich.

Im Oktober muss man die Vorbereitungen für die im November einsetzende Regenzeit treffen. Gelbe Reetstrohbündel, die auf den Felsen lagern, müssen abgedeckt werden, und das Dach, das unter den Attacken von Buschhörnchen, Raben und Affen gelitten hat, muss stellenweise neu gedeckt werden. Im Oktober 1997 hatten die Handwerker fast alle Dachfirste der Lodges mit einer dünnen Betonschicht verschmiert, da dort im Vorjahr häufig Wasser eingedrungen war. Nur bei unserem Haus war das noch nicht geschehen. Jedem, der die Buschböcke kannte, war klar, dass die Handwerker auf keinen Fall auf den Teil des Dachs klettern durften, der zu deren Gehege hin gelegen war. Die Tiere würden garantiert in Panik geraten, den Zaun durchbrechen und sich dabei verletzen. Aber Tsessil, so dachte ich, würde anders reagieren. Nach allem, was er hinter sich hatte, würde ihn wahrscheinlich nichts so leicht aus der Fassung bringen. Ich stand auf der Veranda, während die Männer von der anderen

Seite aus aufs Dach kletterten. Kaum erschienen ihre beiden Köpfe über dem First, geriet Tsessil in Panik und lief in seinem Gehege herum wie ein übergeschnapptes Dressurpferd, die Augen vor Angst weit aufgerissen. Er stand kurz davor zu explodieren. Ich bedeutete den Handwerkern schnell, sie sollten verschwinden, dann lief ich zum Tor.
»Tsessy!«, rief ich. »Komm zu Mami!«
Er kam tatsächlich – und schoss im gestreckten Galopp an mir vorbei, durch das Tor und auf die offene Savanne hinaus. Ich dachte – hoffte – schon, er würde für immer verschwinden, aber dann blieb er in knapp hundert Metern Entfernung stehen und drehte sich noch einmal voller Entsetzen nach den beiden Gestalten auf dem Dach um.
Es war ein ekliger Tag, ein letzter verzweifelter Versuch des Winters, ein paar wirklich scheußliche Erinnerungen zu hinterlassen. Nicht ein einziges Tier war an der Lodge oder vor dem Haus aufgetaucht, und ich rechnete auch nicht damit, eins zu Gesicht zu bekommen. Sie hatten alle in der Nähe der Kopjes Schutz gesucht. Nur Tsessil hob sich hellbraun gegen den grimmigen Himmel ab, zitternd und jämmerlich stand er da und wünschte sich wahrscheinlich zurück in seine Ecke unter dem Schlafzimmerfenster. Eine Zeit lang beobachtete ich ihn von der Veranda aus. Er benahm sich noch verrückter als gewöhnlich, denn als ich ihn rief, stellte er die Ohren auf und galoppierte davon. Und dann passierte etwas ganz Merkwürdiges. Ein zweites Tier trat zwischen den Bäumen hervor, ein Tier, das zugleich niedergeschlagen und konfus wirkte – anders ausgedrückt: noch eine Halbmondantilope, vielleicht ein Jahr älter, auf jeden Fall ein junges Männchen, das offenbar von seiner Gruppe verstoßen worden war. Er brauchte einen Freund, und irgendwie hatte er an diesem trostlosen, windigen Tag den ebenso freundlosen Tsessil entdeckt. Ich

konnte einfach nicht glauben, dass das Zufall war. Unsere Halbmondantilopen waren unglaublich scheu, und wir hatten noch fast nie eine bei Tageslicht vor dem Haus gesehen. Aber dieser junge Bock war hergekommen, weil er wusste, dass Tsessil da war, und er hatte die Absicht, dessen Bekanntschaft zu machen. Zwar standen die beiden fast hundertfünfzig Meter von mir entfernt, aber ich konnte genau beobachten, was vor sich ging, und das Gespräch mithören.

»Schön, dich kennen zu lernen, Bruder.«

»Bruder? Was soll das denn heißen?«

»Du bist einer von uns, eine Halbmondantilope. Weißt du das denn nicht?«

Tsessils Miene erhellt sich, und einen kurzen Augenblick wirkt er beinahe intelligent.

»Heißt das, ich bin weder ein Buschbock noch ein Steinböckchen, weder ein Hund noch ein Mensch? Dass ich eine richtige Halbmondantilope bin, so wie du?«

»Genau.«

Ich sah zu, wie die beiden zwischen den Bäumen verschwanden, Tsessils neuer Freund ging voraus, während unser kleines Dummerchen außer sich vor Glück um ihn herum sprang. Das war nicht unbedingt vergleichbar mit der Geschichte vom hässlichen kleinen Entlein, aber es war sicherlich der Höhepunkt in Tsessils Leben.

Er blieb genau eine Nacht fort. Am nächsten Morgen war er wieder zurück, und später versuchte er, seinen neuen Freund zum Haus zu führen. Dann trat ich vor die Tür, und Tsessil kam blökend auf mich zugelaufen, während Nummer zwei die Faxen dicke hatte und davongaloppierte.

Nummer zwei war ein treuer Freund, aber unser Tsessil muss ihm ein Rätsel gewesen sein. Nachdem die beiden sich kennen gelernt hatten, kam Nummer zwei fast jeden Tag, wartete in diskreter Entfernung auf Tsessil, und dann zogen sie los, blieben den ganzen Tag, manchmal sogar über Nacht fort. Aber das Neue war bald abgenutzt. Schon bald kehrte Tsessil zu seinen alten Gewohnheiten zurück, lag fast den ganzen Tag in seiner Ecke im Gras und schenkte seinem Freund, der hoffnungsvoll auf ihn wartete, keine Beachtung. Schließlich gab Nummer zwei es auf und verschwand wieder im Busch, zweifellos wütend auf sich selbst, weil er so viel Zeit an einen so wankelmütigen Spielkameraden verschwendet hatte.

Dafür begann Tsessil, zu Hause Neues auszuprobieren. Er fand heraus, dass er ganz leicht meine Aufmerksamkeit erregen konnte, wenn er sich zwischen die Fahrzeuge in der Garage quetschte oder vor der Küchentür blökte, während ich David Unterricht gab.

»Hau ab, Tsessil!«, rief ich ihm zu, woraufhin er als Nächstes leichtfüßig zur Lodge hinüberlief, die Treppe erklomm und auf den Balkon sprang, von wo aus er wohlwollend durch die großen Fenster die Gäste betrachten konnte. Er war sehr stolz auf seine Hörner. Wenn ein vertrauensseliger Gast die Hand ausstreckte, um ihm die Nase zu tätscheln, senkte er seinen Kopf und schüttelte ihn heftig, um seine Hörner zur Geltung zu bringen, was für die Gäste ziemlich irritierend sein konnte.

Es war klar, dass Tsessil nicht die Absicht hatte, sein Elternhaus zu verlassen. Wir würden uns also etwas Neues einfallen lassen müssen.

Kapitel 19

… der Leopard ist buchstäblich
überall und nirgendwo.
C. G. Schillings

Aufzeichnungen aus einem Versteck, einem künstlichen Felsen aus Fiberglas, platziert am Fuß eines glatten Felsens unter einem Feigenbaum, in der Nähe der halb aufgefressenen Beute eines Leoparden.

13. August 1997

Wir kriechen um 15:30 Uhr in unser Versteck. Es ist bequem, aber heiß drinnen. Rich schläft ein, während mein Buch mich wach hält – meistens. Alle paar Minuten werfe ich einen Blick durch mein Guckloch und rechne mit dem Warnschrei eines Vogels oder einem Dassie, der die Ankunft des Leoparden ankündigt. Nichts regt sich. Ich schaue noch einmal nach, und plötzlich ist er da, steht reglos und wachsam auf dem Felsen. Er nähert sich dem toten Buschschwein und berührt seinen Kopf so sanft mit der Pfote, dass es fast wie ein Streicheln wirkt. Vielleicht will er es umdrehen. Aber er ist auf der Hut und blickt immer wieder auf, sieht sich um, die Ohren beweglich, die Augen abwechselnd entspannt und weit offen. Zweimal sieht er uns direkt an, und dann ist er auch schon wieder weg, lautlos verschmolzen mit dem Unterholz, aus dem er gekommen war. Ein Muster ohne Gestalt, denn er ist undefinierbar, ohne Anfang und ohne Ende – ein Geschöpf, das zugleich beseelt und leblos ist, wenn es reglos verharrt oder mit seiner Umgebung verschmilzt.

Der Leopard hat meine Wahrnehmung der Kopjes, der Bäume, des Stückchens Erde, das wir vorübergehend unser Eigen nennen, verändert, denn wenn er da ist, gehört alles ihm und ordnet sich seiner Existenz unter.

Innerhalb von zehn Jahren war das meine einzige Begegnung mit einem Leoparden, und doch sind diese Großkatzen ständig um uns. Kaum ein Tag vergeht, ohne dass jemand Spuren von ihnen entdeckt, aber leider bekommt man die Tiere fast nie zu Gesicht. Leoparden sind Meister der Illusion – ein Schatten auf einem Felsen bei Sonnenuntergang, eine kaum wahrnehmbare Bewegung im hohen Gras. Man meint, sie zu sehen, aber man kann sich nicht sicher sein.

Eines späten Nachmittags ging ich mit Lora am Fuß des Kopje vorbei, den die Einheimischen *Hongwe Tekwana*, die »schwebenden Felsen« nennen. Ich hob mein Fernglas, um einem Vogelschwarm zu folgen, der durch die Bäume flog. Aber was sich mir durch die Linse präsentierte, waren die vergrößerten goldenen Augen eines Leoparden, der sich auf einem Felsen über uns ausgestreckt hatte und zu uns herunterblickte.

Es war das große männliche Tier, dessen Spuren wir schon überall auf dem Farmgelände entdeckt hatten. Zweifellos umfasste sein Territorium ein riesiges Gebiet, von dem unsere Farm nur einen kleinen Teil bildete. Am liebsten hätte ich sofort den Hund gerufen und die Flucht ergriffen – es ist nicht einfach, in solche Augen zu blicken, ohne sich eingeschüchtert zu fühlen. Aber ich wusste, dass das nicht nur dumm, sondern auch völlig unnötig war. Wenn der Leopard sich überhaupt bewegte, dann, um sich vor mir in Sicherheit zu bringen, und dazu brauchte er nichts weiter zu tun, als sich vom Felsen geschmeidig ins Gebüsch gleiten zu lassen.

Und so starrten wir einander an, der Leopard und ich, und zwar eine ganze Stunde lang, während Lora hechelnd zu meinen Füßen lag, ohne sich der Augen bewusst zu sein, die ihre Schmackhaftigkeit einzuschätzen suchten. Schließlich bekam ich ein schlechtes Gewissen, weil ich so egoistisch war, den Anblick allein zu genießen. Also rannte ich nach Hause und sagte allen Bescheid. Eine Stunde später trafen wir mit dem Toyota an derselben Stelle ein, und der Leopard war immer noch da, lag noch immer auf demselben Felsen, in derselben Haltung, ohne sich von diesen aufgeregten Menschen aus der Ruhe bringen zu lassen.

Auf unserer Farm haben wir uns schon immer frei und unbewaffnet bewegt, und wir fürchten eher, einem angriffslustigen Elenantilopenbullen zu begegnen als einem Leoparden. Dennoch sind wir auf der Hut, denn ein verwundeter Leopard oder ein Leopard, der sich bedroht fühlt, kann ein sehr gefährliches Tier sein. In den dunklen Nischen der Höhlen, in denen wir nach Felsmalereien suchen, könnte sich auch eine Leopardin mit ihren Jungen verbergen. Schleifspuren, die quer über einen Weg und auf einen Kopje hinaufführen, sollten nur mit äußerster Vorsicht verfolgt werden, denn der Leopard könnte sich mitsamt seiner Beute unter einem felsigen Überhang oder unter einem Strauch verstecken.

Für bestimmte Familienmitglieder haben wir besondere Regeln aufgestellt. Weil Großkatzen kleine Menschen als potenzielle Mahlzeit betrachten, darf David sich nicht allein vom Haus entfernen. Nandi wird nachts eingesperrt und darf sich, wenn wir nicht bei ihr sind, tagsüber nur im Garten aufhalten. Ein Leopard würde einen fetten Labrador zum Abendessen keinesfalls verschmähen. Es ist sogar schon vorgekommen, dass sich ein Leopard durch ein Badezimmerfenster gequetscht hat, um seinen Appetit auf Hundefleisch zu stillen.

Was würde ich tun, frage ich mich oft, wenn ich einem wütenden Leoparden begegnete? Theoretisch bin ich natürlich vorbereitet. Die Buschmänner sagen, falls man einem Löwen begegnet, muss man sofort zum Angreifer werden, egal, wie viel Angst man hat. Wenn man dem König der Tiere direkt in die Augen sieht, laut schreit und alles nach ihm wirft, was man in die Finger bekommt, hat man gute Chancen, dass der Löwe die Nerven verliert und sich verzieht. Bei Leoparden ist das anders. Einem Leoparden in die Augen zu sehen ist das Allerletzte, was Sie tun dürfen. Nein, Sie müssen so tun, als hätten Sie diesen Ausbund an katzenhafter Aggressivität gar nicht gesehen, das da einen Meter von Ihnen entfernt faucht und zischt. Schlagen Sie sich seitlich ins Gebüsch und machen Sie, dass Sie wegkommen. Das raten jedenfalls die Buschmänner, und die sind zweifellos aus härterem Holz geschnitzt als ich.

Aus den Spurenberichten der Scouts schließen wir, dass sich normalerweise drei oder vier Leoparden auf Stone Hills aufhalten. Vor einer Woche ist in der Nacht einer um unser Haus herumgestrichen, und am nächsten Tag bin ich der Spur eines kleinen Leoparden am Ufer des Mathole gefolgt. Es war derselbe Leopard, der in zwei aufeinander folgenden Nächten einen jungen Klippspringer und ein vier Wochen altes Wasserbüffelkalb gerissen hat. Niemand hat ihn bisher zu Gesicht bekommen, aber womöglich ist er ganz in der Nähe, liegt ausgestreckt auf einem Felsen des Dibe und beobachtet alles, ohne gesehen zu werden.

Wegen der Leoparden halten wir die Antilopen in einem Gehege. Kurz nachdem wir die Farm übernommen hatten, hatten wir sogar eine Reihe von wilden Buschböcken auf Stone Hills angesiedelt, aber die sind inzwischen fast alle verschwunden. Buschböcke, die in der dichten Vegetation in der Nähe von Flüssen leben, sind die scheuesten aller Wildtiere, sie bewegen sich geschickt im Schatten der Bäume und verwirren das Auge mit ihrer Musterung aus Streifen und Punkten. Aber sie sind eine sesshafte Antilopenart, und Leoparden bevorzugen denselben Lebensraum. Die kraftzehrende Hetzjagd der Geparde oder die gemeinschaftliche Jagd der Löwen ist nichts für sie. Ein Leopard jagt allein, und er nutzt das dichte Laub als Deckung, wenn er lange und geduldig auf der Lauer liegt, um im entscheidenden Augenblick mit tödlicher Präzision zuzuschlagen.

Nachdem die anderen Buschböcke auf die Farm gebracht worden waren, wurde Mary in einer kleinen Holzkiste in unserem Haus in der Stadt abgeliefert, wo wir damals noch wohnten. Ich verabschiedete den Lastwagenfahrer, der sie gebracht hatte, dann ging ich in das behelfsmäßige Gatter, das wir für sie errichtet hatten, und lugte durch einen Spalt in der Transportkiste. Ich konnte weder etwas hören noch etwas sehen.

»Wahrscheinlich ist sie völlig verängstigt«, sagte ich zu Rich, während er die Seile löste, mit denen die Kiste verschnürt war. »In so einer Kiste zu hocken und all die fremden Geräusche um sich herum zu hören, muss sie doch schrecklich verwirren.«

Er nickte. »Sie ist bestimmt schon seit Stunden da drin. Ich würde sie lieber erst rauslassen, wenn es dunkel ist, dann wäre sie etwas ruhiger, aber ich fürchte, sie braucht dringend Wasser.«

Er öffnete die Klappe. »Okay, gehen wir lieber etwas aus dem Weg. Sie könnte in Panik geraten.«

Nicht Mary. Kaum ging die Klappe auf, war sie auch schon auf den Beinen, streckte ihre glänzende schwarze Nase heraus, schnüffelte neugierig und schlenderte ins Freie wie ein preisgekröntes Pony. Sie kam direkt auf die Milchflasche zu, die ich ihr entgegenhielt, trank sie brav aus und machte sich dann daran, ihr neues Zuhause zu inspizieren. Das ist das Paradoxe an Buschböcken. Kein Tier ist von Natur aus verschlossener und scheuer, aber wenn sie sich einmal an Menschen gewöhnt haben, sind sie erstaunlich ruhig und anpassungsfähig.

Mary blieb ein Jahr lang in ihrem Gehege in der Stadt, umgeben von bellenden Hunden und dem typischen Lärm der Vorstadt. Wir gaben ihr Laub von Bäumen in unserem Garten zu fressen und Abfälle aus dem Gemüseladen. Schon bald hatten wir heraus, was sie am liebsten fraß und was ihr am besten gefiel. Sie mochte es, wenn man ihr die Ohren kraulte und den Hals kratzte, und wenn sie das Gefühl hatte, dass sie zu kurz kam, dann zog unsere sanfte Mary plötzlich andere Saiten auf, schubste uns und stellte sich in den Weg, bis wir nachgaben und weiter kraulten und kratzten.

Mary musste nicht lange allein bleiben. An einem brütendheißen Nachmittag fuhr Rich mit dem Toyota vor, die Klimaanlage auf Hochtouren gestellt, auf dem Beifahrersitz Freddy, ein sieben Tage altes Rappenantilopenkalb. Irgendwie hatte der kleine Freddy oberhalb der Schulter eine Stichwunde abbekommen, wahrscheinlich von einem Artgenossen im Ge-

hege, und konnte nicht allein aufstehen. Außerdem war er völlig dehydriert und so verängstigt, dass wir ihn nur mit Gewalt füttern konnten. Als er sich nach drei Tagen endlich auf den zitternden Beinen halten konnte, wehrte sich dieses kleine Kalb dermaßen, dass Rich es zu Boden ringen musste, damit wir ihm seine Milch einflößen konnten.
Nach vier Tagen schien Freddy uns kräftig genug zu sein, um ihn zurück zu seiner Herde zu bringen. Als wir ihn von der Ladefläche hoben, stieß er einen lauten Schrei aus, woraufhin eine Kuh angelaufen kam, um ihn in Empfang zu nehmen. Aber unsere Freude währte nicht lange. Freddy roch nach Menschen, und seine Mutter wollte nichts mehr von ihm wissen. Unglücklich lief er von einer Kuh zur nächsten auf der Suche nach Nahrung und Zuwendung, stieß jedoch überall nur auf Ablehnung. Um Freddy vor aggressiven Reaktionen der Herde zu schützen, manövrierten wir den Toyota zwischen die Tiere und den einsamen Freddy, und nach einem kurzen Ringkampf wurde er wieder aufgeladen und zurück nach Hause gebracht. Er war wirklich freundlich und liebenswert, doch nach drei Monaten bekam er leider eine septische Arthritis, eine Nachwirkung seiner Verletzung, und keine Behandlung konnte ihn retten.
Als es so weit war, dass Mary auf die Farm umziehen sollte, hatte sie einen neuen Gefährten, unser erstes Steinböckchen Rabbit, den unsere wohlmeinende Verwalterin aus seinem Versteck im Gras geklaubt hatte, weil sie dachte, seine Mutter hätte ihn verlassen.
Wir bauten zwei hölzerne Kisten und stellten sie ins Gehege. Mit Trockenfutter als Köder ließen wir sie einige Wochen lang dort stehen, damit die beiden Tiere sich daran gewöhnen konnten. Anfangs ließen wir die vordere und die hintere Klappe an den Kisten offen, so dass Mary und Rabbit hin-

durchlaufen konnten, und als ihnen das selbstverständlich geworden war, schlossen wir die Klappen an einer Seite, fütterten die Tiere aber weiterhin in den Kisten. Sie gewöhnten sich so sehr daran, dass es, als der entscheidende Tag gekommen war, keine besondere Herausforderung mehr war, den Arm auszustrecken und die Klappe zu schließen, während die Antilopen ihr Frühstück zu sich nahmen.

Marys erstes Gehege auf der Farm befand sich unter unserem Schlafzimmerfenster, aber nachdem uns klar geworden war, welche Gefahr die Leoparden darstellten, zäunten wir ein größeres Gebiet rund ums Haus ab, mit ein paar Bäumen in einer Ecke, und beschlossen, dass sie in Zukunft dort wohnen sollte. Außerdem erzählten wir überall herum, dass wir nach einem zahmen männlichen Buschbock suchten, auch wenn wir wenig Hoffnung hegten, jemals einen zu finden. Doch dann, Ende 1995, machte uns jemand mit der Frau bekannt, die am Sambesi wohnte und Nyami vor dem Kochtopf des Fischers bewahrt hatte.

Aus irgendeinem Grund sah Nyami immer schmuddelig und unterernährt aus. Rich brachte ihn in einem Pappkarton vom Sambesi mit, und von dem Augenblick an, als er aus dem Karton sprang, machte er uns unmissverständlich klar, dass wir nicht seinem Geschmack entsprachen. Mary dagegen war ihm offenbar auf Anhieb sympathisch, und sie mochte ihn ebenfalls. Sie akzeptierte ihre Mutterrolle ganz spontan, leckte ihm das Fell und knabberte an seinen Ohren, eine Behandlung, die er sich mit offensichtlichem Vergnügen gefallen ließ. Dann, einige Monate später, brachten wir ihn um die zweitwichtigsten Merkmale seiner Männlichkeit. Wir ließen seine Hörner entfernen, die gerade zu sprießen begannen. Diese Maßnahme, auch wenn sie drakonisch anmuten mag, war absolut notwendig, denn Buschböcke sind noch mehr als alle anderen Antilopen für ihre Angriffslust bekannt. Zwar fechten die männlichen Tiere in der freien Natur nur selten echte Kämpfe aus, aber ein Bock, der sich in die Enge getrieben sieht, kann seinem Gegner durchaus einen tödlichen Stich verpassen. Wenn wir Nyami in Gefangenschaft halten wollten, mussten wir ihn wohl oder übel entwaffnen (und selbst das reichte nicht aus, wie Rich einige Jahre später schmerzhaft feststellen sollte).

31. August 1997

Über den Buschfunk kam die Nachricht, dass Diana, die Prinzessin von Wales, letzte Nacht bei einem Verkehrsunfall ums Leben gekommen ist. Selbst hier draußen empfinden wir das als Schock.
Als ich mich um 10:45 Uhr aus dem Esszimmerfenster gelehnt und nach den Antilopen gerufen habe, hat sich keine von beiden blicken lassen, nicht mal, als ich mit dem Trockenfutter gerappelt habe. Ich musste daran denken, dass Mary gestern Abend ziemlich nervös war und ihre Zitzen rosafarben und geschwollen waren.
Also bin ich ins Gehege und habe leise nach ihr gerufen und mich an die Baumgruppe angeschlichen. Als ich mich hinhockte, konnte ich sie sehen: Sie lag in einer seltsamen Haltung im Schatten des Feigenbaums, alle viere von sich gestreckt, den Schwanz ausgebreitet, den Kopf vorgereckt, die Augen vor Angst und Schmerz geweitet. Nyami war nirgendwo zu sehen.
Ich habe mich schnell wieder verzogen, um sie nicht zu stören, aber dann sind wir auf den Felsbrocken vor dem Zaun geklettert, und mit einem Fernglas konnten wir beobachten, was passierte.
Um 11:50 Uhr setzen die Presswehen ein.

Um 12:15 Uhr tritt eine blutige Masse aus, und zehn Minuten später erblickt Diana, Marys kleine Prinzessin, das Licht der Welt, ein afrikanisches Bambi, mit lauter weißen Tupfen auf dem braunen Fell.
Nachdem Mary wieder auf den Beinen war und ihr Junges sauber leckte, sind wir zu ihr hingegangen, um das winzige, perfekte Kalb zu bewundern. Als die Zunge ihrer Mutter über ihr Gesicht fuhr, blinzelte Diana mit ihren riesigen, schwarzen Augen und rümpfte die Nase, als wollte sie sagen: Bin ich denn nicht schon sauber genug?
Jetzt, wo sie die Geburt überstanden hatte, war Mary wie verwandelt. Sie war vollkommen ruhig und offenbar mächtig stolz auf sich, und sie ließ sich willig von uns streicheln und loben. Ich fühlte mich ihr auf besondere Weise verbunden, durch dieses universelle Band der Mutterschaft, weil wir jetzt beide Mütter waren.

Durch das Esszimmerfenster können wir das Leben unserer Buschbockfamilie jeden Tag beobachten. Am schönsten ist es ganz früh morgens, wenn wir aus dem Bett stolpern und die erste Kanne Teewasser aufsetzen. Die Tiere kommen aus ihrem Gebüsch und hinterlassen dunkle Spuren auf dem vom Tau silbrig glänzenden Gras. Nachmittags, wenn sie friedlich zwischen den Dassies, Buschhörnchen und Frankolins unter dem Affenbrotbaum grasen, leuchtet ihr Fell kupferfarben im Sonnenlicht. Und in mondhellen Sommernächten macht es uns froh und dankbar, ihre dunklen Gestalten im Gras liegen zu sehen, wenn sie über unser Haus wachen. Denn für uns sind die Buschböcke, was für die alten Römer die Gänse waren. Ihre großen, glänzenden Augen sind für das Sehen im Dunkeln geschaffen, sie verfügen über ein scharfes Gehör und einen ausgeprägten Geruchssinn, und sobald ihnen etwas verdächtig vorkommt, stoßen sie eine Art heiseres Bellen aus (während unser so genannter Wachhund selig auf dem Sofa schnarcht).

Als Nyami in die Pubertät kam, benahm er sich zunehmend unausstehlich, außer gegenüber Mary. Wenn ich ihr zum Beispiel harmlos die Ohren kraulte, kam er sofort angeschlenzt und markierte den Halbstarken, indem er großspurig vor mir herstolzierte, die Rückenmähne aufgerichtet und die weiße Unterseite des Schwanzes zur Schau gestellt. Wenn ich über seine Angeberei lachte, was meistens passierte, kam er näher, senkte den Kopf und versuchte, meine Füße wegzuschieben. Wenn ich mich dann immer noch nicht verzog, fing er wütend an, auf meinen Schuhen herumzukauen.

David fand das alles natürlich unglaublich lustig. Manchmal kroch er auf allen vieren auf Nyami zu, drückte seinen Kopf an Nyamis, und dann schoben die beiden einander hin und her, während wir sie von der Veranda aus anfeuerten und ihnen applaudierten.

Als Diana geboren wurde, war von Nyami nirgendwo eine Spur zu entdecken. Erst spät am Abend bequemte er sich dazu, einen Blick auf seine Tochter zu werfen.

Konnte es sein, dass er sich fernhielt, um Marys Aufenthaltsort nicht zu verraten? Hielt er Ausschau nach gefährlichen Raubtieren, um Mary zu beschützen, solange sie besonders verletzlich war? Beide Erklärungen erschienen uns plausibel.

Als Mary nach Dianas Geburt die komplette Nachgeburt fraß, wurde ich zum ersten Mal Zeuge der außergewöhnlichen und abstoßenden Prozedur, wenn ein Vegetarier sich einen blutigen Klumpen Haut und Gewebe einverleibt. Sie verschlang auch die Nabelschnur und leckte sogar das Blut vom Gras ab, offenbar in der Absicht, alle Spuren der Geburt, die Raubtiere anlocken könnten, restlos zu beseitigen. Später war ich einmal bei der Geburt eines Giraffenkalbs dabei und habe anschließend fasziniert abgewartet, ob die Mutter es sich ebenfalls antun würde, diese Riesensauerei aufzufressen. Aber anscheinend brachte sie es nicht über sich, und schließlich haben wir uns erbarmt und die Nachgeburt vergraben.

Dianas Geburt gab Nyamis Selbstbewusstsein einen ordentlichen Schub. Nachdem er so erfolgreich seine Männlichkeit unter Beweis gestellt hatte, wurde aus diesem kleinen Kerlchen ein arroganter, heißblütiger Bock. Wir konnten noch nicht einmal mehr Futter ins Gehege bringen, ohne dass er sich mit drohend rollenden Augen vor uns aufbaute. Für Mary muss das ziemlich ermüdend gewesen sein. Wenn ich mit ihr allein sein wollte, musste ich mich heimlich durch eins der drei Tore ins Gehege schleichen und sie im Flüsterton zu mir rufen. Aber es dauerte jedes Mal höchstens ein paar Minuten, bis Nyami uns erwischte und sofort dazwischenging.

Eines Morgens, als ich mal wieder im Klassenzimmer saß und draußen das richtige Leben tobte, kam plötzlich Richs Tochter Nicki angerannt.

»Komm schnell!«, rief sie und zeigte in Richtung Gehege. »Nyami hat Dad angegriffen!«

Treffender wäre es gewesen, wenn sie gesagt hätte: »Nyami hat versucht, Dad umzubringen«, denn wenn der Bock noch seine Hörner gehabt hätte, wäre genau das passiert. Als ich eintraf, war der Spuk schon vorbei. Aschfahl im Gesicht saß Rich auf einem Stuhl und betupfte die Verletzungen auf der Innenseite seines Schenkels und an seinen Händen und eine klaffende Wunde an seinem dick geschwollenen Fuß mit Desinfektionsmittel. Ich wusste, dass Nyami Rich auf den

Tod nicht ausstehen konnte, was wir immer auf eine Rivalität zwischen Leittieren zurückgeführt hatten, aber diese Reaktion schien mir doch reichlich übertrieben.
»Was hast du ihm denn getan?«, fragte ich Rich.
»Getan?«, höhnte Rich. »Ich hab dagesessen und fotografiert, mehr nicht! Nyami ist mir auf die Nerven gegangen, und da hab ich ihn an der Nase gepackt und ordentlich durchgeschüttelt, was normalerweise seinen Zweck erfüllt. Ich dachte, er verzieht sich, aber ehe ich mich versehe, geht er plötzlich auf mich los und wirft mich zu Boden, so dass ich meine verdammte Brille verliere. Und als ich dabei bin, mich wieder aufzurappeln, rammt er mir dermaßen seinen Kopf in die Rippen, dass mir die Luft wegbleibt. Ich wusste, wenn ich nicht sofort etwas unternehme, würde ich vollends aus den Latschen kippen, also hab ich ihn an den Vorderbeinen gepackt und versucht, ihn zum Tor zu schleppen.«
Rich betupfte seine Wunden.
»Aber der kleine Scheißer hatte keine Lust auf Tanzstunden. Er hat sich einfach auf den Rücken geworfen und angefangen, mich mit den Hinterbeinen zu attackieren. Ich war zwar schon ziemlich angeschlagen, aber irgendwie hab ich es geschafft, ihn an einem Vorder- und einem Hinterbein zu fassen und ihn zum Tor zu schleifen.«
Am nächsten Tag war Richards Fuß lila geworden und enorm angeschwollen, und es stellte sich heraus, dass er eine gebrochene Rippe hatte. Als ich an Davids leichtsinnige Spielchen mit dem blöden Buschbock dachte, lief mir noch im Nachhinein ein eiskalter Schauer über den Rücken.
Auf irgendeine Weise lässt sich natürlich für jedes Problem eine Lösung finden. Nach zahlreichen Telefongesprächen und ebenso vielen Briefen fanden wir schließlich ein neues Zuhause für Tsessil und Nyami. Grant Nielson, ein tüchtiger

Wildtierarzt, kam eines späten Nachmittags im Juni nach Stone Hills und betäubte beide Böcke mit Injektionspfeilen. Aber Nyami ließ sich natürlich nicht kampflos abtransportieren. Als die Männer ihn in seine Holzkiste sperren wollten, brach er mit einem plötzlichen Satz durch die Hinterwand und sprang von der Ladefläche des Wagens. Drei Männer warfen sich auf ihn und rangen ihn nieder, aber als sie ihn zurück in die Kiste bugsierten, versetzte er Gerard einen derartigen Tritt, dass er ihm die Shorts zerfetzte und ihn um ein Haar seiner Männlichkeit beraubt hätte.

Wir hören regelmäßig von Nyami, denn jedes Mal, wenn er wieder irgendetwas Haarsträubendes angestellt hat, ruft Grant an, um uns brühwarm davon zu berichten. Nyami hat inzwischen eine neue Gattin und ein neues Baby und hat sich angewöhnt, jedem aufzulauern, der zufällig vorbeikommt. Aber da ihn ein Kampf Mann gegen Mann offenbar nicht mehr zufrieden stellt, ist er neulich auf eine sechsköpfige Gruppe von Wanderern losgegangen, die, zweifellos zu seiner großen Genugtuung, in alle Richtungen Reißaus genommen haben.

Grant und seine Ehefrau Karen nehmen jedes Tier auf, das irgendwie in Not ist. Ihre Tochter Nicole musste eine Zeit lang ihr Bett mit einem Gänseküken und einem Löwenbaby teilen, und zwei junge Hyänen planschten zusammen mit Nicole und ihrer kleinen Schwester in der Badewanne – allerdings nicht lange.

Wenn es um Tiere geht, ist Grant wirklich außergewöhnlich. Was auch immer das Problem sein mag, er ist sofort zur Stelle. Die Hände in den Hosentaschen, eine Kippe im Mundwinkel, schätzt er mit seinen lebhaften grauen Augen die Situation ab. Er kann die unglaublichsten Geschichten erzählen – und das Besondere daran ist, dass sie alle wahr sind.

Ob es gilt, einen entsprungenen Löwen oder gefährliche Krokodile einzufangen – Grant sagt, er liebt einfach den Adrenalinstoß, den ihm solche Furcht erregenden Begegnungen verschaffen.
Und zudem ist die ganze Familie vernarrt in Warzenschweine. Als sie nach einem Partner für ihren Keiler Piggy suchten (was Namen angeht, sind sie auch nicht phantasievoller als wir), nahmen sie Kontakt zu Tracey auf, die eine Bache von einer Wildtierfarm mit nach Bulawayo genommen hatte. Obwohl Tracey ein ungutes Gefühl dabei hatte, ihr Schwein den ganzen Tag lang allein im Garten in der Stadt zu lassen, während sie in der Arbeit war, wollte sie Lola erst in Grants Obhut geben, nachdem sie und das Schwein persönlich mit ihm geredet und ihn für würdig befunden hatten. Grant bestand den Test, und am verabredeten Tag setzte er sich in seinen Wagen, um Piggys neue Gemahlin abzuholen. Karen rechnete damit, dass er in einer halben Stunde wieder zu Hause sein würde, aber erst zwei Stunden später fuhr der kleine Datsun vor ihrem Haus vor. Grant saß am Steuer, Tracey und Lola auf dem Rücksitz. Klugerweise hatte Lola sich geweigert, zu einem Fremden ins Auto zu steigen. Mit argwöhnischer Miene folgte sie ihrer Herrin ins Haus.
Tracey reichte Karen ein eng mit Schreibmaschine vollgetipptes Blatt Papier und brach in Tränen aus. »Hier habe ich aufgelistet, welche Art von Futter Lola gewöhnt ist«, schluchzte sie. »Bitte, sorgen Sie dafür, dass sie zweimal täglich ein Brathähnchen bekommt. Das ist ihre Leibspeise.«
Irgendwann gelang es Grant, Tracey und Lola voneinander zu trennen, und der Datsun fuhr ab.
»Und dann ist Lola durchgedreht«, berichtet Karen. »Sie ist wie verrückt am Zaun auf und ab gelaufen, und als sie keinen Ausgang finden konnte, hat sie sich einen geschaffen. Ich bin

ins Haus gerannt und hab mir das Erste geschnappt, womit ich ein verwöhntes Schwein anlocken konnte, meine geliebten Schokoladenkekse.«

Es gelang ihr, Lola zurück in den Hof zu locken, aber bis sie die Kekse aufgefressen hatte und Grant zurück nach Hause kam, war klar, dass sie nicht vorhatte, sich bei Grant und Karen häuslich einzurichten.

Also fuhr Grant noch einmal zu Tracey und kehrte mit ihr zurück. Lola war außer sich vor Glück, als sie Tracey erblickte. Das unzertrennliche Pärchen stieg auf den Rücksitz, und Grant brachte die beiden zurück nach Hause, wo sie ihre Wiedervereinigung mit einem Brathähnchen feierten.

Kapitel 20

Ich jedenfalls habe immer geglaubt und weiß heute,
dass es Hexen gibt.
Sir Thomas Browne

Das Kräutertonikum namens Vuka Vuka wird auch als »ZESA« (Zimbabwe Electricity Supply Authority) bezeichnet, weil, so die *Sunday News* in einem vor einigen Jahren erschienenen Bericht, *diese Mixtur den nachlassenden Sexualtrieb des Mannes wieder zu neuem Leben erwachen lässt.*

Mr. Khumbulani Ndlovu, ein Kräuterhändler in Bulawayo, so die *Sunday News* weiter, verkaufe *die getrockneten und gerebelten Kräuter zu 10 $ pro Teelöffel. Die Mischung kann mit Bier, Limonade, Tee oder Mahewo (selbst gebrautes Hirsebier) eingenommen werden. Mr. Ndlovu sagt, Vuka Vuka verbessert die Durchblutung der männlichen Genitalien und versetzt den Mann in die Lage, länger durchzuhalten.*

Natürlich war Mr. Ndlovu nicht bereit, die Zusammensetzung seiner Wunder-*muti* preiszugeben, aber er warnte alle Männer davor, zur Verbesserung der sexuellen Leistungskraft getrocknetes Paviansperma einzunehmen.

»Einem alten Glauben zufolge«, erläuterte er, »werden auf

diese Weise Kinder gezeugt, die genauso diebisch sind wie die Paviane.«

Weiter hieß es in dem Artikel: »*Stammkunden bestätigten, dass das Mittel erstklassige Wirkung zeige, besonders, wenn man es mit gekochten Schweinsfüßen zu sich nimmt, warnten jedoch Junggesellen vor der Einnahme des Pulvers, da die Gefahr bestehe, dass sie sich nicht mehr beherrschen können.*«

»Ruthie«, sagte ich zu unserer Köchin, nachdem ich den Artikel gelesen hatte, »hast du schon mal von diesem Vuka Vuka gehört?«

Sie kicherte.

»Meinst du, unsere Gäste benutzen das Zeug?«

»Die Jüngeren vielleicht nicht«, erwiderte sie. »Aber die anderen haben es alle in ihrem Zimmer. Sie nehmen es jeden Morgen vor dem Frühstück ein.«

Ich war fasziniert.

»Bist du dir ganz sicher?«

Ruthie nickte eifrig. »Auch wenn sie was anderes behaupten, sie nehmen es alle.«

Das waren unglaubliche Neuigkeiten. Wenn wir uns die Zutaten beschafften, konnten wir das Zeug in Flaschen abfüllen (ohne die Schweinsfüße). Innerhalb weniger Minuten hatte ich sogar schon einen Werbeslogan parat:

Bringen Sie Ihren Geliebten auf Hochtouren
mit Peek's Potenzpulver.
Verblüffende Wirkung!

Wir würden ein Vermögen verdienen. Ich beschloss, zunächst Rich nach seiner Meinung zu fragen.

»Vuka Vuka«, sagte er lächelnd. »Das weckt alte Erinnerungen. Ich hab es probiert, als ich Anfang zwanzig und in Annetjie verliebt war, die Tochter von Piet, dem Automechaniker auf der Station. Die Familie wohnte in zwei kleinen Hütten, knapp zweihundert Meter von unserer Unterkunft entfernt, und sie hatten einen rotbraunen Schäferhund namens Tex, ein bösartiger Köter mit einer schwarzen Schnauze und krummen Ohren. Mich hat er nie erwischt, aber alle anderen sind irgendwann von ihm gebissen worden.

Jedenfalls standen die beiden Hütten viel zu dicht nebeneinander, und deswegen hab ich immer einen Umweg über die Landepiste gemacht, wenn ich abends, nachdem der Generator ausgeschaltet war, bei Annetjie ins Fenster geklettert bin.«

»Hattest du denn keine Angst, dass jemand den Lichtkegel deiner Taschenlampe sehen könnte?«

»Ich hab gar keine mitgenommen. Damals konnte ich noch gut sehen im Dunkeln, und nach einer Weile hätte ich den Weg auch mit verbundenen Augen gefunden. Manchmal bin ich fast mit dem alten Büffel zusammengestoßen, der sich immer in der Nähe der Hütten rumtrieb, aber der war friedlich. Mein einziges Problem war, rechtzeitig abzuhauen. Der alte Piet hat sich regelmäßig mit Bols Brandy vollaufen lassen, und meistens mussten er und Tex ziemlich früh am Morgen raus, um zu pinkeln.

Einmal hab ich verschlafen und bin aus dem Fenster gesprungen, als es gerade hell wurde. Ich war gerade dabei, mir die Hose anzuziehen, als knapp zwanzig Meter vor mir fünf Löwen aufsprangen. Vier von den Biestern haben sich gleich aus dem Staub gemacht, aber eine Löwin hat sich knurrend vor mich gehockt und mit dem Schwanz auf den Boden geschlagen. Ich saß ziemlich in der Klemme – vor mir die Löwin und hinter mit Tex und Piet. Es war zum Verzweifeln. Ich habe mit einem Stock nach der Löwin geworfen, aber sie hat nur noch lauter geknurrt. Schließlich blieb mir keine andere Wahl, als es mit dem Vater und dem Hund aufzunehmen. Als ich zwischen den Hütten hindurchgeschlichen bin, konnte ich Tex drinnen wie verrückt bellen hören. Ich hab nur noch die Beine unter den Arm genommen und gemacht, dass ich nach Hause kam. Eine Stunde später stand ich in der Werkstatt neben Piet. ›Hast du diese verdammten Löwen heute Nacht gehört?‹, fragte er mich. ›Der alte Tex hat uns alle aufgeweckt mit seinem Gebell!‹«

»Und was war mit dem Vuka Vuka?«, fragte ich, um meinen Mann zurück in die Gegenwart zu holen.

»Das war ein Pulver aus irgendeiner getrockneten Zwiebel«, sagte er. »Ein alter *n'anga* hatte es mir gegeben. Er hat mir nicht gesagt, was es war, aber es schmeckte ziemlich bitter.«

»Und? Hat es gewirkt?«

»Woher soll ich das wissen?«, erwiderte er. »Ich hab es nicht gebraucht.«

Ich hatte zwar nichts Näheres über traditionelle Potenzmittel erfahren, aber die Geschichte hatte doch das Bild des netten, anständigen jungen Mannes etwas getrübt, den ich gekannt zu haben glaubte.

Als Nächstes erkundigte ich mich bei Mafira nach dem geheimnisvollen Potenzpulver. Von ihm habe ich sehr viel über die Bäume und die Pflanzen auf unserer Farm gelernt, und es macht ihm Spaß, sein Wissen weiterzugeben. Ich erwischte ihn zwischen Küche und Gartentor und überfiel ihn mit meiner Frage.

Unser Chefscout hob die Brauen. »Der Scoutbericht von heute ist hochinteressant«, lenkte er ab. »Khanye wäre in einem Dickicht bei Boboza beinahe einem großen Geparden auf den Schwanz getreten.«

Damit konnte ich ihn nicht durchkommen lassen. »Komm schon, Mafira, ich muss ja nicht alles über Vuka Vuka erfahren, aber ich möchte wenigstens wissen, was für Pflanzen man dafür braucht.«

Aber Mafira interessierte sich plötzlich nur noch für eine große Eidechse, die sich auf den Stufen vor der Küche sonnte.

»Mrs. Peek«, sagte er schließlich. »Am besten, Sie schreiben mir zu dem Thema einen Brief.«

Das war ein Wink mit dem Zaunpfahl, den sogar ich verstand.

Da ich auf meine Fragen nirgendwo eine Antwort bekam, schlug ich mal wieder in meinen Büchern nach und fand heraus, dass es siebenundsechzig verschiedene Pflanzen gibt, aus denen Potenzmittel für Männer hergestellt werden. Eine ganze Reihe davon sind auf Stone Hills zu finden. Für Frauen gibt es nur eine Pflanze.

Während ihre Männer auf Hochtouren laufen, müssen verzweifelte Hausfrauen, die sich mit sieben Kindern und täglichen Migräneanfällen herumplagen, auf die Suche nach dem mickrigen Strauch namens *Rhus longipes* begeben, und zwar im äußersten Nordwesten des Landes, denn er wächst nirgendwo anders.

Da Rich ein leidenschaftlicher Sammler ist, besitzen wir jede Menge Bücher über jedes nur denkbare naturwissenschaftliche Thema. Mit Hilfe dieser Bücher und mit Hilfe der Einheimischen konnten wir die meisten Bäume und Blumen auf Stone Hills bestimmen. Anfangs reichte uns das, aber immer wieder passierte etwas, das unsere Neugier aufs Neue weckte.

Als der Sohn unseres Scouts Michael Ngulube zum Beispiel wegen schwerer Körperverletzung vor Gericht stand, hörte ich, wie Khanye jemandem gegenüber bemerkte, der Junge würde wahrscheinlich freigesprochen. Natürlich wollte ich sofort wissen, was ihn zu dieser Meinung veranlasste.

»Er wird die Wurzel der Pflanze, die wir *Nandinandi* oder ›Süße Zunge‹ nennen, in der Hosentasche haben«, sagte er. »Wenn er die Wurzel kaut, wird er vor Gericht so brav reden, dass der Richter ihn freisprechen wird.«

Ich schlug in einem unserer Bücher nach und erfuhr, dass die Wurzel nicht nur eine silberne Zunge verleiht, sondern auch gegen Unfruchtbarkeit hilft, und dass man daraus eine Salbe bereiten kann, die Glück bringt, wenn man sie in die Gesichtshaut reibt.

Der Trick mit der Süßen Zunge funktionierte, und Scout Michaels Sohn winkte mir fröhlich zu, als ich ein paar Tage später an ihm vorbeifuhr. Vielleicht kaute er immer noch auf der Wurzel herum, denn seine Freundin strahlte mich ebenfalls an.

»Süße Zunge« stammt von einem Baum namens *Catha edulis*, und es ist als starkes Rauschmittel bekannt. Wenn man die Blätter des Baums kaut, gerät man in einen euphorischen Zustand, aber man muss vorsichtig damit umgehen, denn wenn man es übertreibt, kann das zu Schizophrenie führen. Falls das passiert, braut man sich am besten ganz schnell einen Tee aus den Knollen der *Dicoma anomala* oder *Khalimela*, einer kleinen Pflanze mit buschigen violetten Blüten, die überall auf Stone Hills wächst, vor allem nach einem Brand. Eine solche Blüte an den Kragen gesteckt, wirkt als Schutz gegen Hexerei, und Khanye sagt, sie »erleuchtet den Weg der Kranken« und hilft gegen alles, von Rückenschmerzen bis Wahnsinn.

Wenn wir im Oktober ins Pundamuka-Tal fahren, ist die Luft geschwängert mit Veilchenduft. *Securidaca longipedunculata,* ein schwerfälliger Name für einen grazilen Baum voller hell- und dunkelvioletter Blüten, die an Wickenblüten erinnern. Der Veilchenbaum, von manchen Stämmen als »Mutter aller Heilmittel« verehrt, hilft gegen alle möglichen Krankheiten, aber wie das bei vielen pflanzlichen Mitteln so ist, kann das Mittel, je nachdem, wie man es zubereitet, heilen oder töten. Die Rinde, die Wurzeln und die Samen des Baums sind hochgiftig. In Bier aufgelöst, sollen die getrockneten und zerriebenen Blätter des Baums wie ein Aphrodisiakum wirken, aber wenn die Frauen eines bestimmten Stammes in Sambia dasselbe Gebräu als intravaginales Gift verwenden, führt es angeblich zu einem langsamen, qualvollen Tod.
Ein anderes Allheilmittel, wenn auch nicht ganz so gefährlich, ist Büffeldorn oder *Ziziphus mucronata.* Lange Zeit wusste ich nur, dass der Baum ein guter Indikator für das Vorhandensein von Grundwasser ist, bis ich herausfand, dass er auch einen hervorragenden Blitzableiter abgibt – gut zu wissen, wenn man einmal unter freiem Himmel in ein Gewitter gerät. Abgesehen davon, dass seine Blätter gegen alle möglichen Krankheiten helfen, spielt der Baum eine wichtige Rolle bei Beerdigungen. Nach der Begräbniszeremonie waschen die Trauernden ihre Hände mit Wasser, in dem Blätter des Büffeldorns schwimmen, um den Geist des Toten zu beruhigen, legt man einen Zweig des Büffeldorns auf das frische Grab, und ein Jahr später wird bei einem Ritual namens *Umbuyiso* ein frischer Zweig des Büffeldorns, mit dem zuvor das Grab berührt wurde, von dort über den Boden bis zur Hütte der Hinterbliebenen geschleift, um den Geist dorthin zurückzuführen, damit er die Familie beschützen kann.
Die Medizinmänner sind davon überzeugt, dass es keine

Krankheit und kein Leiden gibt, das nicht mit einer Pflanze oder einer Mischung aus mehreren Pflanzen oder mit Teilen von Tieren geheilt werden kann.
Eidechsen leben gern in der Nähe von Menschen und ernähren sich von deren Abfällen, und unsere sind ganz besonders verwöhnt. Wenn sie nicht gerade unter dem Esstisch hocken, kommen sie durchs Bürofenster und fressen Rich aus der Hand.
Für die Frau eines Mannes, der gern in fremden Revieren wildert, können Eidechsen sehr wertvoll sein. Um ihren Mann dazu zu bringen, dass er wie diese hübschen Tierchen immer schön zu Hause bleibt, braucht sie nach Meinung der Medizinmänner nur den klein gehackten Schwanz einer lebendigen Eidechse unter sein Essen zu mischen.
Während diese Methode für Eidechsen, deren Schwanz wieder nachwächst, wenn sie ihn vor Schreck abwerfen, relativ ungefährlich ist, bedeutet eine bestimmte Methode zur Zähmung eines zu Tätlichkeiten neigenden Ehemannes den sicheren Tod für das beteiligte Chamäleon. Um sich vor der Misshandlung durch ihren tobsüchtigen Gatten zu schützen, mischt die gewiefte Ehefrau ihm das klein gehackte Vorderbein eines Chamäleons unters Essen. Dann kann er so laut *»Ngizakutshaya!«* (»Ich schlage dich!«) schreien, wie er will, seine Hand wird sich nur wie in Zeitlupe vor- und zurückbewegen wie die eines Chamäleons, und es wird ihm nicht gelingen, sie zu schlagen.

Wenn wir etwas über traditionelle Heilkunde wissen wollen, werden wir häufig an Kephas, den alten Viehhirten, verwiesen. Kephas' Vater war ein *n'anga,* ein Medizinmann, aber er selbst ist Kräuterheilkundiger, und er hat sein Wissen von seiner Großmutter gelernt.

Er hat uns erzählt, dass sein Vater, wenn er als *n'anga* tätig war, Felle von Steinböckchen und Schakalen trug, einen Kopfschmuck aus Erdwolffell und um den Hals eine Kette aus kleinen, mit *muti* gefüllten Hörnern. Wenn sein Patient Schmerzen hatte, machte er an der entsprechenden Stelle einen winzigen Einschnitt und rieb etwas *muti* hinein. Dann drückte er ein ausgehöhltes Horn mit einem kleinen Loch an der Spitze auf die Schnittwunde und saugte daran, bis es sich festsog und so die Krankheit und die Schmerzen aus dem Körper zog.

Im Gegensatz zu westlichen Ärzten führt ein *n'anga* keine körperliche Untersuchung durch, sondern versucht, die Ursache für die Krankheit seines Patienten durch Knochenwerfen zu ergründen oder indem er mit dessen Geist in Verbindung tritt. In fast allen Fällen stellt sich heraus, dass die Krankheit oder das Unglück entweder auf den Zorn eines Familiengeistes oder auf Hexerei zurückzuführen ist. Und erst nachdem der Medizinmann den Patienten ausführlich darüber beraten hat, was er tun muss, um dieser Situation Herr zu werden, wendet er sich dessen körperlichen Symptomen zu.

Die *n'angas* der Matabele benutzen hierbei hölzerne »Knochen«, meist hergestellt aus den Nüssen des Umgongo-Baums, während die Shona-Medizinmänner echte Tierknochen bevorzugen, wie zum Beispiel die Knochen von den Vorderbeinen einer Schildkröte, den Schädel einer Schlange oder das Sprunggelenk eines Löwen. Die Schalen der Umgongo-Nüsse sind von einer noch härteren äußeren Schale umhüllt, und man kann sie ganz einfach aus einem Haufen Elefantendung heraussammeln. Wenn ich einen Kuchen backe – was äußerst selten vorkommt –, hacke ich ein paar von diesen Nüssen und streue sie auf den Zuckerguss. Dann, wenn unsere Gäste den Mund voll Kuchen haben, mache ich mir gern einen Spaß daraus, ihnen zu erzählen, dass diese leckeren Nüsse erst kürzlich durch den Verdauungstrakt eines Elefanten gewandert sind.

Ein Medizinmann versetzt sich meist in Trance, bevor er seine Knochen wirft und in der uralten Sprache mit dem heilenden Geist spricht. Die Knochen bewahrt er in einem aus Palmwedeln geflochtenen Beutel auf, den niemand ohne seine ausdrückliche Erlaubnis berühren darf, wobei diese Erlaubnis ebenfalls mit dem Zauber zu tun hat, denn wenn beispielsweise ein des Diebstahls Verdächtigter den Beutel nicht anzuheben vermag, ist das ein deutliches Zeichen seiner Schuld.

Kephas' Vater benutzte Knochen, die aus wilden Gardenien hergestellt waren. Traditionell werden wilde Gardenien zum Schutz gegen Hexen benutzt. Die *n'angas* verrührten die *muti* der Gardenia mit anderen Pulvern und vergruben das Gemisch rund um das Haus des zu Schützenden. Wenn die Hexen dann auf ihren Hyänen angeritten kamen, erblickten sie anstatt eines Hauses einen Waldbrand oder einen Kopje oder einen über die Ufer getretenen Fluss, und dann verschwanden sie fluchend wieder in der Nacht.

Hexen kann man nur schwer aus dem Weg gehen, erklärte mir unser Scout Mabhena einmal, denn häufig sind es Angehörige des eigenen Stamms oder gar der eigenen Familie. Fast immer sind es Frauen, und diese geben ihre bösen Charakterzüge an ihre Kinder weiter. Nachts verlassen sie ihre Hütten und versammeln sich an ganz bestimmten Orten, wo sie Gelage feiern und ihre Hexenmusik spielen.

Noch vor wenigen Jahren gab es viele Hauskatzen, aber inzwischen gelten sie als Werkzeuge des Bösen. Wenn ein kleines Kätzchen miaut und sich am Bein eines Menschen reibt, tut es das, um dessen Stärke zu testen. Wenn man das Kätzchen ignoriert oder verscheucht, lässt es einen in Ruhe, aber wenn man Schwäche zeigt, indem man es auf den Schoß nimmt und streichelt, wird es einen verhexen.

Bis ein Gesetz erlassen wurde, das Hexerei verbietet, bestellten die Leute einen *n'anga* ins Haus, um die Hexe in ihrem Umkreis zu »erschnüffeln« und einem Test zu unterziehen. Man flößte ihr ein giftiges Getränk ein – meist gebraut aus der Rinde, den Samen oder den Blättern des *Erythrophleum africanum* oder Torturbaums –, und wenn sie sich übergab, galt sie als unschuldig. Aber wenn sie starb, oder wenn ihr das Gift überhaupt nichts ausmachte, oder wenn sie Durchfall bekam, galt das als Beweis für ihre Schuld, und sie wurde von wütenden Familienmitgliedern entweder getötet oder aus dem Dorf vertrieben und für immer verbannt. Früher war es sogar noch schlimmer: Hexen wurden ertränkt, verbrannt oder durch Keile getötet, die man ihnen in den Kopf trieb, ihre Leichen wurden an einem Ort namens Intabazabathakhathi, dem Hügel der Hexen, den Geiern und Hyänen vorgeworfen.

Vor einigen hundert Jahren haben auch die Europäer Hexen auf dem Scheiterhaufen verbrannt, aber nachdem dieser Brauch in Europa verboten worden war, konnten sie so etwas Barbarisches in ihren Kolonien nicht dulden. Das Gesetz sorgte zwar dafür, dass keine Hexen mehr getötet wurden, aber ein paar Seiten in einem Gesetzbuch konnten natürlich gegen die Abathakhathi, die Hexen und Hexer, nichts ausrichten.

»Heutzutage müssen wir sie einfach ertragen, wenn wir nicht im Gefängnis landen wollen«, sagt Mabhena. »Wir können uns nur vor ihnen schützen, indem wir einen *n'anga* rufen, der die Flüche der Hexe auf sie zurückwirft, damit sie genauso leidet wie wir. Diese Leute sind Feiglinge.«

Aber die Europäer begnügten sich nicht damit, gegen die Hexerei vorzugehen, nein, sie waren ebenfalls wild entschlossen, Afrika vom Heidentum zu befreien. Die Portugiesen machten 1560 den Anfang und schickten den Jesuiten Dom Gonçalo da Silveira ins Königreich Monomotapa, um die Karanga zu bekehren. König Nogomo war fasziniert, vor allem von dem wunderschönen Gemälde der Madonna, das der Jesuit ihm überreichte, und ließ sich sogleich zusammen mit Hunderten seiner Untertanen taufen. Aber die Begeisterung hielt nicht lange an. Der König wurde misstrauisch, als da Silveira seine Geschenke ablehnte – Ehefrauen, Rinder und Gold –, und das Volk wurde sauer, als der Jesuit ihr traditionelles Familien- und Ehesystem attackierte. Dann kam dem König ein Gerücht zu Ohren, demzufolge da Silveira ein Spion war, der eine portugiesische Invasion vorbereiten sollte, und im März 1561, nur drei Monate nach seiner Ankunft, wurde der Missionar als Hexer erdrosselt. Damit hatten die Portugiesen endlich einen Vorwand, in das Königreich einzumarschieren, das sie dann mehr als hundert Jahre lang beherrschten. Die Portugiesen verkündeten das Wort Gottes mit großem Eifer, aber als 1859 die ersten britischen Missionare nur wenige Kilometer von Stone Hills entfernt den Mangwe-Pass überquerten, erwartete sie nicht ein einziger Christ.

Rückblickend betrachtet war es der reinste Wahnsinn – zu erwarten, dass die Völker Afrikas ihre jahrtausendealten Traditionen aufgeben und gegen einen fremden Glauben eintauschen würden, den ein paar ernste Mukhiwas predigten. Eine Religion zerstören heißt, eine Kultur und die soziale Struktur einer Gesellschaft zerstören. Und wer weiß? Die Geschichte des südlichen Afrika wäre vielleicht ganz anders verlaufen, wenn die Europäer die alten Bräuche der einheimischen Völker respektiert hätten.

Es heißt, die besten *n'angas* von allen seien die Buschmänner, gefolgt von den Shangaans, den Bewohnern des südöstlichen Lowvelds.

1968 war Rich als junger Ranger im Gonarezhou-Nationalpark (Ort der Elefanten) stationiert, als er eines Tages den Auftrag bekam, einen Elefantenbullen zu erlegen, der die Felder der Bauern zerstörte.

»Bis dahin«, erinnert er sich, »waren wir immer sofort losgefahren, wenn wir eine Meldung erhielten, aber plötzlich hatte der Bezirksverwalter, ein Bürokrat mit Leib und Seele, es sich in den Kopf gesetzt, mehr Kontrolle über die Tierwelt in seinem Einflussbereich auszuüben. Das bedeutete, dass kein Elefant mehr ohne seine schriftliche Genehmigung abgeschossen werden durfte, und auch dann durfte er nur von einem ganz bestimmten Kraal aus gejagt werden und nirgendwo sonst. Um diese Genehmigung zu bekommen, musste so ein armer Bauer, dem sein Feld zertrampelt wurde, bis zu hundert Kilometer zu Fuß in die Verwaltung marschieren, und bis er wieder zurück war und uns den Wisch endlich überreichen konnte, war seine ganze Ernte zum Teufel und der Elefant längst über alle Berge.«

Diesmal war Rich etwa zehn Kilometer von dem Kraal entfernt, wo der Elefant sein Unwesen getrieben hatte, als ein Mann zwischen ein paar Hütten herausgelaufen kam und den Wagen anhielt.

»Stopp!«, rief der Mann. »Der Elefant war letzte Nacht hier. Sie müssen ihn jagen!«

Rich erklärte ihm, dass er den Elefanten nur von dem Kraal aus jagen durfte, der das Problem gemeldet hatte. Aber der

Mann ließ nicht locker. »Es ist derselbe Elefant!«, schrie er. »Sie müssen seine Fährte aufnehmen!«
Schließlich ließ Rich den Mann einfach stehen und fuhr davon.
Als er in dem Kraal eintraf, wo der Beschwerdeführer wohnte, kam ihm Gumala, einer der Scouts, mit sorgenvoller Miene entgegen.
»Der Mann ist ein *n'anga«*, sagte er. »Er hat Sie mit einem Fluch belegt. Er sagt, das nächste Mal, wenn Sie einem Elefanten begegnen, wird für Sie der Tag der Abrechnung sein.«
Rich zuckte die Achseln. Sie waren gekommen, um einen Elefanten zu erlegen, und nicht, um sich das Geschwätz eines wütenden Alten anzuhören.
Die Spur war noch frisch. Eine Stunde lang folgten sie dem Elefanten, doch dann kamen sie an eine Stelle, wo der Bulle die Richtung geändert und so schnell weitergelaufen war, dass sie keine Chance hatten, ihn zu erwischen.
Rich ließ zwei Scouts im Kraal zurück. Sobald der Elefant wieder auftauchte, sollte Mac Machivane ihn im Auge behalten, während Gumala mit dem Fahrrad losfuhr, um Rich zu benachrichtigen.
Zu Hause angekommen, ging Rich wie gewohnt an den Fluss und kletterte auf einen Baum, um zuzusehen, wie die Elefanten bei Sonnenuntergang zum Trinken ans Wasser kamen. Aber an jenem Abend ließ sich kein einziger Elefant blicken, und auch an den beiden nächsten Abenden nicht. Rich konnte sich das nicht erklären.
Zwei Tage später kam Gumala und berichtete, es seien wieder Elefanten auf den Feldern. Wieder fanden sie frische Spuren vor und folgten ihnen, bis sie auf Mac stießen, der unter einem Baum saß.
»Die sind ganz plötzlich losgerannt«, erklärte er Rich. »Ich

weiß auch nicht, warum. Aber ich konnte nicht mit ihnen mithalten.«

Dasselbe passierte noch zweimal, und beide Male stellte Rich fest, dass die Tiere genau in demselben Augenblick losgestürmt waren, als er mit seinem Landrover von der Station aufgebrochen war.

»Ich merkte, dass die Scouts immer nervöser wurden«, sagte Rich. »Aber das, was dann passierte, hat uns alle völlig fertiggemacht.

Ich musste nachts raus und an einem Ort namens Mawegangwenya Wild erlegen, weil wir frisches Futterfleisch brauchten. Als wir auf den Fluss zufuhren, hörten wir plötzlich eine Elefantenherde, die auf beiden Seiten der Straße anfing durchzudrehen. Es war das totale Chaos, sie rissen Bäume aus und trompeteten wie verrückt, aber als wir den Suchscheinwerfer einschalteten, konnten wir keinen einzigen von ihnen sehen. Wir fuhren ein Stück weiter, und dann stand plötzlich ein Elefantenbaby von etwa sechs Monaten mitten auf der Straße und trompetete. Daraufhin machten wir, dass wir schleunigst wegkamen. Elefantenkühe mit Kälbern sind normalerweise schon gefährlich genug, aber die Gona-Elefanten waren ganz besonders aggressiv. Als wir am nächsten Morgen noch mal an die Stelle zurückkehrten, fanden wir die Spuren der Stampede vor, aber alle Elefanten einschließlich des Kalbs waren verschwunden.«

Genau einen Monat lang sah Rich keinen einzigen erwachsenen Elefanten. Und dann, eines brütend heißen Nachmittags klopfte es an seiner Tür, als er gerade im Bett lag und schlief.

»Kommen Sie schnell«, sagte Mac. »Ein ziemlich dreister Elefant ist auf unser Gelände eingedrungen. Er frisst unsere Wassermelonen und verscheucht jeden, der ihn daran zu hindern versucht.«

Rich rieb sich die Augen und stieg aus dem Bett. Wieso konnte der verdammte Elefant nicht warten, bis es ein bisschen abkühlte? Rich schnappte sich sein Gewehr und seine Kamera und ging barfuß zum Camp. Es war weit und breit kein Elefant zu sehen.

»Er ist da drüben«, sagten die Scouts. »Er hat sich dort hinter den Sträuchern versteckt und frisst eine Wassermelone.«

Zehn Minuten später trat in knapp siebzig Metern Entfernung ein erwachsener Bulle aus dem Gebüsch. Rich machte ein Foto von ihm, dann brüllte er ihn an, woraufhin der Bulle kehrtmachte und wieder im Busch verschwand.

»Und wo ist der dreiste *Nzou?«*, fragte Rich spöttisch in die Runde.

»Warten Sie nur ab«, antworteten die Scouts. »Er wird wiederkommen, und wenn er kommt – *bhasopa!* Vorsicht!«

»In diesem Augenblick«, sagte Rich, »kam der Elefantenbulle aus dem Busch gestürmt und rannte direkt auf mich zu. Ich hab noch ein Foto gemacht, dann die Kamera dem Scout neben mir in die Hand gedrückt, mir mein Gewehr geschnappt und geladen. Als der Bulle knapp zwanzig Meter vor mir war, hab ich abgedrückt, und der Elefant ist in die Knie gegangen, aber fast sofort wieder aufgestanden. Ich wollte das Gewehr nachladen, aber es klemmte. Es war eine alte FN, und wenn man die erste Patronenhülse nicht richtig herauszog, konnte es passieren, dass die zweite Patrone sich in der Kammer verklemmte.

Inzwischen war der Elefant nur noch ein paar Meter von mir entfernt, mit gesenktem Kopf und eingehüllt in eine riesige Staubwolke kam er auf mich zu. Ich hab mich umgedreht und die Flucht ergriffen, wobei ich immer noch versuchte nachzuladen, und die ganze Zeit über konnte ich den Bullen hinter mir hören. Meine einzige Chance war die Abfallgrube. Sie war ungefähr drei Meter breit, aber es gelang mir im allerletzten Moment, darüberzuspringen, während der Elefant auf der anderen Seite eine Vollbremsung machte. Dann hat er sich getrollt, und endlich bekam ich den Verschluss frei und konnte ihm eine tödliche Kugel verpassen.«

An jenem Abend, auf den Tag genau einen Monat nachdem der *n'anga* den Fluch ausgesprochen hatte, kamen die Elefanten zum ersten Mal wieder an den Fluss zum Trinken, und seitdem kommen sie jeden Abend dorthin.

Kapitel 21

Schätzungen zufolge reichen zwei Tropfen Gift der Mamba aus, um einen erwachsenen Mann zu töten …
V. F. M. Fitzsimon, Snakes of Southern Africa

Wenige Monate nachdem wir die Farm gekauft hatten und kurz bevor wir mit dem Bau der Lodge und unseres Hauses anfingen, hatten Rich und ich unseren größten Ehekrach. Ich war aus dem Toyota gesprungen und kämpfte mit einem Tor – einer dieser hässlichen Konstruktionen aus Stacheldraht und hölzernen Pfählen, die sich nie leicht und von so ungeschickten Suppenhühnern wie mir oft überhaupt nicht öffnen lassen. In den meisten Fällen sind die Drahtschlingen, mit denen das Tor am Zaun befestigt ist, so festgezurrt, dass man mit der einen Hand mit aller Kraft gegen den Zaunpfahl drücken muss, während man mit der anderen versucht, die Schlingen zu lösen. Dann, wenn man nicht höllisch aufpasst, fliegt das Ding plötzlich nach hinten auf, und man ist zehn Minuten lang damit beschäftigt, sich von dem rostigen Stacheldraht zu befreien. Und als wäre das nicht schon genug Ungemach, muss man auch noch damit rechnen, dass ein erfindungsreicher Farmer das Tor mit irgendeinem teuflisch komplizierten Mechanismus gesichert hat, der für den

einen leicht zu durchschauen sein mag, den anderen aber in helle Panik versetzt.
Noch schlimmer wird die Situation, wenn die Leute im Auto hinter einem verächtlich grinsen (man spürt genau, dass sie das tun, auch wenn man sie nicht sehen kann) und wenn zu allem Überfluss auch noch jemand aussteigt, um einem »behilflich« zu sein. Natürlich kriegt der großzügige Helfer das Tor innerhalb von Sekunden auf, und auf der Weiterfahrt hat man Gelegenheit, eine halbe Stunde lang schweigend aus dem Fenster zu starren und sich zu fragen, ob es etwas gibt, bei dem man sich *nicht* so dumm anstellt.
Ich plagte mich also gerade mit einem der besonders gesicherten Tore herum, als ich hörte, wie Rich aus dem Wagen stieg.
»Ich hätte das auch allein geschafft«, sagte ich gut gelaunt. »Jetzt, wo ich ein echter Farmer bin.«
Rich sah mich verblüfft an. »Ein Farmer?«, sagte er. »Das siehst du völlig falsch. Du bist eine Farmersfrau.«
Wenn mein launischer, aber eigentlich liebevoller Gatte mich geschlagen hätte, wäre der Schock kaum größer gewesen. Sah er mich wirklich so? Als Farmersfrau, die Obst und Gemüse einweckte, warme Wintersocken strickte, das Familiensilber polierte und das Gemüsebeet harkte? Mich, die ich eine fast pathologische Abneigung gegen alles habe, was auch nur entfernt mit hausfraulichen Pflichten zu tun hat? Er hatte mich mit seiner Feststellung tödlich beleidigt, und tagelang sprach ich nicht mit ihm.
Der arme Rich (heute, nach zehn Jahren, kann ich es mir leisten, großzügig zu sein), wahrscheinlich konnte er sich einfach nicht vorstellen, dass ich einen kaputten Traktorreifen reparieren oder nachsehen würde, welche Ursache der grauenhafte Gestank hatte, der aus einem der Wassertanks kam,

und seine Zweifel waren natürlich begründet. Ich hatte nicht die geringste Absicht, mich mit solchen Lappalien zu beschäftigen, ebenso wenig wie ich vorhatte, die regelmäßigen Farmerversammlungen mit selbst gebackenen Plätzchen im Sturm zu erobern. Ich wollte nichts anderes als auf Erkundungstour gehen, mich auf 2600 Hektar der großartigsten Landschaft verlieren, die man sich vorstellen kann, und die Geheimnisse seiner felsigen Hügel und bewaldeten Täler ergründen. Mir war es egal, wo wir lebten, Hauptsache, wir hatten ein Dach über unseren Nachschlagewerken und ich hatte meinen Hut und ein Fernglas griffbereit. Mein Leben lang hatte ich von einem solchen Ort und einer solchen Gelegenheit geträumt, und in meinem siebenunddreißigsten Lebensjahr war mein Traum endlich in Erfüllung gegangen.

Unsere Freunde in der Stadt machen sich immer wieder Sorgen und wundern sich über uns. »Warum sehen wir euch nie?«, fragen sie dann. »Ihr müsst euch doch da draußen zu Tode langweilen, so ganz allein.« Und natürlich: »Was in aller Welt *macht* ihr eigentlich den ganzen Tag?« Die letzte Frage ist schwer zu beantworten, weil jeder Tag anders ist, aber wir können ihnen ehrlich versichern, dass wir die ganze Zeit beschäftigt sind.

Zum Beispiel an jenem Montag, dem 3. April. Rich war um sechs Uhr morgens nach Bulawayo aufgebrochen, in der Tasche eine Liste mit langweiligen Aufgaben, die zu erledigen er den ganzen Tag brauchen würde. Ich gab Geraldine, dem Sekretärvogel mit dem gebrochenen Bein, einen Teller mit klein geschnittenem Hühnerfleisch und setzte Venture, dem Hühnerhabichtweibchen, einen Hühnerkopf vor, den es jedoch ignorierte. Wenn Venture erst einmal die Mauser hinter sich hatte, würde Rich sie weiter abrichten, aber im Moment war sie fett und launisch. Als besonderen Leckerbissen für den Fleckenuhu mit der geschienten Schwinge schnitt ich eine tote Ratte in sechs schnabelgerechte Stücke, bemüht, nicht ans Frühstück zu denken. Später verfütterte ich die Reste meines Toastbrots an die Buschböcke, die schon vor dem Esszimmerfenster warteten. Dann setzte ich mich an meinen Schreibtisch im Schlafzimmer, um ein paar Dinge zu erledigen. Um halb elf hörte ich das Funkgerät piepen. Innerlich über die Unterbrechung fluchend, stand ich auf und ging ins Büro.

»Null-acht, Stone Hills. Bitte kommen.«

Durch das Rauschen kam die atemlose Stimme von Richard Mabhena.

»Mapfumo ist von einer Schlange gebissen worden! Kommen Sie schnell!«

Mir blieb fast das Herz stehen. Seit zehn Jahren waren wir jetzt auf Stone Hills, wir hatten sieben Scouts, die täglich ihre Rundgänge machten, und noch nie war irgendjemand von einer Schlange gebissen worden. Bis zu diesem Tag, an dem Rich fünfundsiebzig Kilometer weit weg war und es auf der ganzen Farm nur eine Person gab, die sich darum kümmern konnte. Und das war ich.

Ich umklammerte das Funkgerät und bemühte mich, langsam zu sprechen. Die Antwort auf die nächste Frage war von entscheidender Bedeutung: »Was für eine Schlange, Mabhena? Hast du sie gesehen?«

»Nein. Sie war schon im hohen Gras verschwunden, aber Mapfumo meint, es könnte eine Mamba gewesen sein.«

Mamba. Mamba. Ich ließ mich auf den Schreibtisch sinken und schloss die Augen. Erst eine Woche zuvor hatten David und ich auf dem Heimweg aus der Stadt eine Mamba mitten auf dem Weg gesehen. Sie hielt inne, als wir stehen blieben, dann glitt das knapp drei Meter lange sehnige, metallgraue Tier behände zurück auf den Kopje und verschwand zwischen den Felsen. Wir waren erregt und entsetzt zugleich. Mamba. Mamba. Ein hübscher Name für eine der gefährlichsten Schlangen der Welt.

»Mrs. Peek, sind Sie noch da?«

»Ja, Mabhena, ich bin noch da.« (Mehr oder weniger zumindest.) »Wo wurde Mapfumo gebissen, und wo genau befindet ihr euch?«

Die Schlange hatte Mapfumo in den linken Unterschenkel gebissen, berichtete Mabhena, und die beiden befanden sich am Ufer des Matanje, etwa vier Kilometer von unserem Haus entfernt.

»Okay, bleib ganz ruhig, Mabhena. Ich melde mich gleich wieder.«

Bleib ganz ruhig, sagte ich ihm, während ich selbst in Panik geriet. Bleib ganz ruhig, sagte ich, während ich drauf und dran war, völlig durchzudrehen. *Herrgott noch mal, krieg dich in den Griff*, befahl ich mir selbst. *Denk nach, anstatt einen Koller zu kriegen*. Als Erstes rief ich bei MARS an, dem »Medical Air Rescue Service«. Ich gab die ersten beiden Ziffern ein, aber ich kam nicht einmal bis Bulawayo durch. Dann versuchte ich, Rich auf seinem Handy zu erreichen – nichts. So läuft das meistens hier. Wenn man sich um acht Uhr hinsetzt, um ein paar Anrufe zu erledigen, sitzt man wahrscheinlich um zehn Uhr immer noch da, hämmert zum x-ten Mal dieselben Ziffern ins Telefon und ist kurz davor, es aus dem Fenster zu werfen. Ich versuchte es mit dem Funkgerät und gab null-neun ein, für das Büro in Bulawayo. Die Verbindung kam zustande, das rote Lämpchen leuchtete, aber niemand meldete sich. Wahrscheinlich war das Funkgerät nicht eingeschaltet.

Seit Mabhenas Anruf waren bereits zehn Minuten vergangen, und ich stand vor einem Dilemma. Wenn es mir beim nächsten Versuch nicht gelang, jemanden zu erreichen, würde ich selbst zu Mapfumo fahren und ihm irgendwie helfen müssen. Das Problem war nur, dass ich keine Ahnung hatte, was ich tun konnte. Zwar hatten Rich und ich im Zusammenhang mit unserer Ausbildung zu Naturführern einen Erste-Hilfe-Kurs absolviert, aber das lag Jahre zurück, und obwohl ich den theoretischen Teil mit Bravour bestanden hatte und mich lang und breit darüber auslassen konnte, wie man durch einen verwundeten Büffel beigebrachte Fleischwunden behandelte, wäre ich beim praktischen Teil um ein Haar mit Pauken und Trompeten durchgefallen, und zwar nicht zuletzt wegen meiner kunstvollen, aber äußerst umständlichen Methode, einen Verband anzulegen. Ich erinnerte mich dunkel, dass im Laufe des Kurses irgendwann über Schlangenbisse gesprochen worden war, dass man die Bissstelle abbinden und Eis drauflegen sollte, damit das Gift sich nicht so schnell ausbreitete, aber das war auch schon alles. Dann fiel mir ein, dass wir ein Erste-Hilfe-Buch hatten, es stand auf dem obersten Brett des drehbaren Aktenschranks im Büro. Aber als ich den Schrank drehte, konnte ich das Buch nirgends entdecken. Ich drehte ihn noch einmal um, dann war ich mir sicher, dass das Buch nicht da war. Vor lauter Wut trat ich so heftig gegen das Regal, dass es wie ein Karussell um seine eigene Achse wirbelte und Bücher und Aktenordner auf den Boden flogen. Es wäre reine Zeitverschwendung gewesen, noch weiter nach dem Buch zu suchen. Wenn Mapfumo wirklich von einer Mamba gebissen worden war, brauchte er Hilfe – und zwar schnell, sonst würde er innerhalb der nächsten Stunde sterben. Ich versuchte es ein letztes Mal mit dem Telefon.

»MARS-Notfalldienst. Guten Morgen.«

Ich bekam ganz weiche Knie vor Erleichterung. Die Frau in der Zentrale stellte mich durch zu Sue Bryant, meiner Freundin, eine unvergleichliche Notfallschwester, die Erste, die ich mir in einem Notfall an meiner Seite wünschen würde. Sue, die Frau mit der sanften Stimme und dem ruhigen Lächeln in ihrer leuchtend blauen Uniform mit Abzeichen auf der Brust, die aussehen wie Auszeichnungen für irgendwelche Heldentaten. Plötzlich ging es mir schon wesentlich besser. Sue versicherte mir, die Rettungssanitäter würden sich sofort auf den Weg machen.

Und wie konnte ich Mapfumo in der Zwischenzeit helfen?, wollte ich wissen. Sue bestätigte die Sache mit dem Abbinden der Bissstelle – einen elastischen Verband über der Bissstelle, so fest gebunden wie bei einem verstauchten Fuß, aber nicht wie bei einem Druckverband. Und auch Eis, ja, aber auf den Verband und nicht direkt auf die Haut, sonst würde sie verbrennen. Falls der Patient an Übelkeit leidet, sollte man ihm schluckweise Wasser anbieten, aber vor allem sollte man ihn beruhigen und dafür sorgen, dass er sich möglichst wenig bewegt.

»Sue, ich danke dir«, sagte ich im selben Tonfall wie sie – langsam, zuvorkommend, wie eine Frau, die die Situation vollkommen unter Kontrolle hat. »Das krieg ich hin. Ich suche alles zusammen, was ich brauche, und mache mich sofort auf den Weg.«

Kaum hatte Sue den Hörer aufgelegt, war die Scharade beendet. Ich sprang von meinem Stuhl auf, riss die elastischen Binden aus der Plastiktüte auf dem Aktenschrank und nahm mir vor, sobald dieses Drama ausgestanden war, den Erste-Hilfe-Kasten auf Vordermann zu bringen.

Dann im gestreckten Galopp in die Lodge-Küche, wo der Koch, der sich gerade seinen Frühstückstee aufgegossen hatte, mich verblüfft anstarrte. »Mapfumo! Schlangenbiss! Ich brauche sofort Eis und Wasser!«

Ruhe bewahren! Wie sollte ich Ruhe bewahren? Seit ich Mabhenas Funkspruch erhalten hatte, war bereits eine halbe Stunde vergangen, und jetzt musste ich zu Mapfumo rausfahren, erste Hilfe leisten und ihn dann zum Krankenwagen schaffen, der bis dahin entweder an unserem Tor warten oder noch auf dem Weg von Bulawayo hierher sein würde. Wenn Mapfumo eine volle Ladung Gift von einer Mamba abbekommen hatte, kam womöglich jede Hilfe zu spät. Fünf Minuten später rannte ich zurück zum Haus, unter den Armen Verbandszeug, Handtücher, Wasserflaschen und einen Behälter mit Eiswürfeln.

Als ich aus der Garage fuhr und nach rechts in Richtung Fluss abbog, begann ich mich zu fragen, wie das alles passiert sein konnte. Die Mamba, lang, schlank und schnell, ist das Vollblut unter den Schlangen, ein Geschöpf von sprunghaftem Temperament, das sich leicht auf den Schlips getreten fühlt und schnell zubeißt. Eine Mamba, die es eilig hat, kann sich zu halber Körperlänge aufrichten und dann, den Kopf über das hohe Gras gereckt, mit hoher Geschwindigkeit tanzend auf einen zugleiten. Sie kann in praktisch jede Richtung zuschlagen, aber wenn Mapfumo in den Unterschenkel gebissen worden war, dann war er wahrscheinlich auf die Schlange getreten.

Eigentlich war das nicht verwunderlich, da seit Oktober dreimal so viel Regen gefallen war wie gewöhnlich, was das trockene, karge Grasland in einen veritablen Dschungel aus dichtem Grünzeug verwandelt hatte, vor allem in der Nähe der Flüsse. Na ja, *wir* sagen »Flüsse«, weil wir jede Art von natürlichem Wasser nach Kräften anfeuern, aber in Wirklichkeit sind es kleine Bäche, die den größten Teil des Jahres über ausgetrocknet sind und manchmal während der Regenzeit ein oder zwei Tage lang Wasser führen. Doch diese bescheidenen Rinnsale waren nun zu reißenden Flüssen angeschwollen, die das Gras plattwalzten und Bäume entwurzelten, während ihre Ufer unter der Wucht der nicht enden wollenden Sintflut einbrachen. Anfangs hatte die ausgehungerte Erde jeden Tropfen Wasser gierig aufgesogen, aber nach einigen Monaten war sie gesättigt und das Wasser verteilte sich überallhin – es weichte die Wege auf und lief in die Stauseen, gurgelte aus zahllosen Löchern im Boden und perlte über die dunklen Felsen.

Für den vier Kilometer langen Weg bis zu unserem Tor, der sich mittlerweile in eine mörderische Schlammpiste verwandelt hatte, brauchte man jetzt mindestens eine halbe Stunde. Wir hatten uns angewöhnt, nur noch im Konvoi zu fahren und in jedem Fahrzeug schwere Seile und Ketten mitzuführen, damit wir uns notfalls gegenseitig aus dem Morast ziehen konnten.

Aber jetzt war April, und der Regen hatte endlich aufgehört. Mit Hilfe riesiger Granitplatten hatten unsere Leute den Sumpf, der zu unserem Haus führte, wieder in eine Straße verwandelt, und rechts und links des Wegs hatten sie Drainagen gegraben, damit das restliche Wasser ablaufen konnte. Wasser, Wasser überall. Es war einfach phantastisch. Es sei denn, man musste ganz eilig querfeldein irgendwohin. Ich fuhr bis zu den Ruinen des alten Farmhauses, weiter kam ich nicht, denn dort verwandelte sich der Weg in einen Bach. Also hielt ich an, zog meine Schuhe aus und sprang. Schlamm quoll zwischen meinen Zehen hindurch und umspielte meine Knöchel. Großartig. Mapfumo lag fünf Minuten von mir entfernt, und ich würde wahrscheinlich entweder auf dem Weg zu ihm oder spätestens auf dem Rückweg mit dem Wagen im

Schlamm stecken bleiben. Aber es gab keinen anderen Weg, den ich nehmen konnte. Ich würde den Toyota stehen lassen, die paar Kilometer zum Tor laufen und die Rettungsleute dazu bringen müssen, dass sie mit dem Krankenwagen so nah wie möglich heranfuhren. Sie würden Mapfumo – tot oder lebendig – auf einer Trage da rausholen müssen. Ich wagte nicht, auf die Uhr zu sehen – und hoffte inständig, dass es keine Mamba gewesen war.

Ich ging ein Stück neben dem ehemaligen Weg entlang. Der Boden war aufgeweicht wie ein Schwamm, aber eine dicke Schicht frisches Gras bot vielleicht den notwendigen Halt. Ich rannte zurück zum Auto, schaltete den Vorderradantrieb ab, legte einen kleinen Gang ein und fuhr vorsichtig los. Sofort sank der Wagen ein, die Räder drehten durch, und braune Schlammspritzer landeten auf der Windschutzscheibe. *Komm schon, komm schon* – nur noch ein kleines Stückchen durch die Hölle, dann kam wieder der flache, trockene Weg, und Mapfumo und Mabhena warteten hinter dem nächsten Kopje. Aber ich sank noch tiefer ein, und bald würden die Räder nur noch nutzlos im Schlamm wühlen. Dann, entgegen allen guten Ratschlägen, trat ich das Gaspedal durch, und wie ein Pferd beim Start zu einem Rennen sprang der Toyota aus dem Sumpf auf den trockenen Weg.

Meine erste Reaktion, als ich Mapfumo am Straßenrand hocken und Mabhena neben ihm stehen sah, war nicht etwa Erleichterung, sondern Panik. Dass ich die beiden hier antraf, bedeutete, dass sie vom Ufer über hundert Meter weit gelaufen waren, das Schlimmste, was man tun kann nach einem Schlangenbiss, denn jede Art von Bewegung regt den Kreislauf an und sorgt dafür, dass das Gift umso schneller das Herz erreicht. »Mabhena!«, hätte ich am liebsten geschrien. »Was hast du dir dabei gedacht?« Aber ich sagte nichts. Mabhena wirkte wesentlich erregter als Mapfumo, der, das linke Bein abgewinkelt, ruhig und gelassen dasaß.

Ich unterdrückte ein erleichtertes Schluchzen und bemühte mich, ein aufmunterndes Gesicht aufzusetzen, versuchte mir vorzustellen, ich sei die Frau in der blauen Uniform mit den Abzeichen – die Frau mit der Aura einer Florence Nightingale.

»Wie geht's, Mapfumo? Wie fühlst du dich?«

»Äh, es tut weh, Mrs. Peek, aber nicht sehr.«

Mapfumo zeigte auf zwei schwach erkennbare Bissmale an seiner linken Wade. Falls sein Bein geschwollen war, war nicht viel davon zu erkennen.

»Keine anderen Symptome?«, fragte ich. »Druck auf der Brust? Atemnot? Übelkeit?«

»Nein«, erwiderte er. »Nichts davon.«

»Und du glaubst immer noch, dass es eine Mamba gewesen ist?«

Mabhena schüttelte den Kopf. »Zu klein«, sagte er. »Wir sind zu dem Schluss gekommen, dass es wahrscheinlich eine Kobra war.«

Am liebsten wäre ich in Jubelschreie ausgebrochen, aber getreu meinem neuen Image nahm ich das Verbandszeug vom Beifahrersitz und kniete mich neben meinen Patienten. Unglaublicherweise hatte ich sogar an die Sicherheitsnadel gedacht. Ich konnte mich nicht erinnern, ob Sue gesagt hatte, ich sollte am Fuß oder am Knie anfangen, also entschied ich mich einfach für das Knie und bekam den Verband sogar erstaunlich gut hin. Mabhena half Mapfumo beim Einsteigen und drückte ihm während der Fahrt das Eis auf die Bisswunde.

Immer wieder warf ich beim Fahren einen Blick in den Rückspiegel, aber Mapfumos Gesichtsausdruck veränderte sich nicht, nur Mabhena wirkte grau und erschöpft. Später stellte sich heraus, dass er seinen Freund, der viel jünger und wesentlich kräftiger gebaut war als er, vom Flussufer bis zur Straße getragen hatte. Zum Glück hatte er nichts davon erwähnt.

Ich schaltete wieder auf Allradantrieb, fuhr jedoch auf der anderen Seite der Gefahrenstelle vorbei, um nicht endgültig im Morast zu versinken. Aber irgendwie wusste ich, dass wir es diesmal schaffen würden. Wie ein altgedienter Rallye-Veteran schlingerte der Toyota durch den Sumpf und arbeitete sich nach oben auf den trockenen Weg. Plötzlich hörte ich die Vögel zwitschern, und als ich mich nach den beiden Scouts auf der Rückbank umdrehte, sah ich, dass sie lächelten. Mapfumo würde überleben.

Der Krankenwagen stand nicht am Tor, also fuhren wir ihm in Richtung Bulawayo entgegen. Als wir an unserer kleinen Krankenstation vorbeifuhren, sahen wir die Dienst habende Schwester schlafend unter einem Mangobaum sitzen, das Doppelkinn von einem frisch gestärkten weißen Kragen gehalten, die pummeligen Arme vor der Brust verschränkt. Mapfumo war sehr still, und ich wollte seine Reaktion testen.

»Soll ich dich nicht lieber hier bei der Schwester lassen? Sie weiß bestimmt, was sie tun muss.«

Die ganze Zeit über war Mapfumo ruhig und gefasst gewesen, aber dieser Vorschlag löste blankes Entsetzen bei ihm aus.

»O nein, bitte nicht, Mrs. Peek! Die Schwester ist noch gefährlicher als eine Giftschlange!«

Wahrscheinlich hatte er Recht. Die Krankenschwester war von dem unerschütterlichen Glauben an die heilende Wirkung von Chinin beseelt. Egal, was einem Patienten fehlte, ob er ein gebrochenes Bein hatte, an Durchfall oder Hämorrhoiden litt, es gab nichts, das sich nicht mit Malaria-Tabletten behandeln ließ. Eine ihrer Standarddiagnosen lautete »HB« (hoher Blutdruck), ein Leiden, das sie auf den ersten Blick erkannte, ohne die lästigen Untersuchungen durchführen zu müssen. Der Patient bekam ein paar Aspirin in die Hand gedrückt und wurde mit einem ermunternden Klaps auf die Schulter wieder nach Hause geschickt. Die Schwester war im ganzen Bezirk für ihren originellen Umgang mit Kranken bekannt.

»Hi, hi, hi!«, hatte sie, die Hände in die Hüften gestemmt, laut gelacht, als einer unserer Handwerker sich in der Krankenstation mit Magenkrämpfen auf dem Boden wand. »Ich glaube, Sie werden sterben.«

Als der Krankenwagen noch einen halben Kilometer entfernt war, konnten wir schon das rote Blinklicht sehen, und ich blendete kurz auf, um mich zu erkennen zu geben. Nachdem wir nebeneinander gehalten hatten, sprangen drei uniformierte Sanitäter aus dem Wagen, um Mapfumo beim Aussteigen zu helfen. Ich hätte sie alle drei umarmen können. In einem Land, wo praktisch nichts funktioniert, schraubt man seine Erwartungen mit der Zeit ziemlich herunter. Wenn Simbabwer ins Kino gehen, erwarten sie einen Film mit möglichst vielen Polizei- und Krankenwagen, die zu einem Notfall angerast kommen.

Wenn es MARS, eine private Hilfsorganisation, nicht gegeben hätte, dann hätte ich Mapfumo in eins der staatlichen Krankenhäuser bringen müssen, vor deren Toren die Angehörigen und Freunde der Patienten zu Hunderten im Freien kampieren. Von ihnen wird erwartet, dass sie das Bettzeug, die Verpflegung und die Medikamente für ihre Verwandten zur Verfügung stellen, weil das Krankenhaus kein Geld dafür hat.

In der Unfallstation, wo ein einziger Arzt Dienst tut, der oft gleichzeitig auch noch für andere Stationen zuständig ist, müssen sich selbst Schwerstverletzte in einer aus fünfzig bis sechzig Personen bestehenden Warteschlange anstellen. Da wäre Mapfumo mit der dicken Schwester unter dem Mangobaum noch besser bedient gewesen. MARS war natürlich nur für Notfälle zuständig; die Leute von MARS übernahmen die Erstbehandlung und lieferten einen dann in einer der gefürchteten Institutionen ab. Ich habe schon oft gedacht, falls ich einmal in einem von ihren Krankenwagen landen würde, dann würde ich sie mit vorgehaltener Pistole zwingen, so lange umherzufahren, bis es mir wieder besser ginge.

Die Hecktüren des Krankenwagens gingen auf und gaben den Blick auf das makellose Innenleben frei: zwei Tragen mit frisch gestärkten weißen Laken, Sauerstoffflaschen, Atemmasken, Blutdruckmessgeräte, säuberlich gestapelte Schachteln mit allem Erdenklichen an medizinischem Zubehör. Eine der Schachteln enthielt ein spezielles Gegengift für Mamba-Bisse, ein Mittel, das es in keinem staatlichen Krankenhaus gab. Mapfumo, der tief beeindruckt zu sein schien, legte sich auf eine der Tragen, wir riefen alle: »Bis bald, Mapfumo! Viel Glück!«, die Türen schlossen sich wieder, und der Krankenwagen fuhr davon.

Am nächsten Tag kam er schon wieder zurück, gut erholt und begierig, seinen Freunden zu erzählen, was er alles erlebt hatte. Er war tatsächlich von einer Schlange gebissen worden, aber es musste ein »trockener Biss« gewesen sein, mit dem die Schlange zwar die Haut eingeritzt, aber kein Gift injiziert hatte. Mabhena und ich, beide schon etwas älter, brauchten wesentlich länger, um uns von dem Schreck zu erholen. Ich bin mir sicher, dass diese Art von Schock das Gehirn schwächt, denn wie sollte ich mir sonst erklären, dass ich immer wieder vergesse, die elastischen Binden zurück in den Erste-Hilfe-Kasten zu legen? Heute werde ich es tun: Das heißt, falls ich die Zeit finde und falls die derzeitigen Bewohner von Stone Hills nicht wieder in irgendwelche Kalamitäten geraten und die Finger vom Funkgerät lassen. Wie wir unseren Freunden schon geschrieben haben – auf der Farm gibt es immer mehr als genug zu tun.

Kapitel 22

Es gibt Menschen, die ohne die Wildnis leben können,
und es gibt einige, die das nicht können.
Aldo Leopold

Meilenweise verdammtes Afrika«, hat einmal jemand geschrieben – und wer diesen verlockenden, bezaubernden und absolut umwerfenden Kontinent liebt, weiß genau, was damit gemeint ist.

Vielleicht stand er am Rand einer Klippe, eine Hand schützend über die Augen gehalten. Hundert Meter unter ihm zieht eine Elefantenherde gemächlich durch den lichten Wald, und sein Blick wandert über sie hinweg und über das weite Sambesi-Tal, über diesen mächtigen Fluss nach Norden bis zu den nebligen blauen Bergen von Sambia und die weiße Leere jenseits davon.

Natürlich meinte er das alte Afrika, die Wildnis, die wir in unseren Träumen bewahren und von der wir hin und wieder noch einen Blick erhaschen können. Aber es ist wirklich nur ein kurzer Blick – wenn wir genau hinschauen, sehen wir den Rauch von brennenden Bäumen, die staubigen Straßen und die Dörfer, hören das dumpfe Bimmeln der Glocken, die die grasenden Rinder um den Hals tragen. Und heute ist der

Mann auf der Klippe wahrscheinlich in Begleitung einer Gruppe von Touristen, die in einem zebragestreiften Minibus und mit einer Kühltasche voller Erfrischungsgetränke gekommen sind, um ebenso wie er den Sonnenuntergang über dem Sambesi-Tal zu genießen.

Das sind die Auswirkungen des Fortschritts, und wir haben es so gewollt. Oder zumindest dachten wir, dass wir es so wollten. Bis wir uns daranmachten, das unberührte Land zu erobern und schließlich mit Entsetzen feststellten, dass es uns beinahe gelungen war.

Heute ist die afrikanische Wildnis nur noch in unseren Nationalparks und in einigen privaten Schutzgebieten zu finden – und selbst diese Überreste sind ständig bedroht durch politisches Chaos und die zunehmende menschliche Not. Wildtier-Farmen auf Privatland haben sich im Laufe der letzten zwanzig Jahre zu einem lukrativen Geschäft entwickelt. Im Vergleich zu Land- oder Viehwirtschaft mag es wie eine leichte Alternative erscheinen, so, als bräuchte man nichts weiter zu tun, als der Natur ihren Lauf zu lassen. Das mag in Gebieten von der Größe der Serengeti der Fall sein, aber kleinere, begrenzte Grundstücke wie das unsere müssen intensiv gepflegt werden, um ihre Gesundheit und Produktivität zu erhalten.

So gern wir es unseren Tieren gestattet hätten, sich frei in und außerhalb von Stone Hills zu bewegen, uns blieb nichts anderes übrig, als unsere Farm einzuzäunen. Nach den Gesetzen von Simbabwe unterstehen Wildtiere der Aufsicht durch denjenigen, auf dessen Grund und Boden sie sich befinden. Das bedeutet, dass beispielsweise unsere Elenantilopen so lange unter unserem Schutz stehen, wie sie sich auf unserer Farm aufhalten, aber sobald sie das Land unseres Nachbarn betreten, zu Freiwild werden. Ein Konzept, das früher gut funktionierte, als sich niemand Gedanken über die Tiere auf seinem Grundstück machte. Doch seit eine Menge Geld im Spiel ist, ist es komplizierter geworden. Wenn wir unsere Elenantilopen frei herumlaufen ließen, würden sie wahrscheinlich früher oder später in der Tiefkühltruhe unseres Nachbarn landen. Dieses Risiko können wir uns nicht leisten. Und wenn unsere Farm nicht eingezäunt wäre, müssten wir zudem damit rechnen, dass auf unserem Land gewildert würde oder dass unsere Tiere von dannen ziehen und nie wieder zurückkehren würden.

Obwohl wir also einheimische Wildtiere wieder in ihrer natürlichen Umgebung angesiedelt haben, setzen wir ihnen unnatürliche Grenzen. Dieses unser Stück Land muss für ihr Überleben ausreichen – und zwar für immer. Wir können uns nicht einfach in Ruhe zurücklehnen und abwarten, ob es klappt, wir tragen die Verantwortung dafür, dass es funktioniert.

Der Zaun, der eigentlich Schutz bieten soll, kann sich allerdings auch in ein tödliches Gefängnis verwandeln. In den trockenen Monaten nach dem Winter halten wir immer ängstlich Ausschau nach weißen Rauchsäulen, die zwischen den Kopjes aufsteigen, wenn die Savanne brennt. In manchen Nächten werden die Berge in der Ferne von Flammen erleuchtet, und es gibt Tage, an denen der Wind den Rauch vor sich hertreibt, bis er die ganze Lodge einhüllt. Ein Feuer, dem nicht rechtzeitig Einhalt geboten wird, könnte unsere gesamte Farm innerhalb weniger Stunden zerstören.

An windstillen Abenden im Juni oder Juli brennt Rich ein Mosaik von Brandschneisen kreuz und quer über die Farm. Schon Wochen vorher markieren die Scouts die Linien für die Schneisen und roden zwei Meter breite, parallel verlaufende Streifen, um das Feuer zu begrenzen. Wenn der große Tag gekommen ist, wollen natürlich alle dabei sein. Bewaffnet mit Stöcken, an deren Ende ein Stück Leder oder Gummi befestigt ist, klettern sie auf den Traktor, und der alte Magudu setzt sich ans Steuer. An Ort und Stelle angekommen, springen sie alle vom Traktor und beziehen ihre Posten entlang der Schneise, damit sie das Feuer ausschlagen können, falls es zu übermütig wird oder Wind aufkommt und es über die Schneise hinauszutreiben droht.

Es bedarf nur eines glimmenden Streichholzes oder einiger Tropfen Benzin, um einen Brand auszulösen. In der plötzlich entstehenden Hitze bildet sich ein Wirbelwind, der das letzte trockene Laub von den Bäumen fegt und über die Flammen hinausträgt. Langsam frisst sich das Feuer durch das Gras und entwickelt sich zu einem funkensprühenden Feuerwerk, sobald es die ausgetrockneten Zweige und Stämme der Akazien erreicht.

Wenn sie nicht gerade davon eingeschlossen werden, lassen sich die Tiere von einem Feuer nicht in Panik versetzen. Sie gehen ihm einfach aus dem Weg und bringen sich in Sicherheit.

Und eine Woche später, wenn die umgestürzten Baumstämme und -stümpfe immer noch vor sich hin glimmen, zeigen sich die ersten grünen Sprösslinge inmitten der Schwärze, und sofort sind die Äser zur Stelle, die sich über diesen unerwarteten Leckerbissen hermachen. Wenn wir nicht aufpassen, können die Tiere großen Schaden anrichten, daher macht Rich die Schneisen breit genug, um Kahlfraß zu verhindern, und legt sie jedes Mal woanders an, damit sich der Boden immer wieder erholen kann.

Alle Eltern wissen, dass Kinder gern zündeln. Einmal, als ich David am Abend bei unseren Nachbarn abholte, wo er den Tag über mit seinem Freund Andrew gespielt hatte, fiel mir

auf, dass er besonders gut gelaunt war. Andrews Mutter Doris verabschiedete uns am Tor.
»Die beiden haben einen wunderbaren Tag verlebt«, sagte sie strahlend. »Ich hab sie mit ins Safari-Camp genommen, sie sind in den Kopjes herumgetollt, und ich hab den ganzen Tag keinen Ton von ihnen gehört.«
Ein paar Tage später stellte sich heraus, dass die Jungs deswegen so still gewesen waren, weil sie die Streichhölzer aus der Küche geklaut und den Nachmittag damit verbracht hatten, so viele Feuer wie möglich anzuzünden. Ihr Erfolg war größer als beabsichtigt: Die Farmarbeiter waren die ganze Nacht damit beschäftigt, die riesige Feuersbrunst zu bekämpfen, die um das Safari-Camp herum loderte. Mit sehr viel Glück gelang es ihnen, die strohgedeckten Hütten vor den Flammen zu bewahren.
Ein riesiges Donnerwetter erwartete die Jungs. Und dann wurde den Übeltätern mindestens hundertmal geduldig erklärt, wie gefährlich Feuer sein kann, und sie versprachen hoch und heilig, nie wieder zu zündeln.
Drei Monate später wütete ein Waldbrand in der Gegend. Stone Hills blieb auf wundersame Weise verschont, nicht jedoch die Farm, die Andrews Eltern gehörte. In der zweiten Nacht legten sie sich abends in dem Wissen ins Bett, dass ihr Safari-Camp auf der Route des Feuers lag, und dass sie nichts tun konnten, um es vor den Flammen zu schützen. Am nächsten Morgen erhielt ich einen Anruf von Doris.
»Erinnerst du dich noch an das Feuer, das die Jungs gelegt haben?«, fragte sie.
Ich versicherte ihr, dass ich das bestimmt nie vergessen würde.
»Also, wenn die Brandschneise nicht gewesen wäre, die dabei entstanden ist, wäre letzte Nacht unser gesamtes Safari-Camp

abgebrannt. Ihnen haben wir es zu verdanken, dass es noch steht.«

Um diese Zeit treffen auch die »Schnitter« auf der Farm ein – meist die Ehefrauen und weiblichen Verwandten unserer Mitarbeiter. Auf meinen abendlichen Spaziergängen sehe ich dann ihre bunten Gestalten in einem Meer aus wogendem Gras, neben ihnen die Bündel, die sie geschnitten und von Laub befreit haben. Im Vorbeigehen höre ich das Geräusch ihrer Sicheln, ihr helles Lachen und das Geschrei der Babys, die sie auf dem Rücken tragen.
Das ist die Zeit der düsteren Winterstimmung, die Zeit des Frosts und der kalten Winde, der traurigen Tage, wenn man, egal, wie oft man es an den Fingern abzählt, immer wieder auf dasselbe Ergebnis kommt: noch vier Monate, bis der Regen einsetzt.
Die Raben scheinen diese Zeit zu genießen. Sie krächzen heiser gegen den Wind an und nutzen die Böen für ihre Luftakrobatik. Die Dassies dagegen können den Winter nicht ausstehen. Sie kauern sich zwischen den Felsen dicht zusammen, stets darauf bedacht, jeglichen Blickkontakt zu vermeiden. Es ist ein großartiger Augenblick, wenn an diesen grauen Nachmittagen die Sonne durch die Wolken bricht wie ein Scheinwerfer in einem dunklen Theater und die höher gelegenen Umrisse der Kopjes beleuchtet, so dass sie hell und klar zu sehen sind. Und dann plötzlich kommen die Dassies aus ihren Verstecken geschossen, verteilen sich wie braune Pickel auf den Felsen und genießen die wenigen warmen Minuten.
In dieser Zeit ist das Futter knapp, und viele Tiere werden schwach. Das Gras ist weniger nahrhaft, denn alle Nährstoffe werden jetzt in den Wurzeln gespeichert. Wenn man der

Natur ihren Lauf lässt, werden die Büschel faul und verfilzen, so dass sie die frischen Halme, die im Frühjahr sprießen, ersticken. Also wird die Mähmaschine herausgeholt und an den Traktor gehängt. Einer muss vor dem Traktor hergehen, um nach Nestern, Erdhöhlen und jungen Antilopen Ausschau zu halten, die im Gras verborgen liegen könnten. Nach dem Mähen schützt der Mulch aus geschnittenem Gras den Boden gegen die extremen Temperaturen und konserviert die Feuchtigkeit für die nachwachsenden Pflanzen. Das ist eigentlich Arbeit für einen Gärtner – allerdings in einem sehr großen Maßstab. Schließlich tritt die Ballenpresse in Aktion, ein riesiges, grünes Monster, das vorn das Gras verschlingt und hinten als sauber verschnürte, goldfarbene Bündel wieder ausspuckt.

Wenn Betty mit ihrer Familie am Haus erscheint, wissen wir, dass der Winter wirklich bitter ist. Vor drei Jahren haben wir die ausgezehrte Kudu-Kuh, deren Rückgrat sich wie eine Messerschneide abzeichnete, am Stausee gefunden. Als Rich anhielt, griff ich nach meinem Fernglas.

»Das arme Tier, bei dem kann ich ja von hier aus die Rippen zählen«, sagte ich. »Würde mich wundern, wenn die Kuh den Winter übersteht.«

»Wir können sie ja durchfüttern.«

Ich sah Rich zweifelnd an. »Wir können es versuchen, aber ich glaube kaum, dass sie von uns was annimmt. Den Gemsantilopen laufen wir schon seit Wochen mit Futter hinterher, und die haben immer noch nichts angerührt.«

Wir fuhren zum Haus, holten eine Tüte Trockenfutter und kehrten wieder an den Stausee zurück.

Unsere Tiere reagierten sehr unterschiedlich auf unsere Fütterungsversuche. Einige, wie die Elenantilopen und die

Giraffen, nahmen das Futter spontan an, während andere, wie die Rappenantilopen und die Halbmondantilopen, der ganzen Aktion mit tiefem Argwohn begegneten und das Trockenfutter eher mit den Hufen zertraten als es zu fressen. Konnten wir wirklich von wilden Kudus, die jahrelang exzessiv bejagt worden waren, erwarten, dass sie einem Menschen trauten, der sich ihnen mit einer Plastiktüte näherte?

Die alte Kuh, die Augen wie geschmolzene Schokolade hatte, stand immer noch an derselben Stelle und hob nicht einmal den Kopf, als wir das Trockenfutter etwa fünfzig Meter von ihr entfernt auf dem Boden verteilten. Als ich später am Nachmittag noch einmal nachsehen ging, waren Kuh und Futter verschwunden. Natürlich konnten irgendwelche anderen Tiere das Trockenfutter gefressen haben, aber es bestand doch eine geringe Chance, dass sie es zuerst entdeckt hatte.

Zwei Tage später war sie wieder am Stausee, und zwar in Begleitung dreier weiterer erwachsener Kühe. Diesmal waren wir vorbereitet. Ich kletterte auf die Ladefläche des Toyota, streute das Futter aus, während Rich langsam an den Kudus vorbeifuhr. Dann hielten wir in einiger Entfernung an, um zu sehen, was passierte. Zuerst verzogen sich die Kudus und drückten sich eine halbe Stunde lang im Dickicht am Fuß des Dibe herum. Dann hob die alte Dame den Kopf und ging langsam auf das Trockenfutter zu. Auf halbem Weg blieb sie stehen, ging ein paar Schritte nach links, ein paar Schritte nach rechts, und als wir uns schon vor lauter Frust die Haare rauften, fasste sie sich ein Herz, trat noch ein bisschen näher und begann zu fressen.

Von da an hatten wir immer einen Sack Trockenfutter im Auto, und schon bald begannen die Kudus, den Anblick und das Geräusch unseres Toyota mit Futter zu assoziieren. Dann, eines Tages, tauchten sie vor unserem Haus auf und starrten aus sicherer Entfernung zu uns herüber. Ich ging mit dem Trockenfutter nach draußen, ließ es einmal laut in der Tüte rascheln und schüttete es auf den Boden. Kaum hatte ich den Kudus den Rücken gekehrt, stürzten sie sich, angeführt von Betty, auf die begehrten Leckerbissen.

Die Kudus verzogen sich, als der Sommer kam, und wenn wir ihnen irgendwo über den Weg liefen, ergriffen sie die Flucht, als wären sie uns noch nie begegnet. Aber im nächsten Winter waren sie wieder da und standen hoffnungsvoll vor unserem Haus. Diesmal hatten sie noch ein halbwüchsiges Kalb mitgebracht, ein weibliches Tier mit langen Beinen und Ohren wie Satellitenschüsseln.

Die wechselnde Zusammenstellung der Gruppe sagte uns etwas über die Aktivitäten unserer Leoparden und Geparden. Im folgenden Winter waren das Kalb und eine Kuh nicht mehr dabei, dafür aber zwei neugeborene Kälber und zwei Jungtiere. Wenige Monate später dann waren die beiden kleinen Kälber verschwunden, und wieder waren es nur fünf Kudus.

Betty hat Glück, sie altert anmutiger als ich. Sicher, sie ist ein bisschen mager um die Hüften, aber ihr Fell glänzt so prächtig und ihre Augen leuchten so lebendig, wie wir es nicht für möglich gehalten hätten, als wir sie zum ersten Mal gesehen haben.

»In Stone Hills gibt es immer Wasser«, hatten uns die Einheimischen versichert, und inzwischen kennen wir die kleinen Tümpel zwischen den Felsen entlang der ausgetrockneten Flussbetten, die manchmal den ganzen Winter über bestehen bleiben. In früheren Zeiten waren sie sicherlich die letzte Rettung für die Viehbestände, aber für all unsere Wildtiere reichen sie nicht aus. Nachdem Rich die ehemalige Desinfektionsgrube neben den Ruinen des alten Farmhauses mit Erde und Steinen aufgefüllt hatte, begann er, eine Reihe von Staudämmen anzulegen. Den ersten baute er am Mathole River am Fuß des Dibe. Der Dibe, so sagte man uns, trägt den Namen des Häuptlings, der einst hier lebte, aber Dibe heißt in der Sprache der Kalange auch »Quelle«, und dort, wo der Fluss in den Stausee fließt, gibt es tatsächlich Quellen.

Lange Zeit glaubten wir, die einzigen größeren Tiere, die unsere Stauseen bewohnten, seien die beiden Krokodile Marvin und Mary-Jo. Bis ein junger Gast aus England über einen Riss in einem großen Felsbrocken sprang und, als er einen Blick nach unten riskierte, in die Augen eines riesigen Python schaute.

Wahrscheinlich lebte der Python schon seit Jahren direkt vor unserer Nase, ohne dass wir ihn bemerkt hatten. Pythons suhlen sich mit Vorliebe im Schlamm, und sie leben immer in der Nähe von Wasser. Diese Würgeschlangen jagen sogar im Wasser, ebenso wie die Krokodile. Stundenlang liegen sie reglos auf der Lauer im seichten Wasser und warten auf eine geeignete Beute. Sobald ein Tier sich zum Trinken hinunterbeugt, schlägt ihm die Schlange ihre messerscharfen Zähne in die Schnauze, zerrt es ins Wasser und erdrückt es mit ihrem Körper.

Eine »geeignete Beute« ist meist eine kleine Antilope, aber es ist auch schon vorgekommen, dass ein Python ein Stachelschwein verschlungen hat oder einen ausgewachsenen Boxer. Ich war ziemlich erleichtert, als ich las, dass Warzenschweine bei Pythons nicht sehr beliebt sind, weil sie sich meist heftig zur Wehr setzen – wie das beherzte Schwein, dem es gelang, eine dreieinhalb Meter lange Schlange zu töten.

Nach zehn Jahren beginnt Stone Hills endlich zu gesunden. Als wir hierherkamen, war das Land von tiefen Rinnen durchzogen, die Flussufer waren bröckelig, der Boden war zertrampelt und ausgelaugt nach Jahren intensiver Viehwirtschaft. Durch die Abschaffung der frei grasenden Viehherden und das Auffüllen der Rinnen mit Steinen konnten wir die Erosion eindämmen. Den Belag nicht mehr benötigter Straßen hat Rich entfernt und stattdessen Pflanzen angesiedelt.
Normalerweise sorgt die Natur für ein harmonisches Verhältnis zwischen Pflanzen und Tieren, aber auf unserem eingegrenzten Gebiet müssen wir dafür Sorge tragen, dass die Artenvielfalt erhalten bleibt. Wenn eine Spezies sich zu stark vermehrt, kann das für eine andere Spezies, die dieselbe Art von Nahrung und Umgebung braucht, gefährlich werden. Indem wir unsere Kapazität nicht voll ausnutzen, schonen wir das Land, denn wir sind uns stets bewusst, dass wir in einem Dürregebiet leben und eine gute Regenzeit keine Garantie dafür ist, dass sie sich in den folgenden Jahren wiederholt.
Vor zehn Jahren haben wir nicht viel Zeit in der Nähe der Flüsse verbracht. Der Anblick der ausgelaugten Ufer mit lauter in der Luft hängenden Wurzeln und die trockenen, sandigen Flussbetten, in denen sich umgestürzte Bäume stapelten, hätte uns nur deprimiert. Heute dagegen genießen wir es, den Ottern zuzusehen, die das ganze Jahr über an den Flussufern leben und auf den Uferfelsen kleine Häufchen aus Krebsschalen hinterlassen. Wir gehen häufig an den Mathole, werfen Angelleinen aus nach den Barschen, die im klaren Wasser schwimmen, und lauschen auf das *Plop!*, wenn einer der Fische die Wasseroberfläche durchbricht und sich eine Libelle schnappt, die gerade ihre Eier ablegt.
Wir mögen eine Besitzurkunde haben, aber das Land wird

nie uns gehören. Als seine Hüter haben wir den Heilungsprozess in Gang gesetzt, um dann in den Hintergrund zu treten und der Natur ihren Lauf zu lassen. Und das Leben kam zurück wie ein heimkehrender Flüchtling, leise und zögernd anfangs, dann immer selbstbewusster und … heute herrschen in Stone Hills wieder Harmonie und Ganzheitlichkeit.

Kapitel 23

Siehst du mich so, der balde dich verlässt,
hält deine Liebe mich so treuer fest.
William Shakespeare

Ende April 1997 holte ich einen Freund vom Flughafen ab. Als wir am späten Nachmittag unterwegs zurück zur Farm waren, sah ich beim Gatter der Elenantilopen nach Poombi, aber sie war nicht da. Eigentlich hatte ich auch kaum damit gerechnet. Seit zwei Wochen machte sie sich besonders rar, und nachdem wir sie am Matanje in Begleitung eines kräftigen Keilers angetroffen hatten, war mir klar, dass sie sich mal wieder einen Lover angelacht hatte, genau wie im April des vergangenen Jahres, als sie Billiard so schnöde sitzen gelassen hatte.

Als wir um die nächste Ecke bogen, trat unvermittelt ein weibliches Warzenschwein aus dem Schatten eines Kopje ins abendliche Sonnenlicht und blieb mitten auf dem Weg vor uns stehen.

Gleich hinter ihr stand ein Keiler, ein großer, stattlicher Bursche mit riesigen, glänzenden Hauern, der offenbar gutes Genmaterial zu bieten hatte. Er schubste die Bache von hinten, und im nächsten Augenblick waren die beiden auch

schon im hohen Gras verschwunden. Einfach so. Ich schaltete den Motor ab und stieg aus.
»Poombi!« Sofort kam sie angelaufen, den Kopf erhoben, um sich liebevoll tätscheln zu lassen. Der Keiler stand nur wenige Meter weit entfernt und blickte ziemlich grimmig drein. Nachdem sie ihre familiären Pflichten erfüllt hatte, trottete Poombi wieder von dannen, ihren Lover auf den Fersen.
Bei dem Gedanken an unsere ernsten Diskussionen musste ich lächeln. Was hatten wir uns den Kopf darüber zerbrochen, wie die unerfahrene Poombi bloß einen paarungswilligen Partner finden sollte! Ich hatte vorgeschlagen, dass Abel mit ihr losziehen und sich dann hinter einem Baum verstecken sollte, um potenzielle Freier nicht zu verscheuchen. Frank meinte, wir sollten Poombi zu den Elenantilopen ins Gatter sperren und darauf hoffen, dass ein Keiler sich gewaltsam Zugang zu ihr verschaffen würde. Nun, das wäre etwa so gewesen, als würde man seine achtzehnjährige Tochter in ihrem Zimmer einsperren und ihrem Freund den Schlüssel anvertrauen.
Ich taufte den Keiler Harald, weil mich seine gewaltigen, gebogenen Hauer an die gehörnten Helme der Wikinger erinnerten. Bei Warzenschweinen dauert die Tragezeit 160 bis 175 Tage, also etwa fünfeinhalb Monate. Wenn alles gut ging, konnten wir also damit rechnen, dass die Frischlinge Mitte Oktober geboren würden, mitten in der trockensten, heißesten Jahreszeit. Das Gras würde also am spärlichsten wachsen, wenn Poombi es am dringendsten brauchte.
Aber im vergangenen Jahr hatten wir einen außergewöhnlichen Winter gehabt, die Hauptregenzeit hatte erst Ende Dezember eingesetzt, und dann waren innerhalb von zwei Monaten fünfundsiebzig Zentimeter Regen gefallen. Ende Februar hatte es ebenso plötzlich wieder aufgehört zu reg-

nen. Ideal war es nicht gewesen, dafür hatte die Regenzeit nicht lange genug angehalten, aber immerhin konnten wir Tag und Nacht das Tosen des Mathole hören, der hundert Meter entfernt von unserem Haus vorbeirauschte, dabei die Flussufer unterhöhlte und die Schilfböschung erschütterte.
Der Grundwasserspiegel stieg und stieg. Dauernd mussten wir unsere Safari-Jeeps aus dem Morast ziehen, eine Prozedur, die die Gäste erstaunlicherweise zu amüsieren schien. Die vier Kilometer Schlammpiste von unserem Tor bis zur Straße konnten wir nur im Kriechgang bewältigen, da sämtliche Furchen sich in gefährliche Sturzbäche verwandelt hatten. Monatelang sickerte das Wasser aus den gesättigten Feuchtwiesen in die Flüsse und Stauseen. Die durstigen Gräser reagierten auf die Sintflut mit einem Wachstumsschub, der dafür sorgte, dass unser Warzenschwein auch in den mageren Zeiten noch ausreichend Wurzeln zu fressen finden würde.
Zu Beginn ihrer Unabhängigkeit war Poombi noch regelmäßig nach Hause gekommen, mal, um sich vor dem Schulzimmer kraulen zu lassen, mal, um die Lodge-Küche heimzusuchen. Nachdem sie offiziell von zu Hause ausgezogen war, nahmen unsere Mitarbeiter voreilig an, sie seien das Schwein endgültig los, und waren nicht mehr auf der Hut. Aber wenn kein Eimer mit Wasser griffbereit neben der Tür stand, hatten wir nicht die geringste Chance, Poombi aufzuhalten.
Ich bin mir ziemlich sicher, dass sie jedes Mal abwartete, bis in der Küche Hochbetrieb herrschte, was meist der Fall war, wenn das Mittagessen aufgetragen wurde. Dann streckte sie den Kopf zur Tür herein, schnupperte genüsslich und warf einen begehrlichen Blick auf die vollen Schüsseln und Platten. Weiter kam sie in der Regel nicht. Irgendjemand ent-

deckte sie meist rechtzeitig und schrie »Achtung! Poombi!«, woraufhin sie wie von der Tarantel gestochen losrannte, zwischen den Beinen des Küchenpersonals hindurchpreschte, auf dem Boden gestapelte Töpfe und Pfannen umnietete, die mit einem Höllenlärm zu Boden krachten, und durch die gegenüberliegende Tür aus der Küche ins Speisezimmer flüchtete, wo unsere Gäste auf ihr Essen warteten.

Wenn wir ihr irgendwo auf dem weitläufigen Gelände begegneten und kurz anhielten, um ein bisschen mit ihr zu plaudern, lief sie prompt hinter unserem Wagen her. Schließlich gaben wir ordentlich Gas, um sie abzuhängen, und gaben uns alle Mühe, uns nicht nach der unglücklichen kleinen Gestalt umzudrehen, die wir in einer Staubwolke stehen ließen. Aber in dem Maße, wie ihr Selbstbewusstsein wuchs, wurden ihre Besuche seltener, und obwohl sie sich immer freute, wenn wir uns zufällig trafen, versuchte sie später nicht mehr, uns zu folgen, wenn wir davonfuhren.

Ich war mächtig stolz auf sie. Nur in den ersten beiden Wochen ihres Lebens hatte sie in einer natürlichen Umgebung gelebt, und es war kaum anzunehmen, dass sie sich an ihre Mutter oder ihren Bruder erinnerte. Zwar hatten wir dafür gesorgt, dass sie Gelegenheit bekam, etwas zu lernen, aber als Menschen konnten wir ihr eigentlich überhaupt nichts beibringen. Und doch hatte sie sich im Alter von zwei Jahren ihr eigenes Territorium erobert und lebte so frei und unabhängig wie jedes wilde Warzenschwein. Mit dem Unterschied, dass sie das alles aus eigener Kraft zu Wege gebracht hatte, eine Leistung, die für ihre in freier Natur aufgewachsenen Artgenossen, die in einem dauerhaften, engen Familienverbund lebten, undenkbar gewesen wäre.

Damit will ich nicht sagen, dass ich alles gutgeheißen hätte, was sie tat. Vor allem während der mageren Wintermonate sah ich sie oft ums Haus streichen, wahrscheinlich in der Hoffnung auf einen Leckerbissen vor dem Schlafengehen. Mit ihren kurzen Beinen und schlechten Augen sind Warzenschweine eine leichte Beute für Raubtiere, erst recht, wenn sie allein unterwegs sind. Leoparden machen sich in der Abenddämmerung auf die Jagd, und auch Geparden haben sich, womöglich als Reaktion auf die Bekämpfung durch die Viehbesitzer, ebenfalls angewöhnt, in den frühen Abendstunden zu jagen.

Poombis Mutter war von Hunden gerissen worden, eine leichte Art zu jagen, die, vor allem, wenn es um Warzenschweine geht, gute Aussichten auf Erfolg hat. Ein Warzenschwein ist eine Kampfmaschine, aber gegen ein Rudel Hunde und einen mit einem Spaten bewaffneten Jäger, der es aus seinem Loch gräbt, hat es keine Chance. Nur ganz selten gelingt es Hunden, in Stone Hills einzudringen, aber zumindest an zwei unserer Grenzen treiben sie ihr Unwesen. Poombi hätte nur unter einem der Zäune hindurchzukriechen brauchen, und schon wäre sie eine leichte Beute für die Hunde gewesen. Wir tun, was wir können.

Unsere Scouts kontrollieren regelmäßig alle Zäune und stopfen die Löcher, die die Buschschweine immer wieder graben, und ich habe alle Nachbarn angerufen, um sie vor dem »zahmen Warzenschwein« zu warnen, das ihnen möglicherweise seine Aufwartung machen könnte. Aber nachdem Poombi in der ersten Begeisterung über ihre Unabhängigkeit alle Möglichkeiten ausgekundschaftet hatte, verlor sie zum Glück das Interesse an den Zäunen und konzentrierte sich auf das Gatter der Elenantilopen und auf den Gemüsegarten, wo die Wahrscheinlichkeit, etwas zu fressen zu finden, wesentlich größer war.

Als wir anfingen, uns Gedanken über Poombis Freilassung

zu machen, hatte ich einen Nachbarn angerufen, der angeblich schon mehrere Warzenschweine aufgezogen hatte.

»Wie in aller Welt haben Sie es geschafft, sie auszuwildern?«, fragte ich.

»Ganz einfach«, lautete die Antwort. »Wir haben sie in den Busch gefahren und ausgesetzt.«

So eine Behandlung hätte unsere Poombi sich niemals gefallen lassen. Sie hatte darauf bestanden, dass wir ihr Gesellschaft leisteten, bis sie zweiundzwanzig Monate alt war, und dann hatte sie uns zu verstehen gegeben, dass sie nunmehr bereit war für die Unabhängigkeit. Natürlich beruhte ihre erfolgreiche Wiedereingewöhnung in ein Leben in der Wildnis auf den idealen Bedingungen, die wir ihr bieten konnten, aber wir hatten auch eine Menge Glück. Mehrere unserer Bekannten hatten junge Warzenschweine aufgezogen, aber die meisten der Tiere waren eingegangen, bevor sie das Erwachsenenalter erreicht hatten – zweifellos aufgrund der menschlichen Einmischung. Eine bemerkenswerte Ausnahme war Dr. David Cummings' Projekt in Simbabwes »Wildlife Research Area«, in dessen Zusammenhang Cummings eine wissenschaftliche Arbeit über das Verhalten der Warzenschweine geschrieben hat. Vier Jahre lang haben er und seine Frau Meg vier Generationen von Warzenschweinen aufgezogen, jeweils Gruppen von zwei oder drei Frischlingen, die nach der Auswilderung unabhängige Rotten bildeten. Das Ziel war, zahme, aber in Freiheit lebende Tiere zu haben, deren Verhalten nicht durch die Nähe der Beobachter beeinflusst wurde. In den ersten Wochen wurden die Schweine betreut, gekratzt, gekrault und erzogen. Ein kleines Warzenschwein hatte im Alleingang unser Haus verwüstet, aber selbst ich konnte mir kaum vorstellen, was es bedeutete, wenn Sophie, Gladys und McIntosh gleichzeitig das Sofa der Cummings vollpinkelten.

Nach vier Monaten – nachdem sie zweifellos das Haus nahezu unbewohnbar gemacht hatten – wurden die Schweine nach draußen verbannt und allmählich immer mehr entwöhnt, bis sie schließlich im Alter von sieben, acht Monaten im Busch in Erdlöchern schliefen.
Sechzehn Helfer wurden ausgebildet, um die Tiere zu beobachten. Normalerweise traf einer der Helfer kurz vor dem Morgengrauen bei der Warzenschweinhöhle ein und blieb bis gegen Mittag bei den Tieren. Dann wurde er von einem Kollegen abgelöst, der den Schweinen Gesellschaft leistete, bis sie sich abends in ihre Höhle verzogen. Während der ganzen Zeit wurde das Verhalten jedes einzelnen Tiers aufgezeichnet, und zwar alle zehn Minuten, so dass über die Jahre eine unglaubliche Menge an Informationen zusammengetragen wurde. Ebenso wie mir *The Baby and Child Care Handbook* nach Davids Geburt eine große Hilfe gewesen war, war Daves Buch meine Bibel, als ich Poombi aufzog – ja, es war sogar noch viel wichtiger, denn es gibt zahllose menschliche Mütter, die ihre Fachkenntnis mit Begeisterung weitergeben, aber kaum jemanden, der auch nur die geringste Ahnung davon hat, wie man ein Warzenschwein aufzieht – oder der sich überhaupt dafür interessiert.
Natürlich überschneidet sich vieles. Die Frischlinge beider Spezies brauchen Wärme, Nahrung und Liebe und nicht Disziplinierung – was in beiden Fällen eine Herausforderung ist. Dave Cummings' Meinung zu »streitlustigem Verhalten« amüsiert mich immer wieder: »Ich habe nie beobachtet, dass ein Warzenschwein sich in speziesinternen Konfliktsituationen hinlegt, was sie jedoch durchaus tun, wenn wir sie bestrafen, nachdem sie mal wieder die Küche verwüstet haben. Wer sollte solche Geschöpfe nicht lieben?«
Poombis »Auswilderung« erforderte intensive Vorbereitung

und war mit großem organisatorischen Aufwand verbunden, aber für mich bedeutete die ganze Aktion noch etwas viel Grundsätzlicheres: Ich musste mich von meinem Schwein verabschieden. Ich weiß, es ist lächerlich. Ich wollte nie ein Warzenschwein haben (welcher Mensch, der bei Sinnen ist, will das schon?), ich hatte Poombi nur aufgenommen, weil es mir das Beste für sie schien. Von Anfang an war klar gewesen, dass wir sie irgendwann in die Freiheit entlassen würden, und wir hatten alles unternommen, um das möglich zu machen. Und jetzt, wo es so weit war und wo es sogar besser klappte, als wir zu hoffen gewagt hatten, konnte ich mich nur widerstrebend damit abfinden. Die Trennung ist natürlich immer der Preis der Mutterschaft, aber bei menschlichen Kindern besteht zumindest die Möglichkeit, in Kontakt zu bleiben. Kinder können die Anrufe ihrer Eltern schließlich nicht ewig ignorieren, und man kann sich darauf verlassen, dass sie irgendwann wieder nach Hause kommen werden, und wenn es nur ist, weil sie Geld brauchen oder die Wäsche gewaschen werden muss.

Bei unserem Schwein, das sich immer seltener zu Hause blicken ließ, war das etwas ganz anderes. Wenn ich Poombi sehen wollte, musste ich mich bei den Scouts nach ihrem Aufenthaltsort erkundigen und dann ins Auto setzen, um sie zu erwischen. Anstatt sich ausgiebig kraulen zu lassen – die Beine in die Luft gestreckt und die Augen genüsslich geschlossen –, begnügte sich meine Schweinedame, die offenbar wichtigere Dinge um die Ohren hatte, nun mit einer zwar herzlichen, aber flüchtigen Begrüßung.

Das war's, dachte ich. *Nach zweieinhalb Jahren verschwindet sie erhobenen Hauptes im hohen Gras, als hätte sie nie etwas anderes gekannt.* Von jetzt an würden wir sie wie die Eltern junger Erwachsener aus der Ferne beobachten, immer bereit, wenn nötig zu Hilfe zu eilen. Wir mussten akzeptieren, dass wir in ihrem Leben keine Rolle mehr spielten und dass wir eigentlich allen Grund hatten zu feiern.

Vor langer Zeit, in einem anderen Leben, war ich eine bei den Anwaltsvereinigungen in England und Australien zugelassene Rechtsanwältin.

Diese Tatsache erstaunt mich heute noch. Im Nachhinein denke ich, dass ich diesen Beruf in erster Linie ergriffen habe, um meine Familie und meine Freunde zu beeindrucken, denn in der Praxis stellte sich sehr schnell heraus, dass die Juristerei nichts für mich war. Wer möchte auch schon die Dienste einer Anwältin in Anspruch nehmen, die tagsüber verträumt auf das Poster eines Elefanten starrt, das die Wand ihres Büros ziert, und abends Kurse zum Thema Verhaltensforschung besucht?

Dennoch war es keine vergeudete Zeit, höchstens für die armen Leute, die dumm genug waren, mich zu engagieren. Und manche Dinge sind bei mir sogar hängen geblieben, wie zum Beispiel das im Familienrecht verankerte Konzept des Kinderschutzes, das für Scheidungsanwälte von zentraler Bedeutung ist. Bei einer Scheidung steht »das Wohl des Kindes« an oberster Stelle. Worte, die simpel und einleuchtend klingen, aber man kann sie gar nicht oft genug betonen, denn wenn sich Eltern trennen, die beide verletzt, wütend und häufig rachsüchtig sind, werden die Kinder nicht selten übersehen.

Meiner Meinung nach sollte genau dieses Konzept das Verhältnis zwischen Mensch und Tier bestimmen, vor allem, wenn es um Wildtiere geht. In den ländlichen Gebieten Afrikas ist es sehr einfach, sich ein Wildtier als Haustier zuzulegen. Man kann sich selbst eins suchen oder, wenn man ein ganz bestimmtes Tier haben möchte, jemanden um Hilfe bitten. Zum Beispiel braucht man nur zur richtigen Jahreszeit verlauten zu lassen, dass man sich ein junges Warzenschwein wünscht, und wenige Tage später hält man es schon in den Armen – natürlich gegen Geld. Der Mittelsmann muss bezahlt werden, ebenso der Jäger, der seine Hunde zur Verfügung gestellt hat, um die Mutter zu töten, die den Frischling natürlich nicht freiwillig herausgerückt hätte. Viele Menschen in Simbabwe leiden große Not, und wenn irgendein törichter *mukhiwa* bereit ist, für ein quiekendes Warzenschweinbaby oder ein neugeborenes Antilopenkalb zu bezahlen, dann bitte sehr.

Der weitere Verlauf ist vorprogrammiert. Wenn kein Versuch unternommen wird, das Tier später auszuwildern oder ihm zumindest eine seinen Bedürfnissen angemessene Umgebung zu bieten, wird es sich in ein verwirrtes, entwurzeltes Geschöpf entwickeln. Die Evolution hat jedes Säugetier im Verlauf von Zehntausenden von Jahren zu einem einzigartigen Wesen werden lassen, das seinen Platz in der Natur hat. Nur der Mensch, so scheint es, ist unbegrenzt anpassungsfähig – zum Leidwesen unserer Mitgeschöpfe. Wir können ein Tier nicht in eine vollkommen artfremde Umgebung verpflanzen und erwarten, dass es sich daran anpasst. Irgendwann werden seine Instinkte sich gegen die von seinen menschlichen Betreuern aufgezwungenen Verhaltensmuster durchsetzen, und das »Haustier« wird wieder zu seiner Natur zurückfinden, zum Missfallen seiner »Besitzer« und häufig mit verheerenden Folgen.

Es wäre dumm und grausam, einen Labrador im Busch auszusetzen und zu hoffen, dass er dort überlebt. Ebenso absurd ist es, ein Wildtier domestizieren zu wollen. Wenn keine Chance besteht, dass das Tier irgendwann in die Freiheit entlassen wird und klar ist, dass es sein Leben in Gefangenschaft wird verbringen müssen, dann sollte man es meiner Meinung nach lieber gleich töten.

Bedeutet das, Gott zu spielen? Sicher. Aber so ist das Verhältnis zwischen Mensch und Tier immer gewesen. Sobald wir uns in das Leben eines Tiers einmischen, übernehmen wir die Kontrolle, und dann liegt es an uns, dem Wohl des Tiers höchste Priorität einzuräumen, so schwer manche Entscheidungen auch fallen mögen.

In den fünfziger Jahren haben Nico Tinbergen und Konrad Lorenz auf dem Gebiet der vergleichenden Verhaltensforschung Pionierarbeit geleistet. Seitdem wissen wir, dass Tiere alles andere sind als die dumpfen Kreaturen, für die wir sie einst gehalten haben, sondern komplexe und sensible Lebewesen. Aber zu ihrem großen Unglück liegt ihr Schicksal vollkommen in unseren Händen.

Weil die Regenzeit in jenem Jahr so kurz gewesen war, brachen Ende September für unsere Äser wie die Elenantilopen und die Kudus schwere Zeiten an. An den Bäumen war kaum noch Laub, nur noch ein kläglicher Rest in einer Höhe, die nur die Giraffen erreichen konnten. Anstatt wie üblich im Winter zu verschwinden, trieben massenhaft Zecken ihr Unwesen und plagten die empfindlicheren Tiere, wiederum die armen Elenantilopen, Kudus und Wasserböcke.

Poombi dagegen strotzte vor Gesundheit, was mich beinahe zu dem Schluss verleitet hätte, dass sie trächtig war, wenn mir nicht aufgefallen wäre, dass es den anderen Warzenschweinen in der Gegend genauso gut ging. Wie im Jahr zuvor beobachteten wir Poombis Bauch mit Argusaugen. War sie nun trächtig oder nicht? Sie lag häufig faul herum (was aber auch an der Hitze gelegen haben kann), und ich hätte schwören können, dass ich strampelnde Frischlinge gespürt hatte, als ich das letzte Mal ihren Bauch betastet hatte. Die Scouts schlossen sogar Wetten ab, nur Abel ließ sich zu keiner Aussage hinreißen. »Vielleicht«, sagte er, während er sich nachdenklich das Kinn rieb, nur um am nächsten Tag, wenn Poombi plötzlich wieder etwas schlanker wirkte, zu sagen: »Vielleicht auch nicht.« Jeder hatte eine Meinung, aber niemand konnte sich sicher sein. Es machte mich ganz verrückt.

Am 20. September nahm Abel seinen Urlaub, und wir fuhren für vier Tage zu einer anderen Wildtierfarm im südöstlichen Lowveld. Wir hatten das Glück auf unserer Seite. Wir sahen Löwen, Geparden, Nashörner und Büffel und verbrachten einen wunderbaren Nachmittag in einem unterirdischen Beobachtungsposten in der Nähe einer Wasserstelle. Als die Elefanten am frühen Abend an uns vorbeizogen, sahen wir ihre riesigen Füße auf Augenhöhe, nur einen halben Meter entfernt. Dann kam ein tastender Rüssel durch den Beobachtungsschlitz, gefolgt von lautstarken Unmutsäußerungen, ein buchstäblich atemberaubendes Erlebnis. Sogar Rich zog sich vorsichtshalber samt Kamera in Richtung Ausgang zurück.

Als wir auf unsere Farm zurückkehrten, wurden wir schon von Khanye am Tor erwartet. »Alles in Ordnung?«, fragte ich ängstlich.

»Ja«, sagte er langsam. »Auf der Farm ist alles in Ordnung.« Wir konnten also aufatmen, und Rich wollte schon weiterfahren. Aber Khanye war noch nicht fertig. »Aber ich habe traurige Nachrichten. Abel ist tot.«

Nein, das konnte einfach nicht wahr sein. Abel war doch in Tsholotsho und dabei, ein neues Haus für sich und seine Familie zu bauen. Als er sich verabschiedet hatte, wollte er nach Bulawayo fahren, um Dachmaterialien zu kaufen, und noch am selben Tag wollte er mit dem Bus nach Hause fahren. Wahrscheinlich war der Bus verunglückt, eines dieser rauchspeienden Monster mit aufgemalten Namen wie »No Fear«. Mit diesen Bussen gab es dauernd Unfälle. Die Fahrzeuge wurden nie gewartet, und die Fahrer hielten erst an, wenn sie hinterm Steuer einschliefen.

»Nein«, sagte Khanye, als ich mich erkundigte. »Es war kein Unfall. Es heißt, er wurde ermordet.«

Auf halbem Weg zum Haus trafen wir Poombi, und ich stieg aus, um sie in die Arme zu nehmen und ihr zu erklären, dass der Mensch, der so viel Zeit mit ihr verbracht hatte, der sie ebenso liebte wie wir und der sie so gut verstand, nie wieder kommen würde. Ich brauchte Monate, um mich an den Gedanken zu gewöhnen, dass Abel tot war. Immer wieder, wenn ich Johnson in seiner grünen Latzhose und dem Khakihut von Weitem sah, dachte ich: »Ach, da ist ja Abel, ich muss ihm unbedingt sagen …« Und dann hob Johnson eine Hand, rief mir einen Gruß zu, und die Illusion war verschwunden.

Abel war tatsächlich ermordet worden. Jemand hatte ihn vergiftet. Nach der ersten Geschichte, die wir hörten, war er zur Bierhalle gegangen, zweifellos voller Vorfreude auf ein kühles Bier, nachdem er zwei Tage lang auf dem Dach gearbeitet hatte, und ein paar Kinder hatten ihm aus Versehen ein giftiges Gebräu vorgesetzt. Abel musste in der Nacht unter fürchterlichen Qualen gestorben sein, weit weg von einem Arzt, einem Krankenwagen oder auch nur einem Telefon. Man hatte ihn sofort begraben. Niemand ging zur Polizei, und so wurden nie Ermittlungen angestellt oder eine Obduktion durchgeführt. Was hätte die Polizei unternehmen sollen angesichts eines weiteren Todesfalles, wo doch täglich Hunderte von Menschen durch Aids dahingerafft werden?

Wir mussten daran denken, wie traurig und besorgt Abel in den letzten Monaten gewirkt hatte. Er hatte sich niemandem anvertraut, nur Mafira gegenüber erwähnt, er müsse nach

Hause, um irgendwelche Familienangelegenheiten zu klären. Wenn ein Mann stirbt, ist es Brauch, dass sein älterer Bruder »in loco parentis« gegenüber der Witwe und deren Kindern handelt. Abel war kaum eine Woche tot, als sein älterer Bruder entgegen der Tradition dessen junge Frau ehelichte.

Am Abend nach unserer Rückkehr kletterte ich auf den Dibe und setzte mich auf einen der riesigen Felsen, die Welt zu meinen Füßen. Von dort aus hatte ich einen guten Blick auf das verwitterte Strohdach unseres Hauses, auf die Granithügel ringsum und die dazwischen liegenden Täler. Zehn Jahre zuvor hatte ich am Fuß dieses hoch aufragenden Kopje gestanden, zwischen den beiden roten Fliederbäumen, wo wir unser Haus errichten wollten. Nichts hatte mich jemals so ergriffen, dennoch fühlte ich mich unwohl, als wäre ich ein Störenfried in der Stille und Einsamkeit dieses majestätischen Ortes. Und ehrlich gesagt hatte ich auch ein bisschen Angst, nicht vor den Tieren um uns herum, sondern davor, so weit entfernt von der Zivilisation zu leben. Hier, mitten im Niemandsland, vor Gott weiß was oder wem nur geschützt durch eine dünne Wand, werde ich niemals ruhig schlafen, hatte ich damals gedacht.

Und dann endlich, waren die Wände verkleidet, war das Dach gedeckt und das Haus fertig. Wir stellten Regale auf, das Doppelbett und das Kinderbett und brachten die beiden Labradorhunde mit. Wir hängten unsere Kleider in die Schränke, zündeten ein Feuer im Kamin an, und plötzlich war es unser Zuhause, so, als hätten wir schon immer dort gelebt.

In den folgenden Jahren hüteten und pflegten wir unser kleines Stückchen Afrika und füllten es mit den Tieren, denen es rechtmäßig gehörte. Wir nannten es Tierschutzgebiet, als könnte der Name das Land wie ein Talisman vor Schaden schützen. Aber jetzt war Abel tot, und unser Land war in Gefahr; wir waren gezwungen, zur Kenntnis zu nehmen, was wir eigentlich immer schon gewusst hatten, dass weder ein Zaun, noch die Bezeichnung Schutzgebiet oder all unsere besten Wünsche die Welt außen vor halten konnten. Als Abels Mutter uns nach seinem Tod aufsuchte, reichte sie mir die Hand, und noch einmal sah ich die freundlichen Augen und das warme Lächeln ihres Sohnes. Ich war fassungslos vor Wut über die Ungerechtigkeit, über den Verlust eines so wertvollen Lebens, aber das Gesicht von Abels Mutter war wie das Gesicht Afrikas – geduldig, gelassen und gefasst. Nur die Weißen, dumm, wie sie sind, versuchen immer wieder vergeblich, die Macht dieses uralten und gleichmütigen Landes herauszufordern.

Die Regierung hatte unseren Widerspruch gegen die Beschlagnahme akzeptiert und Stone Hills sowie weitere 541 Farmen von der schrecklichen Liste gestrichen. »Von nun an wird man Sie in Ruhe lassen«, versicherte uns unser Anwalt. Natürlich irrte er sich. In den Zeitungen erschienen immer wieder neue Listen, und schließlich wurde doch niemand ausgenommen. Jedenfalls brauchten sich die Politiker nach keinerlei Listen mehr zu richten, da der Präsident ihnen die unbeschränkte Vollmacht gegeben hatte, sich jedes beliebige Stück Land anzueignen.

Die Enteignungen breiteten sich im ganzen Land aus wie schädliches Unkraut, ruinierten die Landwirtschaft, zerstörten das Leben vieler Menschen, machten Tausende Landarbeiter zu Flüchtlingen im eigenen Land.

Was war mit dem Mann passiert, der bei der Unabhängigkeitserklärung die Farmer zum Bleiben ermutigt hatte? Der erklärt hatte: »In diesem Land gibt es Platz für alle. Wir wollen sowohl den Gewinnern als auch den Verlierern Sicherheit geben.« Er machte uns alle zu Verlierern.

Plötzlich hatten die Gesetze für die Regierung keine Bedeutung mehr. Wenn ein Gesetz ihren Wünschen widersprach, hoben sie es einfach auf. Friedliche, von der Opposition organisierte Demonstrationen wurden mit Gewalt niedergeschlagen. Es sollte noch viel schlimmer kommen.

Uns allen war längst klar, dass eine Landreform vonnöten und überfällig war, aber das bedeutete politisches Chaos. Die Landfrage war in den Schlagzeilen, die Reklametafeln an jeder Straßenecke waren mit dem Thema gepflastert: Es war die letzte Hoffnung korrupter Politiker, die den Menschen sonst nichts mehr anzubieten hatten.

Ähnliches war in ganz Afrika passiert. In Sambia hatte die Regierung die Farmer, die verjagt worden waren, schließlich wieder zurückgebeten, um auf dem fruchtbaren, unverwüstlichen Boden Landwirtschaft zu betreiben. Dieses Glück würde uns nicht beschieden sein. Jahrzehntelang war unser karger Boden völlig überstrapaziert und ausgelaugt worden. Inzwischen hatte sich die Situation gebessert, sehr sogar, aber es bedurfte noch Jahre der intensiven Pflege, bis das Land sich wieder erholen würde. Falls hier wieder Kleinbauern angesiedelt werden sollten, bestand für Stone Hills keine Chance. Jetzt nicht und auch in Zukunft nicht.

Kapitel 24

Was mich angeht, ich kenne nur Wunder.
Walt Whitman

Könnte man doch im Oktober am Meer sein oder auch mitten in London oder irgendwo auf der Welt – auf jeden Fall nicht in Stone Hills, wo alles auf den Regen wartet. Früher nannte man den Oktober den »Selbstmordmonat«, und auch wenn man diesen Ausdruck heute kaum noch hört, kennt jeder das Gefühl tiefer Verzweiflung, das sich im Lauf der langen, drückend heißen Wochen einstellt. Man will gar nicht mehr aus dem Haus gehen, denn selbst der Busch bietet keinen Trost, erst recht nicht der Anblick der ausgemergelten Tiere, die hungrig und mit trüben Augen auf der Suche nach etwas Fressbarem herumstreifen.

Kein vernünftiges Tier würde im Oktober seine Jungen zur Welt bringen, aber bei meinen Berechnungen kam ich jedes Mal zu demselben Ergebnis: Unsere Poombi würde im Oktober niederkommen. Wurzeln waren meiner Meinung nach keine angemessene Nahrung für eine werdende Mutter, und so bekam sie jetzt jedes Mal, wenn sie unseren Garten heimsuchte, etwas Trockenfutter und einen Kohlkopf oder irgendeinen anderen nahrhaften Leckerbissen. Sie war nicht die einzige Schwangere, auch Ursula erwartete um dieselbe Zeit ein Baby. Am frühen Nachmittag des 21. Oktober traf ich sie beide im Gemüsegarten an, zwei kugelrunde Damen, die einander argwöhnisch beäugten.

Wie es um Ursula stand, die mit ihren geröteten Wangen aussah wie eine reife Tomate, war auf den ersten Blick zu erkennen. Ich tätschelte ihren prallen Bauch und bückte mich zu Poombi, um den ihren in Augenschein zu nehmen. Endlich konnte ich eine eindeutige Veränderung entdecken, aber nicht an der Wölbung ihres Bauchs, sondern an ihren Zitzen, unter denen sich eine Art weiches Kissen gebildet hatte. Offenbar war ihre Milch dabei einzuschießen.

Plötzlich trat Harald aus dem Busch und schenkte uns einen kühlen, bedeutungsschweren Blick. Ursula und ich zogen uns schleunigst hinter den Gartenzaun zurück, wo Frank, Billiard und Mafira gerade aufgetaucht waren, und gaben unsere Wetten ab. Die Preisfrage lautete nicht länger, ob Poombi trächtig war oder nicht, sondern, ob sie schon geworfen hatte oder nicht.

»Ja«, erklärte ich, auf meine weitreichenden Erfahrungen als Mutter zurückgreifend. »Als ich sie vor ein paar Tagen gesehen habe, waren ihre Zitzen noch länglich. Und seht sie euch jetzt an! Es muss passiert sein.«

Ursula stimmte mir zu, aber Frank und Billiard schüttelten den Kopf.

»Nein, noch nicht«, sagte Mafira. Allerdings schien er nicht besonders überzeugt zu sein, denn als ich mit ihm um fünf Dollar wetten wollte, lehnte er das Angebot verlegen lächelnd ab.

Zwei Tage später fühlten die Scouts sich in ihrer Meinung bestätigt, als Billiard und Frank Poombi auf dem Bushbuck Vlei im Nordwesten der Farm begegnet waren.

»Das zahme Schwein hat sich hingelegt, und wir haben ihre *Amabele* betastet – keine Milch«, verkündeten sie triumphierend.

Mich wunderte, dass Poombi sich ein derart respektloses Verhalten hatte gefallen lassen; das passte ganz und gar nicht zu ihr.

Der Bushbuck Vlei wird im Süden und Westen von kleinen, bewaldeten Kopjes begrenzt, die bei Leoparden sehr beliebt sind, und im Norden durch den Matanje, etwa eineinhalb Kilometer weit entfernt von unserer Schweinevilla. Wir hatten das Gebiet nach einem jungen Buschbock benannt, einem prächtigen Tier, dem wir eines Nachmittags in der Nähe des Matanje begegnet waren. Zwei Wochen später hatte Mabhena den Kadaver des Buschbocks gefunden. Ein Leopard hatte ihn gerissen und auf einen Felsen unter dem großen Kapfeigenbaum geschleppt, der mitten in dem Feuchtgebiet steht.

Den ganzen September und Oktober über hatten wir ordentlich zugefüttert. Die Elenantilopen, eine Herde, die aus mindestens dreißig Tieren bestand, hatten das Futter am bereitwilligsten angenommen und schnell gelernt, sich jeden Abend vor unserem Haus einzufinden, wo wir das Trockenfutter auslegten. Warzenschweine drängten sich dazwischen und stibitzten zwischen den Beinen der Antilopen, was sie kriegen konnten. Die einzige wirkliche Konkurrenz jedoch waren die Zebras, die sich bald ein paar sehr nützliche Tricks angeeignet hatten. Nachdem sie eingetroffen waren, standen sie erst einmal ein paar Minuten lang wie unbeteiligt herum und taten so, als würde sie der Anblick der Elenantilopen, die vor ihrer Nase die nahrhaften Brocken verschlangen, überhaupt nicht interessieren. Dann fing eines der Zebras plötzlich an, zu buckeln und laut zu furzen und nach seinem Nebenmann zu treten, der sich natürlich nicht lumpen ließ und sich, unterstützt von seinen Kumpels, nach Kräften zur Wehr setzte. Innerhalb weniger Minuten hatte sich die Rangelei ausgebreitet, und nachdem die äsenden Elenantilopen restlos entnervt waren, stürmte die gesamte Zebraherde unvermittelt im Galopp auf die Futterstelle zu, woraufhin die Antilopen in alle Richtungen davonstoben. Wir nannten die Zebras »Johnsons Esel«, weil Johnson die undankbare Aufgabe zufiel, die fetten Rüpel in Schach zu halten, während die Antilopen fraßen.

Am 24. Oktober meldete Mafira sich gegen Mittag über Funk, um zu berichten, dass die Scouts am Matanje eine Herde Rappenantilopen gesichtet hatten. Wir packten säckeweise Trockenfutter auf die Ladefläche des Toyota, lasen Mafira auf und fuhren in Richtung Fluss. Dort schütteten wir die Brocken ins ausgetrocknete Flussbett direkt auf ihren Pfad und verzogen uns so unauffällig wie möglich. Das Futter musste in die Windrichtung der Antilopen ausgelegt werden und an einer Stelle, wo sie uns nicht sehen konnten.

»Ich gehe zu Fuß nach Hause«, sagte Mafira, »und halte unterwegs Ausschau nach Tieren, die Futter brauchen.«

Eine Stunde später telefonierte ich gerade, als ich hörte, wie das Tor sich quietschend öffnete und Mafira eintraf. An seinem breiten Grinsen konnte ich schon von Weitem ablesen, dass er gute Neuigkeiten mitbrachte.

»Du hast sie gefunden!«

»Ganz genau. Auf dem Bushbuck Vlei mit zwei Babys so groß wie Dassies. Ich hab sie im hohen Gras gesehen, aber dann haben sie mich entdeckt und sind weggelaufen.«

Ich rief nach Rich und sammelte hektisch Ferngläser, Hüte, Kameras und einen Kohlkopf ein. Auch wenn sie nicht zu mir kam, würde sie sich vielleicht über ein bisschen Unterstützung freuen.

Auf dem Bushbuck Vlei war weit und breit kein einziges Tier zu sehen, was bei der Mittagshitze kein Wunder war. Mafira führte uns zu der Stelle, wo er Poombi gesehen hatte. Ich hielt den Kohlkopf wie ein Geschenk hoch und begann, nach ihr zu rufen. Nichts.

»Mafira, ich glaube dir nicht.« (Meine übliche Reaktion auf verblüffende Neuigkeiten unseres Chefscouts, vor allem, wenn sie mich zusätzlich eifersüchtig machten, zum Beispiel wenn er Felsmalereien entdeckt hatte, die mir unbekannt waren.)

»Also gut«, erwiderte er grinsend. »Wetten wir um tausend Dollar?«

Damit war die Frage geklärt. Die Kamera und den Kohlkopf unter den Arm geklemmt, machte ich mich auf den Weg in die Kopjes, um mein geliebtes Schwein und ihre neue Familie zu suchen.

Eine halbe Stunde lang suchten wir die ganze Gegend ab, wobei wir uns in die Richtung hielten, in die die Tiere vor Mafira geflüchtet waren. Ich lugte in jedem Erdferkelloch nach Spuren, fand jedoch nichts. Auch auf meine Rufe bekam ich keine Antwort. Die Schweine (wie Abel immer gesagt hatte, den ich plötzlich schrecklich vermisste) waren verschwunden. Ich zweifelte nicht daran, dass Poombi ganz in der Nähe war. Jedes Mal, wenn sie in letzter Zeit gesehen worden war, hatte sie sich auf dem Vlei oder in dessen Nähe befunden oder war aus seiner Richtung gekommen.

Poombi hatte sich eine gute Stelle ausgesucht, eine große, offene Fläche, wo es ausreichend Nahrung gab, wo zwischen den Kopjes eine Menge Erdferkelhöhlen Schutz boten und wo es immer Wasser gab, entweder im Matanje oder im Gehege der Elenantilopen.

Wir ordneten an, dass niemand sich dem Bushbuck Vlei

nähern durfte: keine Traktoren, keine Arbeiter, keine Scouts. Poombi sollte absolut in Ruhe gelassen werden. Na ja, mehr oder weniger. Ich wollte sie nur einmal sehen, redete ich mir ein, um mich davon zu überzeugen, dass es tatsächlich passiert war und dass es richtig gewesen war, mich nicht auf Mafiras Wette einzulassen. Aber natürlich war es mehr als das. Wir waren Poombis Familie gewesen und jetzt womöglich zu Großeltern geworden, und wie jede Großmutter konnte ich es kaum erwarten, die langersehnten Enkelkinder zu sehen.

Am nächsten Morgen war ich vor Sonnenaufgang wieder auf dem Vlei, und zwar allein. In einem tiefen Felsspalt, einem idealen Nistplatz, entdeckte ich zwei schlafende Fleckenuhus. Ich nahm mir vor, die Scouts darauf aufmerksam zu machen, damit sie die Vögel beobachten konnten. Wenige Minuten später stieß ich auf einige mir bis dahin unbekannte Felsmalereien. Der rote Ocker war zwar verblasst, aber man konnte eindeutig eine Antilopenherde erkennen, wahrscheinlich Elenantilopen. Aber Poombi fand ich nicht. Um neun Uhr war der Himmel bereits strahlend blau. Es würde ein heißer Tag werden.

Um halb zwölf meldete Mafira sich per Funk.

»Mrs. Peek, ich habe gerade Poombi gesehen. Sie war allein im Elenantilopengatter.«

Wieder sprang ich in den Wagen und raste los, nur um bei meiner Ankunft festzustellen, dass sie schon weg war. Aber diesmal würde ich nicht aufgeben.

»Komm, Mafira, wir fahren zum Vlei und versuchen es dort noch einmal.«

Als wir hinter den Kopjes ankamen, die den Vlei begrenzen, parkten wir den Wagen und machten uns leise auf den Weg. In knapp fünfzig Metern Entfernung konnte ich im Gras einen

kleinen, grauen Rücken ausmachen, ein Warzenschwein, das mit gesenktem Kopf wie wild im Boden wühlte.
»Poombi!«, rief ich leise. Sie blickte auf, hörte jedoch nicht auf zu fressen. Erst der Geruch des Kohlkopfs (der inzwischen eine lange Reise hinter sich hatte) weckte ihr Interesse. Mit einem Grunzen stürzte sie sich darauf und verschlang ihn innerhalb weniger Sekunden. Sie war zwar allein, aber mir war klar, dass sie sich nicht allzu weit von ihren Frischlingen entfernen würde. Ich wollte sie so gerne sehen, aber hier ging es natürlich nicht um meine Bedürfnisse. Ich überlegte, welche Möglichkeiten es gab. Ich könnte einfach bei ihr bleiben und warten, bis sie mich zu ihnen führte. Aber wenn sie das nun gar nicht wollte? Womöglich hielt ich sie auch durch meine Gegenwart davon ab, ihre Jungen zu säugen, und vielleicht würden sich die Frischlinge in Gefahr begeben, wenn sie ihre Mutter suchen würden? Einen Moment lang war ich in Versuchung, Poombi stehen zu lassen und die nähere Umgebung abzusuchen, aber sofort fragte ich mich: mit welcher Berechtigung? Bisher hatten wir ihr immer zugestanden, sich für alles die Zeit zu nehmen, die sie brauchte, alles so zu machen, wie sie es für richtig hielt. Es wäre ein großer Fehler, uns jetzt, angesichts des wichtigsten Ereignisses ihres Lebens, ohne ihr Einverständnis einzumischen.
Traurig, aber zumindest reinen Gewissens, ließ ich sie zurück und fuhr nach Hause, wo ich mir erst einmal ein großes Glas Eistee einschenkte. Wie so oft in letzter Zeit hatten wir einen brütend heißen Tag, aber im Norden entdeckte ich einen schmalen Streifen blauschwarzer Wolken, der erste Hoffnungsschimmer seit langem.
»Und?«, fragte Rich.
»Nichts.« Ich erzählte ihm, wie wir Poombi gefunden hatten. »Ich habe mich entschlossen, sie in Ruhe zu lassen. Wenn sie

gewollt hätte, dass ich die Kleinen sehe, dann hätte sie dafür gesorgt. Aber das hat sie nicht getan, und das muss ich respektieren.«

Ich warf meinen Hut aufs Sofa, das Poombi einst okkupiert hatte, und schüttelte meine Schuhe ab. »Aber ich muss gestehen, dass ich zutiefst enttäuscht bin.«

Nach dem Mittagessen legten wir uns schlafen – das Einzige, was man tun konnte bei der Hitze, die sich wie ein flimmernder Nebel über die Savanne ergoss, den Blick trübte und die Bäume im Hintergrund verschwimmen ließ.

Die arme Ursula. Sie lag in ihrer Hütte, schwitzte sich halb tot und wartete auf das Baby, das einfach nicht kommen wollte.

Ich nahm mir Dave Cummings' Buch noch einmal vor und blätterte lustlos darin. So viele ausführliche Informationen über Fortpflanzung, und ich war ausgeschlossen und würde es wohl auch bleiben, wenn es sich dieses blöde Schwein nicht bald anders überlegte. Und dann entdeckte ich folgende Zeile: »Weder Rosemary noch Susan schien es zu stören, wenn wir ihre Jungen anfassten.«

Ich klappte das Buch zu und sprang aus dem Bett.

»Ich hab's!«

»Was ist denn jetzt schon wieder«, grummelte Rich verschlafen, die Brille auf der Nasenspitze und sein Buch auf der Brust. »Wo willst du hin?«

»Ich werde es noch einmal versuchen. Wenn Rosemary und Susan nichts dagegen hatten, warum sollte Poombi sich was draus machen?«

»Wer zum Teufel sind Rosemary und Susan?«

»Egal. Schlaf weiter.«

Diesmal nahm ich mir vor, etwas raffinierter vorzugehen. Es hatte keinen Zweck, mit dem Auto bis zu den Kopjes zu fahren und dann einfach loszumarschieren. Wahrscheinlich würde Poombi sofort Reißaus nehmen, falls sie die Frischlinge bei sich hatte. Besser wäre es, mich von der anderen Seite her zu nähern, das Auto am Antilopengatter zu parken und mich im Schutz der Kopjes anzuschleichen. Zwar fürchtete ich, dass es die falsche Tageszeit war, dass sie sicherlich alle zusammen irgendwo im Schatten oder in ihrem Erdloch lagen. Aber ich musste es versuchen.

Zwei Uhr. Seit dem späten Vormittag zogen im Norden immer mehr dunkle Wolken auf, in der Ferne war Donnergrollen zu hören, und ein leichter Wind hatte eingesetzt, der nach köstlichem Regen duftete. Nichts auf der Welt kommt diesem Duft gleich, weder die berauschende Meeresluft noch der Wohlgeruch von Rosenblüten oder das Aroma frisch gebackenen Brots. Denn der Duft nach Regen verheißt Leben und Fortbestand.

Langsam ging ich zwischen den Kopjes hindurch und blieb ab und zu stehen, um zu lauschen und mich umzusehen. Der Wind kam mir zum Glück entgegen, und ich hielt mich hinter den Felsen, um meine Anwesenheit nicht zu verraten. Ich wollte auf einen ganz bestimmten Kopje klettern, einen mit einer abgeflachten Spitze, von wo ich einen guten Ausblick haben würde. Und dort, am Fuß des Kopje, entdeckte ich ein frisches Erdloch mit reichlich Warzenschweinspuren und einem Schwarm Fliegen vor dem Eingang. Diese Höhle war zweifellos bewohnt.

Vorsichtig kletterte ich auf den Kopje, kroch wie ein Indianer auf allen vieren bis zum Rand, bemüht, mich hinter Büschen und Sträuchern zu halten. Auf der anderen Seite fiel der Kopje steil ab, und in etwa hundert Metern Entfernung sah ich vier Warzenschweine, die auf dem Vlei grasten – aber Poombi war nicht dabei. Ich machte es mir bequem und richtete mich auf eine lange Wartezeit ein.

Dann plötzlich bemerkte ich, dass sich direkt unter mir etwas bewegte.
Zwei winzige Warzenschweine kamen aus dem Gebüsch geflitzt und jagten einander laut quiekend über das Gras wie zwei ferngesteuerte, als Minischweine getarnte Spielzeugrennwagen. Linker Knopf für Vollgas, rechter Knopf für abrupte Wendemanöver.
Ein Muttertier trat aus dem Schatten und begann seelenruhig zu grasen, ohne sich um die ausgelassenen Spiele seiner Sprösslinge zu kümmern.
Meine Kehle schnürte sich zusammen, und ich konnte kaum noch atmen. *Ach, Poombi, meine Poombi, was hast du nur fertig gebracht.*

Kapitel 25

Und dieses kleine Schweinchen ...
ist nach Hause gegangen.
Kinderreim

Gruntabel and Squeak – diese Namen hatte ich ihnen schon im Jahr zuvor gegeben, als sie noch Phantomfrischlinge gewesen waren. Allerdings hieß Gruntabel damals noch schlicht und einfach Grunt, ohne den »Ehrenzusatz« Abel, der den Namen wohlklingender machte.
Immer noch im Geschwindigkeitsrausch verließen die Frischlinge ihren Parcours und verschwanden im hohen Gras. Sofort hob Poombi den Kopf. Kommt sofort zurück!, befahl sie ihnen mit einem tiefen Stakkatogrunzen, woraufhin die beiden augenblicklich wieder angeschossen kamen. Ganz so seelenruhig war sie also doch nicht.
Dann muss ich mich bewegt haben, oder vielleicht hatte Poombi auch meine Witterung aufgenommen, denn plötzlich stellten sich ihre Ohren auf, und ihr ganzer Körper wurde stocksteif. Sie drehte sich einmal um ihre Achse und schaute nach oben – direkt in meine Augen. Nur ein Wort von ihr, und die Frischlinge würden sich in ihre Höhle verziehen, ihre Mutter auf den Fersen.

Ganz leise flüsterte ich meine Beschwörungsformeln vor mich hin.

Geh nicht weg, du göttliches Schwein. Nur noch ein paar Minuten, mehr verlange ich nicht. Bitte, bitte, lass mich noch ein bisschen an deinem Mutterglück teilhaben.

Ich redete immer weiter, gratulierte ihr, lobte sie, erklärte ihr meine Liebe, bis ich sah, dass sie sich entspannte. Gruntabel und Squeak, die nichts von meiner Anwesenheit ahnten, steuerten von rechts und links jeweils eine Zitze an, während ihre Mutter mit verträumtem Blick, den Kopf gesenkt, die Mähne halb aufgestellt, in typischer Warzenschweinmanier dastand, mit sich und der Welt zufrieden. Die Kleinen nuckelten inbrünstig, und saugten sich, als stünden sie kurz vor dem Verhungern, an Poombis Zitzen fest, bis ihre Beinchen in der Luft strampelten. Kein Wunder, dass ihre Zitzen so seltsam ausgesehen hatten, als ich sie neulich im Gemüsegarten in Augenschein genommen hatte.

Ein Junge und ein Mädchen – obwohl sie noch so klein waren, konnte ich bei Gruntabel den Ansatz von Zitzen erkennen und Squeaks winzigen, knubbeligen Penis. Beide hatten einen putzigen weißen Schnurrbart.

Ende April hatten wir Poombi und Harald zum ersten Mal zusammen gesehen, und nach ihren verlängerten Zitzen zu urteilen, die uns am 21. Oktober aufgefallen waren, hatte sie da ihre Frischlinge schon geboren, wahrscheinlich wenige Tage zuvor. Also mussten die Jungen jetzt zwischen zehn Tagen und zwei Wochen alt sein.

Nachdem sie sich satt genuckelt hatten, trabten sie zum Fuß des Felsens unter mir und verschwanden. Auf halber Höhe des Kopje befand sich ein breiter Spalt, wo sich ein riesiger Granitblock gelöst hatte und einen verborgenen Überhang bildete. Die Öffnungen lagen so verdeckt, dass sie nur aus nächster Nähe zu erkennen waren. Poombi folgte ihren Jungen ins Versteck, dann hörte ich sie im verwelkten Laub rascheln. Wenn ich mich auf den Bauch legte, konnte ich in den Spalt hineinlugen, und da, im Halbdunkel, erblickte ich das breite Gesicht meines Schweins, das zu mir hochschaute. Höhlenbewohner? Das war ja etwas ganz Neues. Das Gesicht zog sich zurück, und als Nächstes schob sich ein dicker, grauer Hintern aus dem Versteck. Gleich darauf war Poombi wieder aus meinem Blickfeld verschwunden, aber aus dem Ächzen und Grunzen, das unter mir ertönte, schloss ich, dass sie versuchte, auf den Kopje zu klettern, ein höchst außergewöhnliches Unterfangen für ein korpulentes Mutterschwein. Ich zog mich etwas vom Rand zurück und quetschte mich zwischen zwei Felsbrocken. Wenige Minuten später wuchtete sie sich auf das Plateau. Ich konnte es kaum fassen, aber sie kam tatsächlich zu mir. Als ich ihr völlig hingerissen die Arme um den Hals schlang, hob sie den Kopf, um mir zur Begrüßung einen Nasenkuss zu verpassen, der aufgrund der Anstrengung, die sie auf sich genommen hatte, und weil ich in Tränen ausgebrochen war, besonders feucht ausfiel. Aber Poombi wollte noch mehr. Sie schob sich an mir vorbei, machte kehrt und blieb abwartend hinter mir stehen.

Atemlos quiekend kamen die Frischlinge über den Felsrand geklettert – und blieben wie angewurzelt stehen. Zwar konnten sie ihre Mutter sehen, aber wer war dieses seltsame Monster mit dem komischen Geruch, das ihnen den Weg versperrte? Langsam gingen sie rückwärts, aber Poombi grunzte: Kommt her!, und zwar in einem Ton, der keinen Widerspruch duldete. Zögernd kamen sie näher, und dann plötzlich schossen sie an mir vorbei, wobei sie fast meine Beine streiften, und brachten sich bei ihrer Mutter in Sicherheit. Poombi beruhigte ihre ängstlich quiekenden Jungen mit einem tiefem, liebevollen Grunzen. Ich musste an unsere ersten gemeinsamen Tage denken und an meine ersten Gespräche mit dem winzigen Warzenschwein an einem regnerischen Nachmittag.

Ganz langsam drehte ich mich um und streckte meine Hand aus. Poombi nahm meine Hand ins Maul, drückte sie auf den Boden und atmete tief und entspannt und vertrauensvoll. Die Frischlinge, die mittlerweile Vertrauen gefasst hatten, kamen näher heran und begannen nur wenige Zentimeter von mir entfernt zu säugen. Für mich war es ein ganz außergewöhnlicher Augenblick. Und für Poombi? Ich war mir ganz sicher zu wissen, was sie empfand. Auch ich hatte ein Kind geboren und war erfüllt gewesen von Freude, Stolz und Zufriedenheit – genau wie sie jetzt. Zu welcher Spezies wir gehörten, spielte keine Rolle, wir waren einfach nur zwei einander eng verbundene Weibchen, die einen Moment unbeschreiblichen Glücks miteinander teilten. Und da wusste ich, dass sich nichts geändert hatte: Ich würde immer zu Poombis Leben gehören.

Nachdem die Fütterung beendet war, zog Poombi mit ihren Jungen von dannen. Bis zur Spitze des Kopje waren es nur noch ein paar Meter, und der Abstieg auf der anderen Seite war einfach. Da ich nicht so recht wusste, was von mir erwartet wurde, rührte ich mich vorsichtshalber nicht vom Fleck. Poombi blieb stehen und drehte sich nach mir um, ging weiter und hielt erneut an, um mich anzuschauen. Los, komm schon, schien sie zu sagen. Also folgte ich den dreien in gebührendem Abstand, darauf bedacht, bloß keine falsche Bewegung zu machen, mit der ich die Frischlinge verscheuchen könnte. Ich hätte mir keine Sorgen zu machen brauchen. Unten angekommen, begann Poombi zu grasen, und ich machte es mir in der Nähe bequem. Die kleinen Schweinchen kamen immer wieder zu mir, schnüffelten kurz an meiner Hand und stoben dann laut grunzend und quiekend davon. Das Verrückte war, dass die Namen, die ich ihnen gegeben hatte, absolut passend waren. Die Geräusche, die Gruntabel von sich gab, erinnerten an das Ächzen eines alten Ledersattels, während Squeak sich mit einer Mischung aus Quieken und Zwitschern bemerkbar machte. Sie quasselten ohne Unterlass, genau wie ihre Mutter es früher getan hatte. Und wenn eins von ihnen plötzlich anfing, wie ein Wildpferd herumzuspringen, war es wieder wie in alten Zeiten. Damit ich mich auch nicht ausgeschlossen fühlte, kam Poombi hin und wieder zu mir, stupste mich mit der Nase an und ließ sich kurz tätscheln, woraufhin die Frischlinge noch mutiger wurden. Als sie eine gute halbe Stunde später das nächste Mal gesäugt wurden, drehte Squeak sich zwischendurch zu mir um und saugte versuchsweise an einem meiner Finger.

Poombi führte uns weiter zwischen den Kopjes hindurch, eigentlich kein Gebiet, wo sie sich gern aufhielt, aber eins, das Schatten bot und Schutz vor fliegenden Räubern. Aber das war auch Leopardenterritorium, dachte ich besorgt, während ich den Frischlingen bei ihren Erkundungszügen zusah. Wie konnte ein Leopard dieses kleine Trio übersehen, das so arglos und geräuschvoll hier herumtollte?

Hin und wieder kniete sich eins der Jungen hin und zupfte ein paar Grashalme ab oder nahm etwas verwelktes Laub ins Mäulchen, nur um es gleich wieder auszuspucken. Das bestätigte mir, dass ich mit der Schätzung ihres Alters richtig lag. Die erste Woche ihres Lebens verbringen junge Warzenschweine in ihrer Höhle. Danach hatte Poombi wahrscheinlich angefangen, sie zu kurzen Ausflügen mit ins Freie zu nehmen. Erst im Alter von zwei Wochen würden sie anfangen, selbst nach Futter zu suchen, und so weit waren sie offenbar noch nicht. Wahrscheinlich waren sie nicht ganz zwei Wochen alt.

Nachdem Poombi uns in einem großen Halbkreis herumgeführt hatte, erreichten wir das Erdloch, das mir anfangs aufgefallen war. Ich näherte mich mit äußerster Vorsicht, wusste ich doch, wie wichtig ihr alle Höhlen waren, erst recht eine, die sie für ihre Frischlinge ausgesucht hatte. Aber ihr Verhalten mir gegenüber änderte sich nicht, und so setzte ich mich in einiger Entfernung auf den Boden, um zuzusehen.

Gruntabel und Squeak flitzten sofort in die Höhle. Poombi schaute sich nach allen Seiten um, drehte auf Knien eine Runde um den Eingang herum, kroch vorwärts in die Höhle, kam wieder heraus und schob sich rückwärts hinein. Unter lautem Gezeter wurde in der Höhle kräftig gegraben, und eine große Staubwolke kam aus dem Loch. Ich zog mich ein Stück weit zurück und wischte mir den Sand aus den Augen. Zwar graben sich die Warzenschweine in Simbabwe keine eigenen Höhlen, aber die weiblichen Tiere nehmen Veränderungen an einem vorgefundenen Erdloch vor, vergrößern es und legen einen erhöhten Vorsprung für ihre Jungen an, für den Fall, dass ihr Unterschlupf einmal überflutet wird. Aber anscheinend fanden gerade keine größeren Umbauarbeiten statt, denn nach wenigen Minuten kam die ganze Familie wieder nach draußen, Mutter und Kinder völlig mit hellbraunem Staub bedeckt, und Poombi führte ihre kleinen Lausebengel wieder hinaus in die offene Savanne.

Wie zu erwarten, waren die dunklen Wolken im Lauf des Nachmittags fortgezogen. Der Abend war kühl und klar, und die Frischlinge waren glücklich, wieder draußen zu sein. Unpraktischerweise hatte Poombi einen Weg durch hohes Gras gewählt, und das ausgelassene Spiel wurde immer wieder unterbrochen, wenn sich eins der Schweinchen im Gestrüpp verirrt hatte und in panisches Gekreische ausbrach. Mit ein paar tiefen Grunzern brachte Poombi ihre Sprösslinge wieder auf den richtigen Weg, und eine Weile trabten sie brav hinter ihr her, bis sie den Schrecken vergessen hatten und wieder loswetzten.

Plötzlich blickte Poombi auf. Harald war eingetroffen. Langsam zog ich mich in Richtung Felsen zurück. Poombi rief die Frischlinge zu sich, trottete in Richtung Kopjes und verschwand mit ihnen zwischen den Bäumen. Besorgt um die Sicherheit meines Trios glitt ich von meinem Felsen und folgte ihnen, während Harald, so glaubte ich, in sicherer Entfernung zurückblieb. Ich fürchtete, dass Harald sich etwas von Poombis lässigem Umgang mit Menschen abgeguckt hatte, eine beunruhigende Entwicklung bei einem so großen Tier mit riesigen Hauern. Ich ging um den Kopje herum. Von Poombi war keine Spur zu sehen, aber als ich um einen Felsbrocken bog, stand mir plötzlich Harald gegenüber, der ebenfalls auf der Suche nach seiner Familie zu sein schien. Wir erschraken beide und flüchteten in entgegengesetzte Richtungen, doch fünf Minuten später liefen wir uns schon wieder über den Weg, was mir einen entsetzten Aufschrei und Harald ein überraschtes Grunzen entlockte.

In den ersten Wochen ihres Lebens entfernen sich Warzenschweinfrischlinge nie weiter als höchstens zweihundert Meter von einem sicheren Versteck, ich nahm also an, dass Poombi die beiden zurück in das Erdloch am Fuß des Kopje geführt hatte. Offenbar war sie vor Harald auf der Hut und brachte ihre Jungen vorsichtshalber in Schutz vor dem gefährlichen Keiler, der ohnehin nicht an der Aufzucht beteiligt war.

Aber als ich nachsehen ging, schien niemand zu Hause zu sein. Bis sechs Uhr wartete ich vor der Höhle, dann kletterte ich noch einmal auf den Kopje, um einen letzten Blick in die Runde zu werfen. Drei erwachsene Keiler und eine Bache mit drei halbwüchsigen Jungen grasten auf dem Vlei. Harald war verschwunden, und ich hoffte, dass das ein gutes Zeichen war. Zeit für mich, nach Hause zu fahren.

Ich beschloss, den langen Weg zurück zum Auto zu nehmen, den Weg, den Poombi mir gezeigt hatte. Sie hatte mich früher schon oft zu wunderbaren Stellen geführt, zum Beispiel zu dem von Süßdornakazien umgebenen Teich am Matanje, wo sie genau vor einem Jahr eine großartige akrobatische Vorstellung hingelegt hatte, und nach all meinen ausgiebigen Wanderungen auf der Farm glaubte ich, das Gelände gut zu kennen. Aber selbst Stellen, die mir vertraut waren, boten immer wieder Überraschungen. Zu diesem schmalen Pfad, der durch die dicht bewaldeten Hügel führte, kamen selbst unsere Scouts selten. Die Gegend lud auch nicht gerade zu Erkundungstouren ein. Im August unseres ersten Jahres auf der Farm hatten wir auf einem dieser Kopjes ganz in der Nähe des Wegs einen großen Leoparden gesehen. Am nächsten Tag waren die Scouts, in der Annahme, dass der Leopard sich auf die für diese Großkatzen typische Art still und leise zurückgezogen hatte, losgezogen, um nach Spuren zu suchen. Sie hatten ein Labyrinth aus Höhlen und Tunneln vorgefunden, aus denen lautes Fauchen drang, woraufhin sie es vorgezogen hatten, ihre Nachforschungen einzustellen.

Der Weg führte mich an einer steilen Felswand vorbei, die sich wie ein Märchenschloss hinter einem dichten Gestrüpp aus Bäumen und Büschen erhob.

Als ich das Antilopengehege erreichte, dämmerte es bereits. Am Waldrand sah ich einen Paradiesschnäpper umherflattern, dessen Federn kastanienrot im Abendlicht aufleuchteten. Wie so viele andere Zugvögel – Bienenfresser,

Afrikanische Wiedehopfe, Graukopfeisvögel und auch Kingsley, so hoffte ich inständig – war er zurückgekehrt, um sich an den Insekten gütlich zu tun, die uns der Sommer bescheren würde.

Die Luft war erfüllt von Düften und Geräuschen. Die Zikaden ließen ihr schrilles Zirpkonzert ertönen, und ich hörte das Rauschen eines Schwarms Grüntauben, die zu ihren Schlafplätzen flogen. Allein die Verheißung von Regen und das kurze Auftauchen von ein paar Gewitterwolken ließen die Natur auf der Stelle reagieren – alles drängte an die Oberfläche, färbte sich leuchtend grün und feierte den alljährlichen Triumph des Lebens über das eintönige Wintergrau.

In was für eine wunderbare Welt waren die beiden kleinen Schweinchen geboren worden!

Der Tag ging zu schnell zu Ende, und ich wusste, dass ich nie wieder einen solchen Tag erleben würde. Alle, die die Tiere lieben, sind auf der Suche nach so einem ganz besonderen Verhältnis, hoffen auf ein Zeichen, das uns sagt, dass die Barriere überschritten wurde, dass es zu einer wirklichen Begegnung zweier Seelen gekommen ist. Und dieses Geschenk hatte mir ein Schwein gemacht. Wir träumen alle davon, »mit den Tieren zu sprechen«. Nun, eins hatte endlich mit mir gesprochen.

Poombi war in Freiheit geboren. Zugegeben, eine Zeit lang war sie von Menschen betreut worden (was sie sich gern hatte gefallen lassen), aber dann hatte sie ihre Freiheit wiedererlangt und führte seit einem Jahr ein unabhängiges, selbstbestimmtes Leben.

Zwar kannte sie uns noch und reagierte auf uns, wenn wir uns begegneten, aber sie hatte uns deutlich zu verstehen gegeben, dass sie unsere Hilfe und Unterstützung nicht länger brauchte. Und jetzt hatte sie zwei Kinder, für die sie sich ins

Zeug legen musste und die sie notfalls mit ihrem Leben beschützen würde. Und dennoch war ihr Vertrauen zu mir immer noch so groß, dass sie mir ihre Frischlinge vorgeführt hatte, um ihr Mutterglück mit mir zu teilen.

O Gott, dachte ich (nicht zum ersten Mal), *wie ich mein wunderbares, duftendes Schwein liebe*.

Dank

Zuallererst gilt mein Dank meiner Familie für ihre grenzenlose Liebe und Unterstützung. Vor allem David, meinem Glücksstern: Danke, dass du mich so oft zum Lachen bringst und mein Leben jeden Tag bereicherst. Danken möchte ich: Nicki und Nige, die Stone Hills im Herzen tragen, wo auch immer sie sich aufhalten, und die ihr Stiefmonster so geduldig ertragen, Margrethe und Eric, meinen besten Freunden, die zufällig auch meine Eltern sind, Nick, der, im Gegensatz zu seinem Sohn, die Wildnis liebte, und Pat, die auf dem Dibe zu den *Amadhlozi,* den Ahnengeistern gegangen ist.

Stone Hills wäre ohne einige ganz besondere Menschen nie das geworden, was es ist. Unser tiefer Dank gilt dem Chefscout Mafira Chanyunguaya für seine unerschütterliche Loyalität, seinen Mut und seine Freundschaft, Ruth Chisi, der nie etwas zu viel wird, dem sanften Abel Ncube, der mit Tieren sprechen konnte und den wir nie vergessen werden, den Scouts Richard Mabhena, Jabulani Khanye, Frank Noube, Mapfumo Chanyungunya, Danny Khanye, Billiard Mudenda und anderen, die uns ihre Geschichten erzählt haben und das Land mit derselben Inbrunst lieben wie wir, Johnson Sibanda, Big Fight Sithole, Jealous Mdlongwa, Sara Moyo, Kephas Dube, Lipson Sibanda und dem alten Wachmann Ronald Nkomo, die uns von Anfang an in guten und schlechten

Zeiten beigestanden haben. Und mein besonderer Dank gilt Jabulani Khanye für die vielen faszinierenden Informationen, die dazu beigetragen haben, dass dieses Buch geschrieben wurde.

Auch viele andere haben – wissentlich oder nicht – zum Gelingen des Projekts beigetragen, und ihnen allen bin ich für ihre Hilfe dankbar. Nellie, Urs-quake und Grim Reaper zum Beispiel gehören dazu, und einige unserer armen Gäste, unter anderen die Frau, die das zähe Fleisch vorgesetzt bekam und bei der ich mich (in Richs Namen) entschuldigen möchte: Ich versichere Ihnen, es war nicht Ihre Schuld.

Weiterhin gilt mein Dank Carole Blake, unserer Agentin, die die Farm noch nie gesehen hat und dem Schwein noch nie begegnet ist und dennoch von Anfang an begeistert war und uns tatkräftig unterstützt hat. Außerdem tausend Dank an Jeremy Boraine, Jane Ranger und Claire Heckrath von Penguin, die an uns geglaubt haben und das Buch Wirklichkeit werden ließen.

Ich fühle mich zu Dank verpflichtet gegenüber Eve Gracie, die mir, indem sie den Artikel über Poombi geschrieben hat, den Mut gab, dieses Buch in Angriff zu nehmen, Jerry Richert, einem begnadeten Autor, der mir wertvolle Dienste geleistet hat, indem er meinen ersten Entwurf völlig verrissen und mich dadurch gezwungen hat, einen zweiten aufzusetzen, Jenny Hewitt, meiner klugen Redakteurin, und Barbie Murray, einer genialen Lektorin, die mich davon abgebracht hat, sentimentale Geschichten zu schreiben, und die, ebenso wie meine alten Schulfreundinnen Mary und Lee, fest daran glaubte, dass ich irgendwann etwas Vernünftiges zustande bringen würde.

Aber nichts von all dem wäre möglich gewesen ohne Rich, meine große Liebe und meinen besten Freund und liebsten

Gefährten. Du siehst Schönheit und Magie in den kleinsten Dingen, und mit deinen unglaublichen Fotos hast du das Wesen von Stone Hill für immer festgehalten. Wieviel Glück kann eine Frau im Leben haben? Danke für die besten Tage meines Lebens.
Und schließlich möchte ich mich bedanken bei der Königin der Warzenschweine und bei all den großartigen Geschöpfen, die uns an ihrem Leben teilnehmen lassen – ich danke euch für den Schlüssel zu eurem Königreich.

Die Autorin und der Verlag bedanken sich bei folgenden Personen und Institutionen für die Erlaubnis, geschütztes Material zu zitieren:

Das Zitat auf Seite 217 wurde widergegeben mit dem Einverständnis von Russel Friedman Books and Acorn Books und den Trustees of the Voelcker Bird Book Fund aus *The Black Eagle* von Valerie Gargett. Copyright 1990, John Voelcker Bird Book Fund.